妹の力

柳田国男

角川文庫
18073

目次

序

家で神様におそなえ申した供物を、女の子にはいただかせるものでないという言い習わしは、今でもまだ広く地方の隅々に行われているかと思う。その理由を聞いてみると、どこでもこれを食べた娘は縁遠くなるからと、答えるのが普通であった。今日の常識から考えて、そのようなことがあろう道理はないと言いうるのだが、やはり気になるから親たちは覚えており、できるだけはそれを制したのである。しかしこの類の禁忌は目にたたぬゆえに忘れやすく、たまたま知らなかった者の数が多いと珍しがり、笑いもし嘲りもして末にはすたれてしまうのだが、もしも人間のしはじめたことに、よかれあしかれ何らかの趣意のないものはなかったとすると、こういう一通りの常識では解説のつかぬものに、かえってわれわれのまだ知らずにいる前代のものの見方考え方がひそんでいるのかも知れない。三十年近くもかかってやっと心づいた一つの想像説は、これは神々の祭に奉仕した者が、もとは必ず未婚の女子であり、同時に献供の品々を取得する者が、神を代表したその婦人に限られていたことを意味するのではないか。この二つの約束の、一方はもちろん神聖なる出発点であり、他の一方はいわば自然の結果に過ぎぬのであるが、そういうふうに分けて考えることは昔の人にはできなかったので、まず一方の避けえられるものを避けて、それと伴うものをまぬがれようとしたものと察せられる。現世生活の興味はそれほどにも、年をおうて濃厚になってきた。これに対して一方はもとのままで、清いけれども常の日が淋しかった。子女に尋常の家庭の悦楽を、味わわせたいと願う父母が多くなって、宗旨によっては今ちょうどこの二つの希望が、心苦しい人情のはかりにかけられている。日本の神道においてはつとに専業の社家《しゃけ》が起こって、その時期がとく過ぎてしまったのである。そうしてこのいわゆる迷信だけが残っていたのである。足袋《たび》をはいて寝ると親の死に目に逢わぬという類の、穢《けが》れに近づくことのできぬのを恐れた禁忌が、いくつか認められているのも同じ事情からかと思う。あるいは爪を火にくべると気ちがいになるといい、または縁側に出て髪を梳《す》くと、散った毛が風に飛んで鳥の巣に作り込まれる。そうするとその女は気がちがうなどと、物狂いになることを結果としたいろいろの戒めがあるのも、神のお告げを伝える者の必ず物狂いであったことを考えると、これも最初はまた巫道に入る方式の一つで、求めてそうした者がかつてはあったことを、暗示するところの大切な資料なのかも知れない。

こういう切れ切れの、一見説明しがたい言い習わしを、私たちは民間伝承と呼んでいる。西洋の諸国でFolk-loreというのも、すべて同じような残留に属する。これを何らかの文化史上の意義あるものと認め、力の及ぶかぎりの類例の比較によって、根原を少しでも明らかにしたいというのが、この学問に携わる人々の共同の志願であったが、近いころまでの日本では、それが思うように進まぬ一つの原因があったのである。その一つは事実の印象が一般に弱かったこと、どうせ常民はわけの分からぬことをする、彼らは教育がないゆえにしばしば無意味なことを考えもし感じもするのだと、見きって始めから気にとめぬ者が多かったのみならず、そういうはずはない、たとえ文字は教えられずとも、心は親々の経験したものを積み貯えているのだということを、はっきりと知っている人までが、惰性に駆《か》られて目の前の事物に注意を払わず、どうしてこんな慣行があるかということを、いぶかりまた疑うのを怠っていた。すなわち学問に利用しえられる民間伝承の量が、分外に豊富なことを知らずにいたのである。その結果として採集は少しも進まなかった。そうして伝達がはなはだしく不精確であったこと、これがまた第二段の障礙《しょうがい》であったのである。その悲しむべく遅々たる学問の進みが、ここに私の一つの文集から、最も痛切に立証しえられるのは是非がない。

　明治の末ごろに、私はある一つの大きな文庫の管理者となり(二)、昔からよくいう汗牛充棟《かんぎゅうじゅうとう》の見本を体験した。一言でいえば文献の富に酔うたのである。本さえ熱心に読んでおれば、しまいにはお国の昔の事は皆わかるだろうというような、まちがった夢を見たのも実は私であった。ところが実際は見当がつかなければ文の林には入ってゆけない。何を知りたいのかの筋が立たぬかぎり、書物はわれわれの相談相手にはなってくれない。そうしてこの研究の発足点となったのは、やはり芥子粒《けしつぶ》ほどの民間の伝承と、これを不思議としてわけを問わずにおられなかった、子供見たような私の好奇心とであった。旅で一人になり、経験の全く違った人たちの中で、淋しく日夜を過ごしたことが、燃えひろがっていくものの燧石《ひうちいし》であった。『郷土研究』（二）という雑誌の初めてでた際に、盲蛇《めくらへび》な話であったが私は「巫女考」という問題に手を下した。それがだんだんにたまって三十何篇の文章になっている。今度その中から話としてやや珍しいもの、冷淡なる人でも一顧を惜しまぬであろうと思うものを、十いくつか取り出して排列してみたのだが、自分でも驚くのは古い書物ばかり多く引いて、肝腎のフォクロアは赤飯の小豆《あずき》ほどもないことである。言いわけがましいがこれは時代であった。もしも本式に同胞の眼前の生活から、残って伝わっているものを採り集め、並べ比べることが許されていたら、かように古い書物のお世話にならずともすんだのである。古い記録は確かだが量が少ない。これを徹底的に利用しようとすれば、自分の疑問から外へ逸出するか、そうでなければ牽強付会《けんきょうふかい》しなければならぬ。近世の記録はなるほど多いが、これも偏しておりまた責任が軽い。これを確実にするには取捨を厳にしなければならぬ。この二つの点に忠誠であろうとすれば、非常に多くの時間を文庫の作業にかけなければならなかったのである。何より困るのはこれを日本民俗学の、あるべき形だと思われることである。現在はすでに資料もやや集まり、これを援用する方法も半ば備わっている。今さら露払い役の濡れしおれた姿を、もてはやさなければならぬ必要はないはずである。

それならば何のために、こういう見木にも手本にもならぬものを、出陳するかという質問も起ころうが、これは単なる比較用、もしくは学問のどれだけまで進んだかを、回顧せしめる里程標《りていひょう》というばかりではない。このわずかな飛び飛びの民間伝承を注意していたことによって、古書の理解が幾分か容易になったように感ずるからである。今まで何となく見すごしていた事実が、文字の面へ浮き出してきて、新たに思い当たることが少しずつはあったと思うのが、はたして自分たちだけの楽観であるかどうか。公平なる読者の審査を受けてみたいからである。その上にこの問題は意外に大きかった。行きも尽くされぬ広漠の野は前に横たわり、今まで開拓しえたと思っていたのが、ほんの片端であったことがしみじみと感じられる。そうして一方にはわれわれの「妹の力」が、改めて痛切に要望せられる時代はきているのである。この一巻の書が証明せんとしているごとく、過去の精神文化のあらゆる部面にわたって、日本の女性は実によく働いている。あるいは無意識にであったかも知れぬが、時あって指導をさえしている。これが一朝専業化の傾向を示してきたために、その特色は家庭の外に追いやられて、次第に軽しめられる者の列に入ってしまい、一度も試みられたことのない可能性が、今はまだ多くの柔らかなる胸のうちに睡《ねむ》っているかと思われる。この隠れたる昔を尋ね出し、それを新しい社会の力とするためには、ただ忍耐して多くの書籍を読んだり、暗記したりしていただけでは足りない。暗示はむしろ日常の人生の中にあるということを、実は私などもほんの偶然に心づいたのである。この経験だけは人に頒《わか》たずにはおられない。以前は娘たちに凡庸無事の生涯を確保するために、神のお供物をさえ戴かせまいとした親たちもあったが、そういう取り越し苦労は今はもう必要がなくなった。妻となり母となってから後も、なお広く人間の幸福に向かって、力をつくそうとする女性は多くなっている。名もない昔の民間の婦人たちが、しばしば備えていたという「さかしさ」と「けだかさ」、それを取り返すこともほんの今一歩である。いかなる無に生きても私が失望しないのは、そういう時代のやがて到来すべきことを信ずるからである。

昭和十五年八月　　柳田国男

（一）文庫の管理者　明治四一年（一九〇八）宮内書記官（内閣記録課長）となり、四年間在任、この間、内閣文庫の管理にも従事した。

（二）『郷土研究』大正二年（一九一三）三月、神話学者高木敏雄の協力を得て創刊。一年後高木は去り、爾来大正六年（一九一七）三月廃刊までの三年間は、独力で精力的な編集をした。日本民俗学の出発点となった雑誌。「巫女考」は創刊号から第一巻第十二号まで十二回にわたり、川村杏樹のペンネームで発表された。

妹の力

一

この春は山の桜のちょうど咲き始めたころに、久しぶりに生まれ在所(一)に帰って、若い人たちのために大いに風景の推移を談じた。日本の歌や文章では、「古里は昔ながら」(二)とながめるのが、一つの様式のごとくなってしまったが、少なくとも自分の三十何年前の故郷には、ほとんど以前を忘却せしめるほどの変革がある。川はまったく新たなる水筋を流れて長い板橋がかかり、かつて魚を釣りまたは水を泳ぐとて、衣類を脱ぎ掛けた淵の上の大岩は、小石原のまん中から丸い頭だけを出している。赤土の日に映じていた周囲の山々には、しきりに樹を栽《う》え草を茂らせて、外線がいずれも柔らかになった。雨や霞の風情もきっと美しくなっていることと思う。家も瓦ぶき、瓦庇《ひさし》が多くなって、見なれぬ草木が移し植えられて成長している。諸国の旅を重ねた後に初めて心づいてみると、わが村は日本にも珍しい好い所であった。水に随《したが》う南北の風通しと日当たり、左右の丘陵の遠さと高さ、稲田によろしきゆるやかな傾斜面、仮に瀬戸内海の豊かなる供給がなかったとしても、古人の愛して来り住むべき土地がらであった。繁栄の条件は昔から備わっている。したがってややともすれば生まれ過ぎおりあまり、楽しい生活に執着するばかりに、争うまじき人々が争いかつ闘った。歎きつつ遠く出ていった者もあれば、去るあたわずして苦しみ悩む者も実はあった。それが今日のごとく昔に立ちまさって美しい緑の山水の中に、よく悠《ゆう》揚《よう》平和なる生存を持続するの術を学んだとするならば、必ず住民の性情にも、近年顕著なる変化があったに相違ない。来てはただちに帰り去ること、あたかも盆の精霊《しょうりょう》のような自分には、それを見出すことが困難である。どうか語って聞かせて下さいと、旧友たちに頼んでみたことであった。

土地に住んだままで年をとった者には、それほど明白なる外景の変遷すらも、実は今までは心づかずに過ぎたのである。ましてや父と子、祖母と孫娘との心持ちの違いが、同じ進化の道をたどるものの本と末とであって、一は消え去り、他は新たに現れる時代の気風であったことを、どうしてそうたやすく覚《さと》ることができよう。ただ強いて求めて以前はなかったことを列挙するならば、これは定めて全国一様の現象でもあろうが、村々にも利口な人が多くなった。貧しい家々に生まれた者でも、たやすくあきらめて分に安んずるという癖がなくなった。古い型を守った勤勉が、必ずしも安全の道でないことが会得《えとく》せられた。そうしてまた鉄道・電話の類がしきりに新しい機会を田舎にも運んできて、特にえらい奮発をして郷里を飛び出さずとも、自然に外部の金で村にいて富むことができた。それは運などというものよりははるかに的確な原因ではあったが、やはり数限りもない智忠・技術の中から、かねがね適当な選択をしていた者が成功したので、大体において居住地とは縁の乏しい都市や遠方の国に働く人と、共通した経験を持っているほうが都合がよかった。その結果として、最も居心地よく村に住んでいる者が最も村の事情にうとく、いちばん村人らしくない人が、近所隣と競争しようとせぬゆえに、かえって村の安寧を支持するということが、見ようによっては近ごろの変化かも知れぬ。新しい愛郷心が形を具《そな》えてくるまでは、こういう冷淡とよそ心とが、わずかに田舎の生活に余裕を与える。人が世間師となり地方文化の伝統を軽んずるようでなかったなら、小さな盆地の生業はつとに自給に十分ならず、やむなく烈しい争奪をもって、一部の友人をこの安楽郷から外へ突き出そうとしたことであろう。それがともかくも互いに打ちくつろいで、静かに一同が養われているのである。古い物のはらはらとこわれていくのも、その代価としてならばいたし方がない、といったような考えを持っている人もあった。

自分などもそれでいいのだと実は思っている。われわれが少年のころは田舎がずっとのどかで、鳥も多くきて鳴き、山には鹿猿が遊んでいたけれども、人の浮世の楽しみは、今の最も不幸な者よりもまだ少なかった。今の貧者は比較によって不満は感ずるが、慰藉《いしゃ》もあり希望もあって、倦《う》むことなく子弟を教育している。そうしてこの子弟の大きくなるころには、また一段の変遷のくることが予期しえられる。かつてわれわれがあまりに日本人であったために、久しくかくれ埋もれていた「人間」が、時来ってついにその姿をあらわしたごとく、やがてはまた荒海の岸から引き返して、寂しい旅人はその故郷を訪ねてくるであろう。少なくとも浦島の子の惑いを抱いて、玉の櫛笥《くしげ》を開いてみようとするであろう。あるいはその時節がもう来ているのではないかとさえ思われる。物にまぎれてしばらく忘れ遠ざかっていたが、島に数千年の国を立てていた民族でなければ、とうてい持ち伝えられない古くからの習わしが、一朝にして消え失せる道理はなかったのである。眠りが思いがけぬ夢を誘ってくるように、無心に生活の営みを続けていると、かえって端々から昔の「日本人」が顔を出すのを、今までは単に心づき考えてみる者がなかっただけではないか。われわれが新たな時代の癖、または突発した奇現象と認めているものの中にも、由緒あり因縁があって、しかも学問の力の今なおこれを解説しえなかった類が多いのではあるまいか。例えば自分の郷里の郡などでは、林野の保護が行き届いて、山がいつの間にか上代のいわゆる青垣山となったが、もどって来てこれを見て驚歎する者は、自分のごとき三十何年前の村人だけであって、今一つ古い世の人には、それは久しく見なれたる常の姿であったに相違ない。しかも年代記や覚え書の類は、いかなる場合にも常の姿を書き残そうとはしなかった。それと同様にあまりありふれていたために、かえって多くの凡人生活が不明になっている。今見るこの地方の気風のうちで、いずれの部分が新しい変化であり、どの部分がしばらくはひそんでいた古い本性の再現であるかは、単にこれを見分けようとする志があるのみでなく、自分のようにさまざまの町や田舎をうろついて後に、年経て帰ってきた物珍しさの眼をもって、比較をする者の判断が必要であったのではなかろうか。もしそうだとすれば人の生涯は短い。またこの次にと延期をしていても当てがない。なんなりとも今諸君が心づかれることを、話して聞かせてもらいたいものだとも言ってみた。

二

そうするとおおいにいろいろの話が出てくる。他の地方ではどうか知らぬが、人が全体にやさしくなったような感じがする。ことに目につくのは子供を大切にする風習である。以前は野放しにしておいて、自然に育つ者だけが育つというありさまであったのが、もうそんな気楽な親は少なくなった。一家の生計から考えても、子のために費やすところの入費が、学校にかける金を除いても、相応に多くなったように思われる。この辺の農家では昔から牝牛を飼ったが、乳をしぼることができるようになったのは、森永の大きな工場が川の岸に建てられた、ほんの少しく前からである。今では旱天に一朝も欠かさず、自動車が村々を回って牛乳を集めている。嬰児の死亡率が少なくなったのは、それから以後の著しい現象であるが、いかに価の安い牛乳でも、買って飲ませて乳の不足な子を養おうとするのは、まずもって親心の大きな変化であったという。なるほどそう聞けば同じ情愛が、小学校の児童の服装などにも現れてきたことは、必ずしも特に生計の豊かなある地方には限らぬようである。

それからまだ一つ意外であった話は、兄妹の親しみが深くなってきたということである。その中でも兄が成人するにつれて、妹をたよりにして仲よくつき合うことは、今はほとんど世間一様の風であって、しかも以前にはまるで知らなかったことであるという。初めて思い当たったことだから、まだ説明の材料も備わらぬが、見ようによっては幾通りにもその原因が考えられる。なんにしても興味ある問題であると思う。

あるいはこの現象を解釈して、婦人解放の一過程と見ようとする者もあるだろうが、それも決して誤りではない。男女の差別を厳にした近世儒教の法則は、特に女性に向かって過酷であったが、それは必ずしも国民全部の家庭を支配してもいなかった。しかも二間ある家ならば、必ず女の領分は奥の間の方であって、（三）引っ込めば引っ込んでいるだけゆかしがられたことは事実であった。支那などではマトロンとなって後、亭主を鞭うつほどの勇敢な婦人でも、娘のころ、妹たる時には皆極度に貞淑であった。貞淑という語は無表情を意味していた。今も上流の間におりおり残っているごとく、絶対に何物でもないかのごとく、見せかけるのが技術であった。まことに詮もない流行ではあったが、すでに名づけて女のたしなみともいうとおり、いわば若い娘のそれが趣味だったので、必ずしも外聞がこれを強いたのでもなく、また一生の間公私を通じて、女の習性を一変してしまうほどの大なる主義でもなかった。単に昔は兄などとなれなれしく、物を言うようではいけなかったまでであると思う。

古来の風俗画を見て社会生活の一端をうかがおうとする人が、常に不思議に思っていることが一つある。絵巻物の美人は、いつでも一本の線で切れ長の目を描かれている。降って浮世《うきよ》又平《またへい》時代の精細な写生においても、艶麗なる人は必ず細い目をしてある一方を見つめていた。それがいつの代からの変遷であったか、「女の目には鈴を張れ」などと、大きな丸味のある目をもって美女の相好《そうごう》の一つとするに至った。いかに時世の好尚が選択するからとても、一つの民族の間にこれまでの面貌の差異を生ずるはずがない。必ずや人間の技術ないしは意図をもって、天然の遺伝を抑制した結果だと思う。自分の家にも多くある女の児の中に、兄が自動車さんなどと綽名《あだな》を与えた、目の大きなのが一人ある。これについて実験をしてみると、結局は大きくも小さくもできる目を、頻々《ひんぴん》と大きく見開いているのであったことがわかった。本来の形状は何とあろうとも、つとめてこれを丸くする機会を避け、始終伏目《ふしめ》がちに、額とすれすれに物を見るようにしている風が流行すれば、誰しも百人一首の女歌人のごとく、今にも倒れそうな恰好を保たしめて、その目を糸に画かねばならなかったのである。それが時あって顔をあげ、まともに人を見るような態度を是認するに至って、力ある表情がはじめて解放せられたので、たぶんは公衆に立ちまじり、歌舞などに携わった者の趣味が、ただの家庭にも伝播したのであろう。

同じような変化はなお服飾などの上にも現れる。例えば最近まで目に触れた女の抜衣紋《ぬきえもん》は、もちろん直接の原因は髪の形、すなわちむやみに長く突き出した髱《たぼ》を保護するにあったろうが、そういう形を考案して、頸《くび》の後部を装飾しようとするに至ったのも、やはり目を細くしているのと同じ趣旨から、始終この部分を白く長く、露出することが流行していたためで、黒髪を長く垂れていた時代が過ぎると、いわゆる襟足《えりあし》はしとやかな娘たちの一番大切な外貌となってきて、これを美しくするためにいろいろの趣向が立てられたのである。ところがわずかな年数の間に都市村落を通じて、そんな点に辛苦する者はもうほとんどなくなった。病気ででもないかぎりは前こごみの、伏目受け口などであるく娘を見かけず、いずれも襟をかき合わせて頭を天然の高さに復し、前に現れる物なら何でも見ようとする態度をもって、去来するのを通例とするようになった。日本ではまだいろいろの不満を指摘せられているが、これなどはまさしく教育の力であって、一般に妹の兄との交際を可能にし自由にしたのも、またその結果であろうと自分は思う。

ただしこの解説が理由の全部であるとは思わぬが、かりに婦女子が必要もない謙遜から放免せられ、各自その天性の快活をもって家庭を明るくし、ことには孤独を感じやすい青年の兄たちを楽しましめるのだとしても、それは結構なる変化だと考えうる。ところが今日のもの知りには、卑俗なる唯物論者が多く、かくのごとき兄妹間の新現象をもって、単純なるエロチシズムの心理に帰せんとし、一方にはまた常習の悲観家なる者がこれと合体して、往々にしてこれによって解放の弊をさえ唱えんとするように見える。しかしその観察は明瞭に誤っている。かりに兄弟の交情の底の動機に、若い者らしいまた人間らしい熱情がひそんでいたとしても、世にはこれほど無害なる作用がはたして他にもあるだろうか。無害という以上にかくのごとき異性の力は、しばしば他の悪質の娯楽から、単純なる人々を防衛している。あらゆる生物は言わずもあれ、人類の社会においても、新たなる家の分房の行わるるまでの期間、決して相とつぐことあたわざる男女の群れがこうして互いに愛護して最大の平和を保っていた。それがすなわち家庭であった。その至って単純なるもとの形に、戻ってきたというまでであって、言わばわれわれの肉親愛の復古ではなかろうか。

ゆえにこれを名づけて愛情の解放と呼ぶまではさしつかえないが、その動機の推察にあまりに深入りして、たとえありうべからざる危険を憂慮せぬまでも、往々にその自由を無用視しもしくは軽蔑しようとする者があるならば、それこそとらわれたる昔風である。母なども以前の尋常の家庭においては、はかばかしくは人中に立ち交じらず、成長した息子たちのこれに向かって、うちとけた心持ちで女が女同士、または男が男ばかりでするような世間話をしているところなどは、外から来た者にはかつて見かけられなかった。いつでも怒っているのかと思うような簡単な、ぶっきら棒の応答をするのが、父でも夫でも男たちの普通の態度で、女はまたそうせられるのを当然としておった。これは必ずしも母や妻の趣味ばかりではなかった。遠い昔から女にはいろいろの禁忌があって、漁猟・戦争のごとき男子の専業には、干与しあたわざるきびしい慣習のあったのが、元の意味が不明になって、いつしかこのような形式をとるに至ったのである。薩摩のごときはつい近いころまで、婦人を憎みきらうことをもって、強い武士の特徴としていたこと、西洋のシバルリー（四）とはちょうど正反対で、戒律のやかましい聖道の僧などよりも、さらに過ぎたるものがあった。堂々たる男子がわずかの接近をもって、すぐにめめしさ柔らかさにかぶれるものと信じたはずがない。汚ないとか穢《けが》れるとかいう語で言い現していたけれども、つまりは女には目に見えぬ精霊の力があって、砥石《といし》をまたぐと砥石が割れ、釣竿《つりざお》・天秤棒《てんびんぼう》をまたぐとそれが折れるというように、男子の膂力《りょりょく》と勇猛とをもってなしとげたものを、たやすく破壊しうる力あるもののごとく、かたく信じていたなごりに他ならぬ。そのような奇異の俗信がもうなくなって、漠然たる畏怖のみが永く留まり、元来親しみなれて相愛すべきものが、うわべは少なくとも疎遠なる形式を保って、この新時代のいきいきとした世の中に入ってきたのである。そんな無用の垣根の撤せられたのは至って自然なる結果であって、今までこれを予期しなかったのが迂遠なくらいのものだ。

三

しかし現実は決してこの話ほどに簡単ではない。禁忌はこれを知らない国の人が想像するように、いたずらにわれわれを拘束する迷信ではなかったのである。社会のある一部分の便宜のために、強いて設けられた律令ということはできるが、本意はむしろ未知の外界に対する一種の対抗策と他の力弱き動物などが常に危害の大小をはかりかねて、遁走《とんそう》と潜《せん》匿《とく》とのために生涯の半ばの力を費やしているのに反し、一定最少限の条件をさえ守っているならば、人は自在に行動して何の恐るるところもないものだということを、われわれが確信しえたのもこのおかげで、言わば人間の勇気の根源をつちかうものであった。もちろん誤ったる判断推論が、なくともよかったいくつかの拘束を、後生大事に保存させたことは事実だが、それは今日の議院といえども免れない。全体から見てその時代の、どうしても必要だと認めたものが慣習となり、これを破れば一般の不安を感ずる間は、人はこれを守らざるをえなかったのである。人間の智恵には不確かなものが多い。この不安を追い払うことは容易でなかった。婦人をみだりに近づけず、また多くの男の仕事に参与せしめまいとしたことは、われわれの目には理由のないことであるのみならず、またその最初の経験も忘れられて、今ではこれを説明する者もない姿だが、それでもなおこのごろのごとき変化に遭遇すると、彼ら自身にも解しがたい気づかわしさのために、首を傾け眉をしかめようとする老翁などのあるのは、何かよくよく底深い惰性の、もとの力としてひそんでいるためではないかとも想像せられる。

自分たちの学問で今までに知られていることは、祭祀祈禱の宗教上の行為は、もと肝要なる部分がことごとく婦人の管轄であった。巫はこの民族にあっては原則として女性であった。後代は家筋によりまた神の指定に随って、彼らの一小部分のみが神役に従事し、その他は皆凡庸をもって目せられたが、以前は家々の婦女は必ず神に仕え、ただその中の最もさかしき者が、最もすぐれたる巫女《みこ》であったものらしい。国の神は一つ以前には地方の神であり、さらにさかのぼれば家々の神であったのみならず、現在に至っても、家にはお専属の神があって、季節もしくは臨時に祀《まつ》られているのを見ると、久しきにわたってこの職分は重要であった。しこうして最初この任務が、特に婦人に適すと考えられた理由は、その感動しやすい習性が、事件あるごとに群衆の中において、いち早く異常心理の作用を示し、不思議を語りえた点に在るのであろう。雋敏《しゅんびん》なる児童の中には、往々にして神を見、神託を宣する者はあったが、成長するにつれて早く特性を失う上に、こんな子を生み育てるのもやはり女だから、女は常に重んぜられた。ことに婦人の特殊生理は、かくのごとき精神作用に強く影響した。天然と戦い異部落と戦う者にとっては、女子の予言の中から方法の指導を求むる必要が多く、さらに進んでは定まる運勢をも改良せんがために、この力を利用する場合が常にあったのである。ゆえに女の力を忌み恐れたのも、本来はまったく女の力を信じた結果であって、あらゆる神聖なる物を平日の生活から別置するのと同じ意味で、実は本来は敬して遠ざけていたもののようである。

そんな待遇をする必要が、もうほとんどなくなった近世まで、場合によってはなおかよわい者の力が信ぜられた。ひとり物を害する魔性の力だけではない。ある種のまじないには女を頼まねばならぬものがあった。年々の行事で最も著しいものは田植である。昔の人の推理法は興味がある。女は生産の力ある者だから、大切な生産の行為は女に頼むがよいという趣意であった。これに伴うていろいろの様式の、至って古風なものが今も残っており、したがってまた神秘なる禁忌があった。一方にはまたおみき・おなほという類の老女の、神と交通したという話が実事として数限りもなく語り伝えられる。実際その不可思議には数千年の根柢《こんてい》があるので、日本の男子としてこれに動かされることはいささかも異例でなかった。世界的の宗教は大規模に持ち込まれたけれども、われわれの生活の不安定、未来に対する疑惑と杞憂《きゆう》とは、仏教とキリスト教とでは処理しつくすことができなかった。現世幸福の手段としては不十分なる点が見出された。しこうしてその欠陥をみたすべき任務は、太古以来同胞の婦女に属していたのである。倭姫命《やまとひめのみこと》の御祭祀が単なる典礼になってしまうと、光明皇后《こうみょう》や中将姫《ちゅうじょうひめ》の祈願が始まったように、一つの形が不十分となれば、第二の方法が考えられなければならぬ。ゆえに兄の寂寞《せきばく》を妹が慰めるのも、言わばこの民族の一続きの大いなる力の、一つの新しい波に過ぎないのかも知れぬ。

四

最近に自分は東北の淋しい田舎をあるいていて、はからずも古風なる妹の力の、一つの例に遭遇した。盛岡から山を東方に越えて、よほど入り込んだ山村である。地方にも珍しい富裕な旧家で、数年前に六人の兄弟が、一時に発狂をして土地の人を震駭《しんがい》せしめたことがあった。詳しい顚末《てんまつ》はさらに調査をしてみなければならぬが、何でも遺伝のあるらしい家で、現に彼らの祖父も発狂してまだ生きている。父も狂気である時仏壇の前で首をくくって死んだ。長男がただ一人健全であったが、かさねがさねの悲運に絶望してしまって、しばしば巨額の金を懐《ふところ》に入れ、都会にやってきて浪費をして、酒色によって憂いをまぎらそうとしたが、その結果はこれもひどい神経衰弱にかかり、井戸に身を投げて自殺をしたという。村の某寺の住職は賢明な人であって、何とかしてこの苦悶を救いたいと思って、いろいろと立ち入って世話をしたそうだが無効であった。この僧に尋ねてみたらなお細かな事情がわかるであろうが、六人の狂人は今は本復している。発病の当時、末の妹が十三歳で、他の五人はともにその兄であった。不思議なことには六人の狂者は心が一つで、しかも十三の妹がその首脳であった。例えば向こうからくる旅人を、妹が鬼だというと、兄たちの目にもすぐに鬼に見えた。打ち殺してしまおうと妹が一言いうと、五人で飛び出していって打ち揃って攻撃した。屈強な若い者がこんな無法なことをするために、一時はこの川筋には人通りが絶えてしまったという話である。

鈴木正三《すずきしょうさん》の『因果物語《いんがものがたり》』の中にでもありそうな話である。仏者などに言わせると、必ず一応の理由はつくと思うが、単なる狂暴の遺伝以外に、別に古来の異事奇聞の、多くの例に共通した何らかの法則がひそんでいるような感じがする。かりにこれらの狂人が今少しく平和なものであって、鬼を見る代わりに神仙を見、ないしは『著聞集《ちょもんじゅう》』の狩人が箭《や》をつがえて射たというごとき、(五)三尊来迎《さんぞんらいごう》の御姿を見たのであったらどうであろうか。近世の俗人たちの不思議奇瑞の分類法は、実はあまりにも単純であった。平素より多病多感なる一人が、夢と現《うつつ》の境にありうべからざることを見たと説くがごときは、これを幻覚なりといい、または誇張妄信なりとして、耳を貸すまいとするけれども、三人五人が打ち揃うて現に目撃したという場合には、すなわち舌を巻いて驚歎しようとしたのである。素朴一様の生活をした昔人は、心理もまたほぼ同じ傾向を持っており、利害も趣味も感情も相似たる結果、似たような誤謬《ごびゅう》を経験することはありうべく、ことに前にかかげた例のように、その間に強い統一の力の現れうることは明らかだが、まだこれを考えた人はないらしいのである。

これも奥州に例の多い座敷童子《ざしきわらし》、あるいはクラボッコとかスマッコワラシとか、いろいろの名をもって呼ばるる童形《どうぎょう》の家の神は、その姿を見たという者に証人を出しうる話が多い。関口善平という人は少年のころ、数人の友だちとともに、隣家の座敷でこの神の舞いはねるを見たという。普通に髪を耳のあたりまで切り下げているというに反して、たしかに坊主頭であったという一点を除くほか、衣服などのことを今尋ねてみても、正直な人だから単に記憶せぬという。小児の淡い考え方では、その当時一人一人についてただしてみても、聞きようによっては皆うんと答え、やがてまたそう記憶してしまったかも知れぬが、精確に記述させたら必ず若干の喰い違いのあることを、どれもこれも一様であったように信じてしまう場合が多かろう。例えば日本全国にわたって誰でも説くことは、天狗《てんぐ》倒しなどと称して白昼に山の中で、大木を挽《ひ》き切り倒す音であるが、これなどは全部落の者が同時にこれを聞いて、後にその辺に行ってみると何の痕もないのが例であった。都会においては夜ふけて囃子《はやし》の音をきくことがある。場所方角は一定せず、しかも一時に多勢の者が、あれまた今夜もやっていると、いう場合が多いのである。こういう簡単な、しかもかつて聞いた印象の深い音響の再現は、何千人に共通してもこれを幻覚と認めることができる。鉄道の開通した当時、時刻でもない時に汽車が通り、あるいはその笛の音、車の響きがしたというなどは、新しい奇事ながら無数に村々で話がある。狐狸が真似をすると説明せられ、あるいは狸は馬鹿だから、本物の汽車と衝突してとうとう死んだなどという噂までもある。すなわち別に一人の統率者がない場合にも、強い因縁さえあれば多人数の幻覚が一致をする。現代の個人はめいめい勝手次第の、生存を巧《たく》んでいるつもりでおるか知らぬが、流行や感染以上に昔からの隠れた力に、実はまだこうしておりおりは引き廻されているのである。

五

だから大正十五年以後にも、こんな出来事はなお絶無を期しがたいと思う。福島県の箭《や》内《ない》名左衛門氏は、地方の先覚であり新知識であるが、前年自分がかの村を訪ねたとき、こういう話をしてくれた。この付近には三十年か四十年に一度、必ず一人の異人が出現する。その威力の絶頂にある間は、呪術も予言もことごとく的中して、いかに本人のもとの身分を熟知した者でも、帰依渇仰《きえかつごう》せざるをえなかった。ただし一年もたつうちには霊験が衰えて、多くは気づかぬ間にどこかへ行ってしまうそうである。初めてこういう異人が人に認められるのには、ほとんど一定した形式があった。若干の微弱な前兆の後に、突如として物憑《ものつ》きの相を示して、屋根の上に飛んで上る。そうして棟《むね》の端に馬乗りにまたがって棟木をつかまえて押し動かすと、どんな大きな土蔵などでもぐらぐらとゆらいだという。これを集まり見た衆人は、もうその力を疑うことをえなかったので物理学の法則からはありうべからざることを承知しているが、現に多数がその事実を認めたのだから、争うことができぬということになっていたという。

昨年の初夏には、また自分は陸中《りくちゅう》の黒沢尻《くろさわじり》から、羽後《うご》の横手《よこて》の方へ通ろうとしていた。和賀川の左右の岸に、この辺特有の東向き片破風《かたはふ》の茅《かや》ぶきの農家が、草木の茂みからところどころにその寂しい姿を見せている。汽車の窓を開いて同行の阿部君が、その一個を指点していうには、あの家には二三ヶ月前から、たいそうよく当たる占い者が出ました。毎日のように遠方から、見てもらいにくる人が今でもありますという。まだ若い女房である様子であった。この地方一帯には至って多い例で、時としては同時に五人二人と輩出して、力を競わねばならぬ場合さえあった。もとより尋常の田に働く女であって、東北でよく聞くモリコまたはイタコのごとく、修行と口伝《くでん》とを必要とする職業の巫女とは別であった。したがって最初何らかの奇瑞の、まず周囲の人々を驚かすものがなかったならば、世間がかくのごとき神姥の出現を知る機会はないのである。ところが平生はそっけない物言いをして、人の前ではろくに目も見合わさぬ兄や夫が、実はひそかに家の女性の言行に対して、深い注意を払っていたのであったことが、こんな異常の場合になるとすぐに露顕する。通例まさに霊の力を現さんとする女は、四五日も前から食事が少なくなる。目の光が鋭くなる。何かというと納戸《なんど》に入って、出てこぬ時間が多くなり、それからぽつぽつと妙なことを言い出すのである。不断からやや陰鬱《いんうつ》な、突き詰めて物を考えるたちの女ならば、おりおりは家族の者の早まった懸念のために、いくぶんこの状態を促進することもないとはいわれぬ。そうでなくても産の前後とか、その他身体の調子の変わり目に、この現象の起こりがちであるのを、やはり新しい医学の理論などに頓着なく、全然別様の神秘なる意義を彼らは付与したのである。だから世間ももちろんこの類の風説に決して冷淡ではなかったのだが、しかし第一次の固い信徒は、いかなる場合にも必ず家族中の男子であった。

というよりも神憑《つ》きを信じえない家には、神憑きの発生することは決してなかった。大和丹波市《やまとたんばいち》の近世の巫女教(六)のごとき、その随従者はこれを天下に布《し》かんとする意気込みをもっているが、その発端においてはいずれも小規模なる家庭用であった。昔は個々の家庭において、神に問うべき問題が今よりもはるかに多く、むしろ求めて家の婦人を発狂せしむる必要すらもあった。しかも宿る神け八百万で、正邪優劣の差が著しく、宿主の願うまにもならなかったので、ここに儀式や禁忌のやかましい条件が案出せられ、なるべくは人間の生活に便宜なる貴い訪問者を、選択しようとしたのである。

われわれの民族の固有宗教は、まさしくこの点において二筋に分岐し、末々別途の進展をとげた。家と家、部曲《ぶきよく》と部曲の競争において、すぐれたる巫女の力により、最も尊くかつ正しい神を、お迎え申すことをえた家は、一門の繁栄と付近住民の信服が思いのままであり、これに助けられて男子の事業が成功するとともに、信仰もまた次第に統一せられたがゆえに、祭祀はその中心家族の事業となって、劣ったる神を持つ家々では、もはやこれに向かって各自個々の勧請《かんじよう》をせぬようになった。しかも単に積極的に名をさして神を迎える風がやんだというのみで、婦人が霊に憑《つ》かれる習性までは絶やすことはできず、かえって以前にまして飢えたる霊、いきどおる神のごときはるかに階級の低い神霊が、招かざる賓客として時々尋常の家を訪《おとな》うことを、いかんともしえなかったのである。公認せられた神道から見れば、言うまでもなくそれは邪神ではあったが、家としてはなお古い親しみもあって、敬してこれに仕えたのみか、さらにその恩顧を利用せんとさえした。例えば狐の精、蛇の精というがごとき低い神でも、その霊が人間以上なるかぎり、これを饗し、これを礼すれば冥助《みようじよ》があり、これを怒らしむればその罰はなかなかに正しい神よりも烈しかった。家々の祖先の霊、または住地と縁故の深い天然の諸精霊のごときは、かりにこれを避け退ける方法があっても、無情にこれを駆逐するに忍びなかった。いわんや人と彼らとの間に立って、斡旋《あっせん》し通訳するの任務が、主として細心柔情にしてよく父兄を動かすに力ある婦人の手にあったのである。これ日本人の家の宗教の、久しくもとの形を崩されつつも、なおその破片を保存せられたゆえんであって、同時にまた新しいいろいろの迷信の相次いで興隆したゆえんでもある。

六

われわれが今読んでいる歴史というものの舞台には、女性の出て働く数ははなはだしく少なかったが、表面に現れた政治や戦争の事業にも、隠れて参加した力は実は大きいのであった。そういう心持ちをもって再び前代の家庭生活を眺めてみると、久しく埋もれていただけに、なつかしい民族心理の痕が際限もなく人の心を引く。ただしなつかしいということは、必ずしもその昔に戻れということを意味しない。そんな面倒な拘束に今さら従わねばならぬ必要はないのみか、われわれの名づけて古風というものにも、上古以来何度か時勢の影響の著しいものがあって、結局はどれが信仰のもとの型と名づくべきものかを、指示することもできなくなるのに、いたずらにこれに追随する理由はないからである。

それでも歴史をたどってゆくと、われわれが便宜のため、またこの信仰の変遷の標準を掲げるために、かりに名づけて玉依彦《たまよりひこ》・玉依姫《たまよりひめ》の世と称するものはある。この二柱の神は人も知るごとく、賀茂《かも》の神人《じんにん》の始祖であり、同時にまた上の社の御神の、御母と御伯父である。かつては人間の処女の心姿ともに清き者の中から、特に年若くいまだ婚《とつ》がざる者のみを点定して、神の尊き霊がお依りなされし時代があった。他の多くの旧社には永くこの例を遵守《じゅんしゅ》する者もあったが、この場合には必ず代々の兄の家が神職を相続して、大工のジョセフ(七)よりも今一段と自然なる保護と奉仕とに任じ、またその御神の力を負うて、付近の部曲に号令することをえたのであった。すなわち人界にあっては藤原氏が、久しい年代にわたって力と頼んでいた、外戚の親に該当するものである。兄弟の縁は見ようによっては、父子の続きよりも確実である。今もし天つ神が大昔の母系の血筋を重んじたまい、かつ女性の純潔を要求したもうとすれば、こうした結合によっては叔母《おば》から姪《めい》女へ、奉仕の職を伝えるの他はない。神巫《しふ》の家筋はいずれの社でも、皆こうして保存せられた。のち次第に年限を定めて、年たけて夫を持つことを許され、あるいは必ずしも処女なることを要せぬようになったのみである。伊勢の内外宮において物忌父《ものいみのちち》と呼び、越前・飛驒《ひだ》等のある旧家でテテと称するものも、なおこの玉依彦思想の第二次の延長であると見られる。

かくのごとき兄妹の宗教上の提携の、いかに自然のものであったかは、遠近多種の民族の類例を比べてみてもわかる。近くはアイヌの昔物語においても、最近金田一《きんだいち》氏の訳出せられた伝説によれば、ところどころの島山に占拠した神は、必ず兄と妹との一組にきまっていた。沖縄はもとよりわが民族の遠い分かれで、古い様式を保存しうる事情はあったが、これまた御嶽《おたけ》(八)の神々は男女の二柱であって、その名の対偶より判じてみても、わが神代巻の最初の双神とともに、本来同胞の御神であったことが想像せられる。斎院《さいいん》が神を祀《まつ》る慣習もかの島には近世まであった。もとは一々の旧家名門に、おのおの小規模の玉依姫が定められていたことは、現在まだ疑う余地のない痕跡が存している。内地においては祝神主の男子が、政治の必要から次第に巫女の家を抑制したに反して、彼にあっては今も祭祀が婦人に独占せられている。その上に重要なる祈願においては、もとはしばしば「おなり神」を拝する習いがあった。すなわち妹の神女を仲に立てて神の霊に面することであって、オナリは島々においては現にまたわれわれのいう姉妹を意味している。同じ語とおぼしきものが内地で用いられるのは、ただ田植の折の田の神の祭のみであるが、その任務の極めて神聖に、かつ家々の生活にとって最も重要であったことは、歌曲と口碑の中からもこれをうかがうことができる。

簡単に話を運ぼうとしたために、かえって注脚の必要な部分が多くなったが、自分はこれによってむつかしい学問上の論断を下そうとするのではない。新しい時代の家庭においては、妹の兄から受ける待遇がまるで一変したように見えるけれども、今後とても女性の社会に及ぼす力には、方向の相異まではないはずである。もし彼女たちが出でて働こうとする男子に、しばしば欠けている精微なる感受性をもって、最も周到に生存の理法を省察し、さらに家門と肉身の愛情によって、親切な助言を与えようとするならば、惑いは去り勇気は新たに生じて、その幸福はただに個々の小さい家庭を恵むにとどまらぬであろう。それにはまず女性自身の、数千年来の地位を学び知る必要がある。これをわれわれのような妹を持たぬ男たちに、一任して顧みないのはおかしかったと言い得る。人間の始めたことに本来意味のないことはありえないのに、これを迷信などと軽く見てしまって考えてみようともしなかったのは、同情のない話であったということを、改めて新しい時代の若い婦人たちに説いてみる必要があると思う。

（大正十四年十月『婦人公論』）

（一）生まれ在所　兵庫県神東郡田原村辻川（現、神崎郡福崎町田原辻川）。

（二）「古里は昔ながら」　たとえば『大和物語』に、「来てみれど心もゆかずふる里は昔ながらの花は散れども」（右京大夫宗于）など。

（三）マトロン　matron（英語）。（品位ある年配の）既婚婦人・夫人の意。

（四）シバルリー　chevalrie（フランス語）、chivalry（英語）。フランス語の cheval（馬の意）より出た語で、騎士道（的精神）・騎士制度・騎士の慣習、などの意。

（五）『著聞集』の狩人が……　『古今著聞集』には、この話は見えない。類話は『宇治拾遺物語』（一の七）、『古事談』（三）に見えるが、小異がある。

（六）大和丹波市の近世の巫女教　天保九年（一八三八）、大和国丹波《たんば》市《いち》（現、奈良県天理

市）において、中山美伎《みき》が創始した天理教をいう。

（七）大工のジョセフ　伝説によれば、イエス・キリストは、ダビデ王の血統をひく大工ジョセフ（ヨセフ）の子であるが、実はジョセフの許婚の処女マリアが聖霊に感じて生んだ神の子であるという。

（八）御嶽　沖縄で部落共同体の神をまつる聖域をいう。御嶽と書くが、高い山地もあれば、平地の杜《もり》、水田の中の叢林の場合もある。ここに神が降臨すると信じられた。

玉依彦の問題

一

伊波普猷《いはふゆう》氏(一)の事業の中には、単にわれわれ同時代の学徒に、大きな啓発の機会を供しただけでなく、永い未来にかけて、人類がどうしても解き明らめねばならぬ問題を、提出しているものがいくつもある。昭和二年の初めに、雑誌『民族』に公表せられた「をなり神考」もまさしくその一つであるが、自分の知っているかぎり、あれ以後この問題は格別展開もしていない。むしろ少しずつ忘れられようとしている。広く南海の群島を通じて、女性の同胞を意味するオナリは、古くはその男の兄弟にとって、事ある場合の守護指導の霊と認められ、したがってオナリの神という語は数多く古典の中に遺っているのみか、今もその痕跡とおぼしき習俗が、かすかながらそちこちに伝わっている。というまでの事実はほぼ証出せられて、われわれをして驚歎せしめたのであるが、それがはたしてこの極東の偉大なる民族に、固有の信仰であったろうかどうか。しかりとするならば国の一部にはどうしてつとに失われ、もしくはいかに形貌を変えて、普通には気づかれぬまでの底の流れとなってしまったか。こういう大切な一点を突き留めるためにも、所在についてもう少し余分の事実を知らなければならなかったのである。ましてやこれがこの地上の、あらゆる人間の社会を通じて、一度は経過しなければならなかった文化の一段階であって、たまたま多くの国ではそれに気づかずにいるのか、あるいはまた島を本拠とした日本民族のみが、特に与えられていた経験であるのか、両者いずれかの一つで、どちらでもないというはずはないのだが、これを決するためにも今だけの知識ではまだ足らぬように思う。自分は伊波氏の学友である以上に、この問題に対しても若干の縁故をもっている。わずかな切れ切れの注脚でも加えておいて、せめては後来の学者のために捜索の労をはぶき、かつはわれわれの関心が最初から、必ずしも微弱でなかったことを示したいのである。

二

この姉妹神の信仰に関する報告に接して、はたと膝をうつほどの心当たりが私にもあった。それをなるべく順序立てて述べると、大正三年には文部省の事業として、『俚謡集』の一書が刊行せられたが、この中には島根・広島二県の田植唄がたくさんに採録せられ、ほとんど全編の半ばを占めている。オナリという日本の言葉の、初めて私たちの目に入ったのはこの時であった。オナリが若いまた盛装した、田植えの日の女性であることだけは、次のような歌詞の中からでも察せられる。

おなり殿の御《ご》だるやら赤い帷子《かたびら》で、
（返）ぴらりしやらりと赤いかたびらでよ（安佐郡田植唄）

今日のおなりの姫をやとふには、
兵庫の町の中の町
（かけ）おなりの姫様をやとひ取るにはな、
あまたのよせいで駕籠で迎へたりな（邇摩《にま》郡同上）

（さげ）おなりどが十二の釜をとぎ上げて〳〵
（五月女）さんばい様の飯をたく（飯石郡同上）

ひるまのおなりはどこまで送るか
どこまで送るべしや、かじが島に送るよ（神石郡同上）

こういう種類の歌がいくつとなく各村にあって、いずれも午前は待ち、午後は送るという言葉がある。他の地方の田唄や神事唄に、昼間持ちというものと同じで、この日の飯を

炊《かし》ぐ役であっただけでなく、自らそれを携えて田人に餉《おく》って来る女であることはよくわか

るが、歌にこれを詠じて馬駕籠に乗せてとか、錦の帳《とばり》を張って迎えるという類の、美しい

空想の辞を傾け尽くしているのを見ると、これがこの日の田の神の祭に、参与していたら

しいことも察せられるのである。

オナリは中部以西の方言では、現在はただ炊事を意味している。すなわち平日そういう任にある婦人に田植の時の一役を持たせ、それが若いゆえに歌の題材ともなったかのごとく、想像する者もないとはいえぬが、すでに山城賀茂社の旧記にも殖女・養女の名が並記せられ、殖女はウエメすなわち早乙女《さおとめ》のことであり、養女の養はオナリという古訓があるから、かつては欠くべからざる一つの地位だったと思われるのである。少なくともそのオナリは古語であり、また一地方限りの土語でもないのだが、伊波氏自身の干与した平凡社の『大辞典』のほかは、近ごろの辞書にもまだ録せられておらぬのである。田植唄のオナリ人・オナリ様も、ナリ（業）に御の字を冠らせたものではなくて、あるいは采女《うねめ》や「うなゐ」と関係のある語ではないかと私には感じられていた。そうしてその起こりを知りたいものだと念じていた際に、ちょうど沖縄に渡って初めてこれが姉妹を意味する語であったことを学んだのである。大正十年の一月はこのためにも永く記念せられる。沖縄のウナリはワ行であった。したがって先島の方へ行くと、これがバ行に変わってボナリともブナジともなっている。それでまた心づくのは、宮城・岩手の二県にいくつかあるボナリ石を、

文書には巫女石とも書いていることである。あるいは石がうなったからボナリという名が生じたとも説明するが、遠野の町近くにあるのは石でなく、巫女の母と娘が淵に沈められて人柱になったという口碑を存し、文字も母《ぼ》也《なり》大明神などと書いている。すなわち琉球とは最も遠い東北の田舎でも、オナリはなお祭祀《さいし》に参与する女性だったのである。

三

私がこういう新たな興味を抱いて、八重山《やえやま》郡の石垣の島に上陸したのは、ちょうどわが家の四番目のウナリが、留守中に三歳になっていたころのことであった。四箇の村では今日はどうあるか知らぬが、そのころは門口の外に札を立てて、家族の名前がすべて列記してあった。その中にボナリという娘の名の多かったことは、沖縄本島のウシ・カマド以上である。岩崎翁の家に来て舞を見せてくれた、足のゆびに小さな入れぼくろのある、マクダ（平民）の若妻の名もボナルであった。この島第二世の大阿《おおあ》母《も》、多田屋オナリの出たという家を訪ねた時にも、たしかまた一人のボナリがいた。それよりもさらになつかしいと思ったのは、大浜の寂寞たる海辺の村に、前代の最も無名なるオナリ神が、跡を留めている崎原の御嶽に詣《もう》でた時であった。その御社は果て知らぬ大洋の波《は》濤《とう》に面して、山をそがいに隔てて立っているけれども、島ではこれただ一つが、大和《やまと》の信仰と明らかなる筋を引いている。そうして今もこの神に仕える創業者の家の名を本若屋《もとわかやア》と呼ぶのも、何となく奥州と似ている。年代は明らかに記してないが、明和《めいわ》の大海嘯《つなみ》よりは少なくとも前のことである。そうして必ずしもそう古くはなかったように思われる。修飾が少なかろうと思うから、『由来記』の方の文を引用すると、

上古大浜といふ所に、ヒルマクイ・幸地《こうぢ》玉カネと云ふ兄弟あり、其頃当島に鋤鍬鎌なく、何かと相求めたく思ひ、船を作り水主《かこ》相催し、兄弟中乗にて開洋す。然るに薩州坊泊《ぼうのとまり》の下町と申す泊へ着岸し、望みの鋤鍬鎌を買ふ折節、白髪なる老人立寄り、汝何国の人、何方の船と問ふ。答へて云ふ。八重山島ヒルマクイ・幸地玉カネといふ者、鋤鍬鎌買ふべく此島に来ると云ふ。又問云。汝島に崇敬する神あるや、無くば授くべしと云ふ。兄弟悦び授けたまへと申す。かの老人、櫃一つ相封じ渡して申す様、此櫃洋中に於て鳴るべし。必ずその鳴る方へ船乗るべし。何事無く島に着くべき也。島に於て汝伯母妹に申し請ひ、此櫃開くべしと相語る。兄弟謹んで頂戴仕る。折節順風よく吹出しければ、神の御風と悦び纜を解き帆を掲げ、洋中に乗出す。老人の言ひし如く此櫃鳴る。奇妙に思ひ開き見るに、何も無く空櫃なり。不審なることゝ思ふ処、風相替り元の坊泊へ吹きつくる。又先の老人立寄り、汝洋中にて櫃を開くや否哉と問ふ。兄弟有りの儘に語る。老人又封じて云ふ。曾て此櫃洋中にて開くべからずと堅く申されける。兄弟謹んで礼拝せば、追風又吹出す。兄弟悦び帆を揚げ、教の如く櫃の鳴る

方へ乗掛れば、順風にて程なく大浜村崎原の泊に帰着す。乃ち伯母妹中し請ひ此櫃開きければ、御神乗り移り託宣あり、其時かのヒルマクイ・幸地玉カネ、立て始め申す御嶽と伝へ来り、今まで祭礼懈怠無く、当島へ新御神此時始めて御渡りなされし由申し伝ふる也。(註、大御神の後に渡ります故新神と云ふ)。

四

この物語の最も信じやすいわけは、薩摩の坊津《ぼうのつ》に農具を買いに来たという、普通の歴史の中に織り込まれているためばかりでない。箱の神が鳴音を立てて、船人に船の行くべき方角を示すということは、今でも西国の海上生活者に、認められている霊異であるからで、ただわれわれの船玉様には、すでに櫃《ひつ》を開いて神託を聞くという方式は失われ、単に船大工の棟梁がいわゆるゴシンを入れるに先だって、神実《かみざね》として若い女の髪の毛を綰《わが》ね納めることが、すこぶる島々のオナリ神信仰の形と近いだけである。その風習もあまりに秘していたためか、今日はもうだいぶこわれている様子で、ある土地では未婚の男女の髪の毛を合わせて入れるなどというが、やはり最も多いのは船主の妻あるいは娘の髪に限るようにも言い伝え、伊豆の島ではこれを「船玉ささげ」ともいっている。東京近くの海浜では童女の毛を求めるが、船玉の御神体に髪の毛を上げると、寿命がちぢむなどといって、これを避けようとする者が多くなったということである。

ただし女性が神と自分の兄弟との仲に立つという風習は、無論この時に始めて坊津から輸入したものでない。島にも前々の古い習わしがあって、たとえ白髪の老人に教えられずとも、櫃を開いてただちに神託を宣しうる者は、家の伯母妹の他にはなかったろうと思う。現に八重山ではその兄弟が乗って出た石垣船の起原について、また一つのオナリ物語を伝えている。昔竹富の島に、兄を島仲といって年七つ、妹は五歳でアワレシという同胞があった。兄は福崎《ほさき》の海岸に遊んでいて、三日月の輪の形をした物を拾い揚げ、それに感動してその形に似せて、船を造ろうと思い立って木を切っていた。そこへ妹が食物を運んで来てくれたので、おまえも早く大きくなって神様のお言葉を伝え、この船に名を付けてもらいたいものだといった。筆者の持っている『由来記』はここに脱文があるが、『遺老説伝』を引き比べて見ると、この時に小さい妹はすぐに神オタカベを作って唱えたようである。そうすると念願はたちまち届いて、すなわち御神が妹に乗り移り、島仲が造るところの船は五包七包船と名づけ、これにて海上往来あるべしという御神託を承った。この船は後に隣の黒島に漂著し、ここでもその形を模して船を造っていたけれども、なお竹富は根原であるゆえに、初期のスラ所（造船場）はこの島に設けてあったとあるのは、おそらくはこれも由緒ある旧家の、オナリたちの言い伝えた物語であったろうと思う。

島に住する人々の船造りの起原は、よほど遠い昔の話でなければならぬ。したごうてこれに女性が援助したという言い伝えが、誤りまた磨滅して幽《かす》かになっているのはやむを得ない。しかも何らかの痕跡とまでは、推測してもさしつかえはないであろう。『壱岐島昔話集』に載せている「銭のなる木」という一篇は、昔話の部類には入れられない話で、また少しばかり破損してもいるが、片端はこの竹富島のアワレシの話と似ている。昔お寺に上って学問をしていた子供たちが、めいめい小さな舟を造ってきて、寺の池に浮かばせて遊ぼうということになった時、貧しい家の一人の児が、材料がないので困って泣いていると、その姉が今夜私が舟をこしらえてやるから、心配せずにお休みといって弟を寝かせ、後で田の土を採って来て泥舟をこしらえ、紙をきれいにはりつけて次の朝その子供に与えた。この舟は決して人より前に浮かばせてはならぬ。皆が出してしまってから一番しまいに浮かばせよ、と教えたというのは、いかなる意味だったかも不明であるが、とにかくそれを浮かべて見ると沈まなかったのみか、ひとりでに漕ぎあるいてどの舟よりもよく動いた。それで仲間に憎まれて酒を飲まされ、酔うて帰って来て弟は倒れて死ぬ。姉はそれを机の前に坐らせて死んでおらぬように見せかけ、あとでそっと埋めてその上に小さな木を栽えておいたら、次第に成長して銭のなる木になったというのは、何か混入のあるらしい筋の立たぬ口碑だか、結局その姉は神様であったというので、たぶん本来は船に関する伝説だったろうことが察せられる。今後気をつけていたら他の地方からも、同系の話が出て来て、この変化の径路を明らかにすることを許すであろうと思う。

五

けだし前代の女性が霊界の主要なる事務を管掌して、よくこの世のために目に見えぬ障《しよう》礙《がい》を除去し、必ず来るべき厄難を予告することによって、いわれなき多くの不安を無用とし、ないし男たちの単独では決しがたい問題に、いろいろの暗示を与えるなど、隠れて大切な役目を果たしていたことは、もうわが邦ではわかりきった歴史であるが、それが若干の最も優秀なる家門のみに、限られたる事実であったのか、ただしはまた民族固有の生活様式に、普遍的なる基礎をもっていて、たまたま尖端のいわゆる国の大事に際して、代表せられたものだけが記録せられたのか、この点がまだ伊波さんの『古琉球の政治』、もしくは故佐喜真興英《さきまこうえい》君(二)の『女人政治考』などにも、十分には説明せられていなかったのである。沖縄の文化史が、これを研究する者の態度いかんによって日本はおろかなこと、広く世界の智慧にも貢献しうるようなりっぱな資料を含んでいることは、島のインテリたちがかえって今はまだ心づいていない。歳の境の先祖祭り、もしくは稲麦の穂をはらもうとする重要な季節の行事などに、男が退いていて女に多く働いてもらおうとする風習などは、近ごろ発明せられた分業では決してない。すなわちオナリの力は太初より認められ、人がその由緒を失念するに至るまで、なおこれをもって人生の最も有効な手段としていたので、よほど幼稚な民族の中にいかぬと、今ではもはや見ることのできぬその習俗が、海で囲われていたおかげでか、島々にはまだ歴然と伝わっているのである。

　それから今一つは古くからの言い伝え、これなどもわれわれに細大漏らさず筆録しておこうという熱意はあっても、国がしばしば乱れ名家がしきりに没落し、人が現世を眼界の限りとしていたならば、そうして歌謡詞章を愛するの情が、この南の島のごとく小民にまで普及していなかったならば、故事の亡佚《ぼういつ》することはおそらく今日の比ではなかったろう。伊波氏とその同志とは、よい時期に生まれ、また最もよい島に生まれたというべきである。巫女の歴史を書き載せた書物は、捜せば大和の方にも若干はある。宮寺の縁起その他の言い伝えに、彼らの生活の迹《あと》を尋ねることも不可能とはいえない。ただその映像というものが常に正面を向いたものばかりで、周囲の情景を推察せしめるまでの資料は乏しいのである。これに反して沖縄ではやや衰頽《すいたい》の姿ながら、目の前になお古風の女性生活が見られるだけでなく、語り伝えられている昔の出来事にも、存外に写実的な消息がうかがわれる。異なる地に成長した私たちにはそれがとりわけて珍重せられるのである。前に引用した八重山の二話もその例だが、それよりもさらに注意をひくのは、宮古島の船立御嶽《ふなだてうたき》の由来として、昔神代に久米《くめ》島の按司《あんじ》の一人娘、兄嫁の讒《ざん》によって父に憎まれ、小舟に乗せられ大海に押し流されて、この土に漂着して後に神となったという、一条の物語である。これだけの事実ならば似たる例もほかにあるのだが、宮古ではその美しい姫の兄、すなわち按司の跡取りが家を捨て妻を置き去りにして、不幸な妹に付いてこの島に渡り来たり、今ある御嶽の地に二人で住んでいた。そうして女は隅屋の里の兼久世《かねくぜ》の主という人と夫婦のかたらいをして、九人の男の子の母になったけれども、なお船立の拝所の神としては、その兄妹の二人のみが祀られているのである。

六

初めて金属の農具を宮古島に供与した者が、この船立御嶽の一門であったというのは、定めて深い意味のあったことであろう。九人の男の子は、何とぞして母方の祖父に見参せんと、船をこしらえ母を乗せて、久米島に渡って行った。按司も先非を悔い親子の愛を尽くして、くろかねの巻物というものと鉄材とをもって引出物にした。それを持ち帰ってより農耕意のごとく、島の生活は豊かになった。『由来記』の本文に「其兄賢き者なれば、鍛冶を工み鐴《へら》鎌を打出す云々」とあるその兄は、九人の中の長兄ではなくて、なお母方の伯父のことをさすのであろう。「万民飢を凌ぎ安楽にたのしめるも、かの兄妹恩沢故とて、乃ち兄妹の骨を船立山に納め、一社の神と崇め申せし由言ひ伝へあり」というからは、これは同時にまた「其兄」の移住でもあったのである。

兄の生活計画に、妹が力強い指導の力であったということは、本来女性の体質や生理上の特徴が、ことに神を見、神の声を聞くに適していたからとも説明しえられるかも知れぬが、古人のこれに関する確信は、むしろ常に体験の上に置かれていた。そうして島にはその印象を新鮮ならしめる事相が、比較的近世までもくり返されていただけでなく、その効果をかき乱すような別種作用が、外の土地よりもはるかに少なかったらしく思われる。いわゆるオナリ神の習俗のまだ幽かにでも残っている土地の人たちが、それのまったく亡び失せた国から、書物を取り寄せて読んでいただけでは、この問題はわかる気づかいはないのである。事実を精確に観察しておく必要は、伊波さんの郷土において特に痛切なように私は感じている。

しかし目下のところ、まだ自分らには利用しうる資料がないので、やはり同種の旧記をもう少し細かく読んで見るのほかはない。八重山の口碑は、島がくつがえるほどの大動乱の後を承《う》けて、湮滅《いんめつ》したものが非常に多いが、今わずかに残り伝わっているものの中にも、一兄が妹の取り次いだ神々の教えに聴従して、安泰を得たという話が宮屋鳥御嶽《みやどりおたけ》にあり、一方頑迷にして彼女の言を信ぜず、みずから進んで神威を試みようとしてきびしく罰せられた伝説が、名蔵《なぐら》村の白石御嶽には語られている。ことに後者は万年青岳《おもとだけ》山上の女神であって、最初筑前宗像《ちくぜんむなかた》の大神と同じように、姉妹三柱の神で大和からお渡りなされた。姉神は首里《しゅり》の弁ノ嶽にとどまりたまい、他の二神は久米島の二つの峰にまず降られたが、仲の神の山が末の妹神の山よりも低いので、さらに飛んでこの八重山の最高峰に、跡を垂れたもうということは注意に値する。内地の方でも前に私の筆録した陸中山村の古伝、あるいは山陰の海岸地方などにも、この三女神分領の物語は伝わっていて、ここにもまた一線の糸口がたぐり寄せられるからである。万年青岳の女神は御名をオモト大アルジ、その神託を宣べたという妹の名はオモトオナリとある。兄が二人あって一つは従順、他の一人ははなはだ兇暴であって、それぞれの賞罰があったという古風な語り方もおもしろいが、それよりも興味の深いのは、大和の金峰山《きんぷせん》を始めとし、本州各地の霊山の頂を究めようとして、神に罰せられて石に化したという遺跡が、ことごとく姥石《うばいし》・巫女石《みこいし》・比丘尼石《びくに》であるに反して、島では強いて登った悪い兄が、石になって名蔵の野中にあったというのである。山を拝した南北の信仰がもと一つなりとすれば、この顕著なる男女の顚倒は、ぜひともその理由をつまびらかにしなければならぬ。

七

それを考える以前にもう一つだけ、古い口碑の側から、オナリ神信仰のやや衰えてきた径路をながめてみたい。これも『遺老説伝』中の不思議な一節であるが、昔南風原《はえばる》の神里という邑《むら》に巫女があって、懐妊の時にたちまち阿檀《あだん》の実が食べたいといった。それをその兄が拒んで食べさせなかったので、巫女は怒りを発して呪詛をした。今より後この地の阿檀に実はなるなというと、はたして樹ばかりは盛んに繁茂するが、神里の阿檀には永く結実がなかった。「此を以って観れば巫女も亦常人に非るなり」などと、わかりきったことばかり『遺老説伝』には言っている。これは前にいう白石御嶽の場合のごとき、はなはだしい不信ではなかったけれども、やはり玉依彦が玉依姫の言に、服従しなかった一つの例であると思う。内地に数多い石芋・喰わず梨などとともに、なにかわが土地の特殊なる自然現象を、神意に託せんとする普通の解し方と見てよかろう。文字があまりに簡で何ゆえに食わせなかったかがわからぬが、たぶんは清らなる上臈《じょうろう》の、常には食うべからざる食品であったからであろう。巫女の懐妊ということが異常の事実であった時代には、彼女の「つわり好み」には深い注意が払われたものと見えて、比隣の民族にはこれに伴ういろいろの物語、たとえばニアスの島で妻が雷を食いたいといったという類のものがいくつかある。日本では東北の盲法師の間に、奇想天外的な食物の種類を詠じた語りものが、「つわり好み」の名をもって近ごろまで行われていた。妹を精神界の案内者とする風が少しずつ衰えて、幾分かその傾向に楯突こうとする気持ちが、おそらくはこの類の伝説の伝播を助けたろうと思う。

それを今一歩前へ進めると、今では哄笑をもってのみ聞こうとする、十二月八日の鬼餅の由来譚がある。虚心に一考してみるに、単にこの日の餅の欠くべからざること、食えば幸福を保持することを解説するためならば、このような大がかりな空想を傭《やと》うてくるがものはない。すなわち妹によってあざむかれまたは懲《こ》らされるような兄ならば、どうせ鬼みたようなろくでなしだったろうという反感もあったろうが、私はそれよりもいっそう具体的に、ここに一つのオナリ神関係の破綻《はたん》、すなわち兄と妹との精神的提携の、断絶の姿を見出すのである。もちろん鬼餅の話になるまでのいくつかの段階があったことであろうが、それを探るがためにも上の口下の口というような悪趣味な笑話以外に、もう少し村里に保存せられているものを、集めて比較をする必要があると思う。

　このついでにちょっとお知らせ申しておきたいのは、前の鬼餅とは正反対に、妹が鬼だったという昔話が、これも奥羽方面に飛び飛びに行われていることである。三人の兄がそれを知らずに帰ってきて、二人までは順次に食われてしまう。もしくは三人とも方法を尽くして、逃げてかろうじて助かったというふうに語られている。これは近年刊行せられた『朝鮮民譚集』にも類話があり、どうやらもっと西の方にも似たものがあるらしいので、これを兄妹の精神上の絶縁を記念する伝承なりと解することは、いちだんと困難なる推測になるのであるが、さりとて全然無関係のものときめてしまうことも、やはり大胆に過ぎたる思い切りである。兄妹の仲らいが、今日普通の家庭で見る程度の淡泊さであったならば、この種の異常なる空想談の、生まれる余地のなかったことは双方同じである。だから群島の間にも、これと関連したような言い伝えが、まだ残っておらぬかどうか、もう一度念を入れて捜してみる必要もあると思う。

八

　そこで立ち戻って巫女の懐妊ということを考えてみる。神に仕えた家々の女性は、もとはわが民族でも素女《そじょ》であった。すなわち尋常の婚姻および懐妊とは、まったく縁のない人たちばかりであった。それが沖縄ではたぶん政治上の動機からであろうが、まず上流においてその法則を改め、その風が次々に村の根所にも及んだようである。前の阿檀の伝説において、巫女と漢訳せられたのはユタであろう。ユタは現代になってもなおその婚姻を内縁にし、もしくはユタの夫になる者は長命せぬなどといって、きらわれている土地もあると聞いておるが、大小の祝女・神人に至っては、むしろ原則として家刀自《いえとじ》がこれに任じ、いつを始めにそう改まったのかを、忘れきっているのが普通である。この点が最も著しく本州の物忌《ものいみ》・女《め》神覡《かんなぎ》たちと異なっている。朝家《ちょうけ》の斎宮《さいぐう》・斎院《さいいん》の制はつとに中絶し、その勢威も遥かに琉球の聞得《きこえ》大君《おおぎみ》には及ばなかったけれども、これには最後まで「男する君」はあてられなかった。国々の大きな御社には、維新の変革の際まで、清浄の女性を選んで神に仕えしめた実例は多く伝わり、たまたま平凡の家庭を持った巫女には、その職分の継続と、家禄の保持とを妥協せしめようとした、新たなる努力の跡が見られるのである。長女に家を継がせて弟たちを外へ出すことは、ただの農商の家にも稀なる例でなく、土地によってはこれが不文律のように見なされていた所さえあるが、それはまだ誕生の順序によっている。女の神職の家に至っては、長幼にかかわらず跡は娘が取るから、男子は少なくとも表向きは家族にすぎなかった。だから彼女らに世間並の婚姻が認められることになると、兄弟以上に身に親しく、利害の深くつながる者が二通りはできてくる。一人はその夫であって、もし家職が外の人に移ってしまうことを厭えば、家は入聟《いりむこ》の支配に服して行かねばならぬ。次には生みの娘に跡を取らせるということ、これは姪女に渡すよりは自然に見えるが、その子が大きくなればやはり同様の問題が起こる。すなわち姉妹神としてわが兄弟のために、神威を仲介する機会はなくなって、夫や成長した男の子だけが、その特殊の霊力を生活に利用することになるわけである。私の知っているかぎりでは、越前《えちぜん》のたしか今立《いまだて》郡に、廷々《てて》と称する神職の家筋があって、女で相続してきたことを一家の眉目としていた。他にもそういう門党はずいぶんあるように思うが、確かなことは実例を記録した上でないと言えない。とにかくにそういう家々の男性家族は、これが自分たちの家の非凡なるゆえんだと思って、不平も言わずにその制約を守っていたのだが、新たに現民法の行わるるに及んで、必然にもうそのような異例は認められなくなった。そうして沖縄の方などは、初めからこの代々入聟というがごとき、家族制は現れずにすんだのではないかと思うが、はたして実際はどうであったろうか。これからの若い学徒は、その確かなところを究めるようにしてもらいたい。それがまた伊波氏の辛苦と創見とに対する、最も有効なる敬意の表現にもなるのである。

九

民法の歴史を研究する人々は、すでにあるいは心づいていることかも知らぬ。日本は非常に養子制のよく発達した国であるが、その中でも相続のための養子というものは、比較的後になって現れてきているのである。同じ婿養子の中でも、女よりほかに子というものがなくて、他姓の男を呼んでくるものは、その趣意がまた別であったかとも見られる。男の兄弟はいくらもあるにかかわらず、必ず一人の女子を選定して、その配偶者に家督を譲る場合に、初めて母系相続ということはいわれるのである。かつて大昔にわれわれの民族の間にも、母から娘へと家を伝えた習わしが、なかったというだけの証拠こそはないが、今ある特別の家のしきたりの中に、その痕跡があるというのは少なくとも早計である。なんとなればこれは女性に正式の役目のある、巫祝《ふしゆく》の家だけに限られたことであり、しかもその女たちが尋常の婚姻を認められたのは、むしろ後代の必要に出でたかと思われるからである。

それでこの研究のためになによりも大切になってくるのは、中世以後に社会事情を異にし、相互独自の展開をとげたかと思う双方の家族制の比較、沖縄でいうならば祝女神人の職分の継承法、ことにオナリ神の信仰の衰えまた変わってきた径路を明らかにすることである。神に奉仕する清らなる処女たちが、世俗の独身生活を守っておりがたかった事情は、北も南もともにあったにもかかわらず、内地では年限を定め職能を狭くし、もしくは入聟相続の方法を設けて、家にその血筋の絶えざるを期したに反して、島では最高位の聞得大君が、すでに他の家族より移ってきた王妃をもって、これに任ずる制度に改まっている。

次々の大阿母《おおあむ》しられ、阿母《あむ》がなしたちもこれに準じ、それぞれその清き血の属する家に、残り留まっていたとは思われぬのである。そうなってくると相続の関係はどうなっていたろうか。もとより一定の尊貴の範囲は出でなかったろうが、少なくとも各家門の男性の族長たちは、そのすぐれたる家のオナリの霊力を、利用することができなかったわけである。しかも一方には古いレジムの終わりに近くまで、民間にはなお各自の姉妹の守護を受け、もしくはその慧《さか》しき暗示によって行動を決するという風が、たとえば夢ばかりにせよ消え失せずにあったということは、わが民間伝承の学問のおもしろくてたまらぬところである。諸君はこれよりこの二つの残った両端の習俗の、どういう堺目にきて牴触《ていしょく》し、もしくは調和しようとしていたかを注意せられたならば、かりに今日世界で論議せられている家族制発達の問題に、直接参考となるまでは望みがたくとも、少なくとも日本上代史のむつかしい数十ページに、ぱっと明るい光を投げかけ、さらに島内にあっては人生のいまだ知られざる区域の多かったことに心づいて、従来の文庫作業にかたよった文化研究が、幸福なものでなかったことを歎息せられるようになるであろう。

一〇

伊波さんの「をなり神考」は、要するにこういう大切な学問の黎明を、告げ知らせる鳥の声のようなものであった。以前われわれの間の最も清麗なる女性が、その生涯を神のみに捧げていた目的は、やはり血を分かった兄弟の家を、正しく存続せしめるにあったのではないかという推定が、こんな切れ切れの小事実の綜合からでも、成り立とうとしているからである。本州では常陸鹿島《かしま》の物忌みという斎女などが、最近まで残っていた古い形であったことは、「巫女考」にかつて私も書いておいた。この女性は必ず東《とう》氏という定まった一家から出ていた。彼女が身を浄めて神のために織り、神のために炊《かし》いでいた間は、いくつになっても人間の妻になる条件が具わらなかった。いよいよ年が経って退くべき時が来ると、次に出て仕える者は神意によって、常に族人の中から選定せられた。すなわち通例は叔母から姪への相続で、ちょうど縫殿寮《ぬいどのりょう》に勤務した猿女君《さるめのきみ》、薭田《ひえだ》氏の継承法とも似ており、また母系民族に今も見られる伯叔父から甥への財産引渡しとも表裏をなしている。伊勢の神垣を始め奉り、諸国の名ある旧社でも、順序はおおむねこれと同じであったのだが、たいていは奉仕の期間を少壮の日に限るゆえに、相続という問題は目だたなくなったのである。実否をたしかめてみる方法はまだないが、たしか丹波の某社の巫女《みこ》は、年やや長じてこの世心のきざしはじめた時に、たちまち恐ろしいものが現れて、山に留まりがたくなってくる。そうすると必ず一方に次の適任者に指定があって、交迭《こうてつ》をすると伝えられていた。夫婿があっても祭の役、卜問《うらどい》の役が勤めえられたということは、どう考えてみても信仰の退歩でなくてはならぬ。それゆえまた島の姉妹神の言い伝えが、はなはだ幽《かす》かになり、かつ切れ切れになっているので、これを別系統の現象と見ることはまちがいだろうと私は思っている。

鹿島の信仰はかつて関東以北の田舎を支配していたことがあって、その御子神《みこがみ》の御社というものが、古史以来引き続いて今も崇敬せられている。すなわちいわゆる神のもろふしを出すのを家の光栄と感じ、一族門党の安泰をたった一人の女性にかける思想は、その行く先々の勧請地《かんじょうち》にもあったらしいのである。栃木県の箕和田良弥君の祖母、年九十になる人がこんな話をしている。曰く、

鹿島さまのおめかけになると、いつまでも十七の姿でいたってなァ。
それで鹿島様からおひまが出ると、急に五十にも六十にもなって、
歯がおっかけたり白髪になったりしたってなァ。

一つばかりの例ではむろん大きな断定はできぬが、注意してよい信仰の残留だとは見られる。われわれはもう少しこういう方面を捜してみなければならない。沖縄の方にもオナリ神の信仰が残っている以上は、あるいはまた旧記以外に、なにかの言い伝えがあるのかも知れない。文字の教養の乏しい人の説には、かえって粗末にならぬ記憶があると思う。伊波氏の方法はこの上にもなお大いに学ぶべきである。

私がこの一篇の題目に玉依彦の名を用いたのは、その名が山城賀茂の神伝に最も詳しく

存録せられ、また近時特に多くの人によって注意せられているからである。玉依彦は鴨御《み》祖神《おやかみ》の御兄であり、また非常に大いなる一族の高祖であったけれども、その名はただ人界に止まって、今の御社の神に祀られていない。しかもそのすぐれた妹の姫神と御子とを守護し信奉することによって、まず最大の恵沢を受けた者は玉依彦とその後裔子孫とであった。世界に流れて尽きない母子神教の、これが一つの最も自然なる源頭であって、これに比べると一人のジョセフを介在せしめたる信仰には、後世幾多の解説があるにもかかわらず、なお一段の変化または複合を認めざるをえぬのである。そこで飜《ひるがえ》ってもう一度、南風《はえ》原《ばる》神里の阿檀《あだん》の実の口碑を考えてみると、兄がオナリ神のつわり好みを気にかけて、これを妨げたということにも深い意味が感じられる。これは生まれるものがはたして天神の児なるか、はたまたただの俗界のありふれた現象であるか、決しかねたところに葛藤の動機があるように思うが、男女隠微の問題であるだけに、私たらにはそう深く立ち入ってこの点を説いてみることができない。

（昭和十二年六月『南島論叢』）

（付　記）

本文伊波氏の「をなり神」は非常に有名な論文であって、『南島論叢』ではこれを詳《つまびら》かに援用する必要を認めなかった。最初私が編輯《へんしゅう》していた雑誌『民族』二巻一号に掲げられ、次いで『をなり神の島』（昭和十三年）という論集の巻頭にも出ているが、まだ読まぬ人のために試みに要旨を紹介すると、(一) 沖縄諸島には最近まで、姉妹に兄弟の身を守護する霊力があるという信仰から、旅立ちに際して同胞女性の髪の毛、もしくは手巾などの持ちなれた物品を、乞い受けて持って行く風習が残っていた。(二) 四百数十年前の神歌にも、また歴代のいわゆる琉歌《りゅうか》の中にも、この信仰とこれに伴う幻とを詠じたものがいくつとなく挙げられる。(三) この姉妹の霊を、古くは一様にオナリ神と呼んでいた。聞得《きこえ》大君《おおぎみ》はすなわち国の最高のおなり神であり、実にまた国王の御姉妹をもって、これに任ずるのが本来の定めであって、その職掌は本朝の斎王・斎院とよく似ていた (以上)。そのオナリという語が今では姉妹の意味にのみ用いられていることは、本文においても説いた通りである。これが本州西半の多くの田舎において、本式田植の日に食物を田に運ぶ若い女性を、オナリドまたはオナリ様といったのと同じかどうかは、興味の多い問題であるが、今はまだ決定しえない。幼女を「うなゐ子」というわれわれの古語と、起こりは一つだろうかと伊波氏は言っておられるが (『南島方言史攷』六〇ページ)、現在の内地のオナリは右の田植の場合のほかに、ただ食物調理のわざをそういうところがあるだけである。

『壱岐島昔話集』の姉が弟のために船を造って与える話は、その後喜界島に同じものが伝わっていることを発見した。最近に世に出た『沖永良部《おきのえらぶ》島昔話集』にも、「姉と弟」という長い一篇があって、やはり弟の船争いに、姉が不思議の船をととのえて与えたという部分があり、結末も彼とよく似ていて、ただこの方は一段と複雑である。将来この話の分布状態がもっと調査せられたならば、あるいは比較によって意外な事実がわかってこようも知れぬ。『今昔物語』に出ている土佐の妹背島の話（三）なども、兄と妹とただ二人だけで、島に漂流して住民の始祖になったというのだが、これも船の中に睡っていて、とも綱の解けるのを知らずにいたということが発端であった。竹富島の島仲・粟礼《あわれ》志《し》兄妹の船造りも、もとは大きな物語の一破片であったということが、やがては証明せられる時がくるのではないかと思う。次に一方の妹は鬼という話、これも奥州のどこであったかに、たしか一つはあったことを注意していると、その後少しずつの類例が顕れてきた。沢田博士が飛驒の丹生川村《にゅうかわむら》で採訪せられたのは破片で、十年ぶりに帰ってみたら親は死に、妹は大蛇になっていたという部分しか残っていないが、不思議にその大蛇が竹林の虎と闘ったという、日本らしくもない趣向を伴うている。しかるに南の島々にあるものは、奄美《あまみ》大島でも沖永良部島でも、ともに結末は鬼の姉を、虎が喰い殺してくれて弟は助かったことになっているから、偶然ではなかったのである。話の荒筋をいうと、姉が夜中にそっと起きて、馬を殺して喰っているのを弟が見つける。それを親たちに告げても信じてくれぬのみか、かえって怒られて追い出されてしまう。七、八年の後に帰ってみると、家は荒れきって姉がただ一人いる。夜中に鼠が二匹出てきて、それが二親の亡魂であった。おまえのいうことを聞かなかったので、私たちは鬼に喰われた。おまえも早く逃げよと教えるとあって、最後に虎が恩返しにきて助けてくれるのである。豊《ぶ》前企《ぜんき》救《く》郡の昔話ではその虎が熊になっており、やはり妹は大蛇であって母を喰い殺したというけうとい話であるが、この方は七周忌の日に還ってきて、その妹に追われてかろうじて逃げたのは姉ということになっている(『福岡県昔話集』)。最も意外であったのは、これと大よそ同じ話が、孫晋泰《そんしんたい》君の『朝鮮民譚集』にも採録せられていて、しかも半島では普遍的な話だということである。流伝の路筋はまだまったく考えることができぬが、とにかくこういう奇抜な形に変わったのも、新しい時代のことではなかったのである。朝鮮の方では妹は狐精であったといい、結末が逃竄説話になっていることは日本のも同じだが、これを救援したのはある道士からもらった三つの瓶であって、それを一つずつ擲《な》げて障礙物を作ったという点は、むしろわれわれのいう「三枚の護符《ごふ》」の話に近く、朝鮮にはかえって虎を喚ぶという条がないのである。兄が鬼であったという沖縄の鬼餅由来、あるいは妹のいさめに背いて暴死したという八重山万年青岳《おもとだけ》の神話などが、事によるとこの分布の広い昔話の根源を説明するものでないかと私は考えている。とにかくに最初の形というものは別にあったのである。そうして妹の地位の特に重要であったことだけは古今を一貫しているらしいのである。

(昭和十五年六月)

(一) 伊波普猷　沖縄那覇の出身、東大言語学科卒業。沖縄の言語・文学・民俗研究の先駆者。主要著書『古琉球』(明治四四年)『古琉球の政治』(大正一一年)『校訂おもろさうし』（大正一四年）『南島方言史攷』（昭和九年）『をなり神の島』（昭和一二年）『沖縄考』（昭和一七年）。（一八七六―一九四七）。

（二）佐喜真《さきま》興英《こうえい》　沖縄宜野湾《ぎのわん》村新城《あらぐすく》出身。東大法科卒業。著書は、邪馬台国の卑弥呼と沖縄の聞得大君の問題を民族学的にとり上げた『女人政治考』（大正一五年）のほか、『南島説話』（大正一一年）『シマの話』（大正一四年）がある。（一八九三―一九二五）。

（三）土佐の妹背島の話　『今昔物語』巻二六、土佐国の妹兄、知らぬ島に行き住める語第一〇。

玉依姫考

一

八幡三所と称え奉《たてまつ》る習わしは、ずいぶん古くからのものである、宇佐《うさ》においては延喜《えんぎ》式に、すでに八幡大菩薩宇佐宮・比売《ひめ》神社・大帯姫廟《おおたらしひめのびょう》神社の神名を列《つら》ね記し、石清水《いわしみず》にあってはさらにその以前、貞観《じょうがん》七年四月神宝造進の御告文の中に、大菩薩と大帯命と比咩《ひめ》大《おお》神《かみ》と三神の御名を記している。しかし八幡御東遷の初期においては、神は男女の二柱のみであった。すなわち天平勝宝《てんぴょうしょうほう》元年十一月の託宣向京という際には、大神に一品・比咩神に二品の神階を奉られ、翌二年二月には一品八幡大神に封八百戸位田八十町（約七十九万三千平方メートル）を、二品比売神に封六百戸位田六十町（約五十九万五千平方メートル）をあて奉るとのみあって、何ら第三の神について記すところはないのである。いわゆる大帯命を添え祀りて今日の三社の形式を整うるに至ったのは、この時以後貞観以前の変更と見ねばならぬ。『宇佐宮御託宣集』によれば、比売神最初の神託は天平《てんぴょう》三年正月のことで、次いで同じき六年にその社殿を造ったが、大帯姫はそれからさらに八十余年の後、弘仁《こうにん》十一年の神託にもとづいて、初めて他の二神殿に準じて造営があったという。この書はもとより精確なる旧記ということはできぬが、とにかくに世人の認めて神功《じんぐう》皇后なりとする大帯姫廟神社が起こったのが、比売神社よりもはるか後なることは争われぬ。『神社覈録《じんじやかくろく》』の著者が右の天平勝宝中の神階神封の記事に頭注して、「比咩神とあるは神功皇后なり。惑ふべからず」というているのは、いかにも無理な断定であると思う。

さてこの大帯姫廟神社の起立が、八幡の神を応神《おうじん》天皇の御事なりとする信仰の結果であるか、はたまた原因であったかは、もちろん容易に決しにくい大問題であるが、自分のひそかに思うのは、託宣の方式をもっていかようにも急激に変化せしむることを得たらしい八幡の信仰が、オオタラシというごときさ必ずしも精確適切ならざる神名を容仮していることは、きわめて注意すべき点であろう。語を換えていえば、大帯姫神を息長足媛《おきながたらしひめのみこと》皇后なりとするためには、今一段の敷衍《ふえん》注釈を必要とする次第で、これやがて応神天皇御母子を祭るという伝説の、当時なおいまだ充分に成立していなかったことを示すものかと考える。宇佐の御神はたして応神天皇にいますや否やの疑いは、故栗田博士の「八幡神考」(『栗里先生雑著』巻二)がかつて充分にこれを述べ、しこうしてまだ満足すべき答えの出たことを知らぬ。自分はこの上に余分の論弁を付添して題目の紛糾を招かんとする者ではないが、博士の仮定説に対してわれわれの不安を感じている点は、中世各種の利害により各種の学問にもとづいて記述せられた僧徒巫祝の聞書類を、その中にも若干の真実を包含しているだろうの予断をもって調査せられ、悪く言えば自分の説に都合のよい部分だけを抜き出して、それを証拠に使用せられたかと思うことである。けだし『宮寺縁事抄《みやでら》』などに載録してある多数の旧記は、単に中代の八幡伝説が後世貝原氏の書に現れたような純一のものでなく、疑いを容《い》るるの余地がなお少なくないということを証するまでで、これによって信仰の根源を探らんとするには役に立ちそうもない。ただし他に信頼すべき材料の豊富でない場合に、やむをえざる一つの方便として、中世少なくとも一部人士の信じ伝えていた何々の事実は、事によるとそれよりもはるか前の時代の人々の考え、または考え誤っていた某々の事実のなごりかも知れぬと、説くだけはよかろうと思う。幽玄不可思議なる八幡信仰の由来が、末世の論究によって帷《とばり》をかかげて花を見るごとく明白になろうとは、自分においてはいまだ希望しておらぬのであるが、いずれの方面からうかがっても、問題とすべき点のまだなかなか多いことだけは、争うことができぬと思っている。

「巫女考」の続編として、ことに自分の研究を試みたいと思うのは比咩大神の問題である。宇佐の本宮においては、この御神は三殿の中央に祀られたまい、その中社の前に告殿《つげどの》すなわち拝殿はあるのである。八幡大神示現の以前からこの地に鎮《しずま》り坐《ま》す地主神であるゆえに、そのままこれを中殿に崇《あが》め奉る、との説もあるが（『八幡宮本紀』四）、西社を第一殿とし中社を第二殿とすること古くよりの習わしなる上に、神階神封の沙汰にも常に大神より一段おくれたもうを見れば、この理由は信ずるに足らぬ。ただし道教仏教の三尊の形式などから影響を受けたものか、男山の勧請に際してはすでに男神を中央とし姫大神を西殿に祀っており、その他神殿を三棟に分かつ御社では、中殿を主神とせぬ者はないようである。『宇佐宮縁起』などの書に載せた比咩大神天平三年の神託というものにも、「大菩薩に副《そ》ひ奉りて神威を助け奉らん」とあるので、その関係はまず疑いがないようであるが、それにしても後世の人にとってなお解しがたきものがあった。すなわちすでに八幡大菩薩をもって応神天皇とし大帯命を神功皇后なりというからは、その母御神よりもさらに親しくさらに貴き比咩大神とは、はたしていかなる神かということである。他の二、三の地においてはこの問いに対してははなはだ大胆なる解決をしている。例えば河内の誉田《ほんだ》八幡や長門の亀山八幡のごときは、三社の中殿を応神天皇とすると同時に、左右の祭神を仲哀・神功の御父母と申しており、古くは『朝野群載』三の『筥崎宮記』などもその通りに記しているが、それではまだ宇佐・石清水・鶴ヶ岡等の比咩大神を、説明したことにはならぬのである。

二

延喜式集成のころまでの思想では、姫神はすなわちある姫神なりとしてすましておられたかも知らぬが、すでに第二の宗廟として朝廷の崇敬をつなぎ、現人神《あらひとかみ》の御名によって歴史上の基礎を作った以上は、この姫神もまた有名なる誰かでなくてはならなかった。そこで次々に説き立てられたいろいろの説がある。その中にあって比売神はすなわち玉依姫なりというものが、意外にして理由が知りがたいだけに、最も深く古今の学者によって注意せられたようである。その他にはあるいは応神天皇の御女といい（『諸神記』）、あるいは御姉といい（『鎌倉志』）、あるいは皇后なりという（『日次記事』正月二十三日条）説がある。最後の説はいかにも起こりそうな想像説と思われるが、しかも『愚童訓』などに見えているのはすこぶる念入りで、神功皇后竜宮より干珠満珠を借り受けたもう時、竜王の娘を胎中の天皇に約婚せられたのがすなわち第二御前の比売大神であると称し、よりて近世の「八幡は彦火々出見尊《ひこほほでみのみこと》」という説の一論拠ともなれば、あるいは応神はすなわち王神の誤りかと述べた自分の説の材料ともなっているのである（『郷土研究』一巻一一号）。この種の一見荒誕に近い伝説に比べると、姫神とは宗像《むなかた》三女神のことだという説はやや所拠があるように思われ、したがって現時の学者にはこれに耳を傾けんとする人が多い。ただしこれはおそらくは石清水その他東国の勧請《かんじよう》社のにわかに賛同しがたい説であろう。もっともこれは貝原氏の『本紀』や橘三喜《たちばなみつよし》の『一宮巡詣記』にもすでにこれを承認しており、もと大宮司家から出た伝えということで、必ずしも近代考古家が言い始めたことではないが、しかもその説の根拠というものは、『書紀』神代巻の一書に「日神の生《あ》れませる三《みはしら》の女神《ひめかみ》を以ては、葦原中国《あしはらのなかつくに》の宇佐島《うさしま》に降《あまくだ》り居《ま》さしむ。今、海《うみ》の北《きた》の道《みち》の中《なか》に在《ま》す。号《なつ》けて道主《みちぬし》貴《のむち》と曰《まう》す。これ筑紫《つくし》の水沼君等《みぬまのきみら》が祭《いつきまつ》る神これなり」とある漠たる一記事のみであるらしく（『武蔵総社誌』中巻）、ウサという地名が古今一処に限られていたと見ぬかぎり、またいわゆる水沼君氏《みぬまのきみ》が豊国東部に住してこの神に仕えていたことを証せぬかぎりは、容易に首肯し得べからざる説である。なるほど宗像の神はつねに三体一所に示現したまい、往々三女神という簡単なる名をもって祀りを亨《う》けておらるるが、式においてはなお明らかに三座の神である。これを宇佐宮でのみ一座の比売神社としたということからは、当時すでにこの伝えを失うていたものと見ねばなるまい。あるいはまた三女神の中の湍津姫命《たきつひめのみこと》のみを、この第二神殿に付祭するという説もあったように思うが、その由来を知ることが難い。いずれにしても神武《じんむ》天皇の御母神を、宇佐に併せ祀るのを縁由《えんゆ》なしとみる人々が、宗像の女神ならばさもあるべしと認めるのは矛盾であろうと思うが、中国以西の直接宇佐から勧請したらしい八幡社にあっては、今ではだいぶこの説に随《したが》う者が多いようである。

小寺清之《こでらきよゆき》の『老牛余喘《よぜん》』には次のような説がある。宗像の三女神はもと玉より生まれたもう神であるゆえに、宇佐においてはこれを玉依姫と混称したのであろう云々（『下総国式社考』所引）。この説は誰が見ても付会と評して躊躇《ちゅうちょ》せぬであろうが、実は玉依姫と称する神の御名から、この言い伝えのよってきたるところをつまびらかにせんとした最初の試みであった。宇佐の第二の神殿を玉依姫と説いたのは、『託宣集』その他の中世の社記の類が初めであって、もちろんこれという確かな傍証とてはないのであるが、託宣にせよ後々の聞書にせよ、何の繋がりどころもなしに突然空なことを言い出したはずはないと見るのは強弁ではない。したがっていかなる事情から、こういう珍しい言い伝えが始まったのであろうかということを、とくと考えてみる必要はあると思う。栗田博士の考証などは、いたく中世の社僧輩がでたらめを憎みながら、しかも彼らの筆録の中から、玉依姫に関する一節を採用せらるるのみならず、この玉依姫は神武天皇の御母のことなりという主張を も蹈襲《とうしゅう》せられ、はなはだしきはさらに八幡を彦火々出見尊とする自説に便ならしめんがために、玉依姫は豊玉姫の誤りだろうとさえ論ぜられている。これ自分らが最も異議を挿《さしはさ》むべき史料の取捨法であって、すでに在来の社伝を承認するからには、何ゆえにわれわれのきわめて難物としている竈門《かまど》神社の玉依姫神の御事を、軽々に看過したかをいぶかるのほかはない。けだし宇佐と竈門山との間には、少なくとも一時は密接の関係があったようである。この地ではいわゆる宝満《ほうまん》菩薩はすなわち玉依姫で、左右の相殿に応神・神功の御母子を祀るといい、筥崎においてもまた中央を神功皇后にして、この三柱の神を斎《いっ》くという説があって(『筑紫道記』)、すなわち近国においては宗像の三社、または紀州熊野の三所の権現などと同じ形式に、三尊が交互に主神となりたまいしようにも見える。あるいはまた八幡大神延喜年間の御神託と伝うる語に、竈門はわが御伯母であるから、参詣の輩がかの社の前を素通りして来るのは心苦しいと仰せられたというがごとき、とにかくにある時代の信徒になるほどと思わせるだけの力があったとすれば、これは重要なる一つの観察点である。あるいは明治初期の御陵墓調査官のごとく、この御山を神代の皇后の御陵と速断するにしても、ないしはまた中古の天台僧侶のように、これを弁財天女の垂跡《すいじゃく》または堅牢《けんろう》地神《じじん》の示現と考えるにしても、ほど遠からぬ宇佐または筥崎《はこざき》にも同じ神を配祀していたという事実に、何らかの解説がなくてはならぬはずである。『続風土記』の著者などは、それでもすこぶる説明に苦心して、竈門はわが伯母なりと八幡神の仰せられたのは、伯母君のごとく親しくおぼしめすということだというている。その無理は強いて論ぜずとして、しからば何ゆえにさほど親しくしたもう女神が、玉依姫であったかという問題がなお残る。そこで一方には玉依姫は神功皇后の御姉御妹または御后の名なりとし、あるいは長門《ながと》豊浦《とようら》郡の乳《ち》母屋《おもやの》神社古伝のごとく、震旦国《しんたんこく》の王女にして日本に帰化して仲哀《ちゅうあい》天皇の乳母と仕えたもうといい、もしくは同郡杜屋《もりやの》神社のごとく、応神天皇の御傅《おんもり》なりという説も出て（『明治神社誌料』）、神武天皇の御母とはまったく別の玉依姫と解する者も次第に多くなったが、書物に伝わっている最も古い説は、やはりこれを神代史上の玉依姫の御事とするものであって、これを動かぬものとして進むからには、社家や信徒の側ならばただ神秘ただ不可思議というてもおられようが、研究者としては少しは無理でも栗里先生のように、神孫降臨以後の歴史の中心を宇佐へ持ってくるのほかはなく、それにはまた海神の往来とか竜王の婚約とか、幾分その空想を助ける材料が宮寺時代の縁起類の中にはあったのである。しかしもともと名称の拘泥が誤謬《ごびゅう》の始まりであるから、史料の増加するに比例して、牴《てい》触《しょく》と紛乱とはいよいよはなはだしくなって来る。よって議論を単純にするためには、どうしても玉依姫という神名の意義を、まず明瞭にしておく必要があるのである。

三

けだし玉依姫なる御名をもって、終古ただ一人の貴き女性のみに属するとすることは、最も容易に訂正しうべき誤りである。『神社覈録《かくろく》』の著者などは、その信濃埴科《はにしな》郡なる玉依比売神社の条においてこう言っている。曰く「玉依姫は同名異神三神あり、当社に祀るは何《いず》れとも知り難し、但し諏訪神の縁を以て考ふれば、葺不合尊の妃なる玉依姫ならんか」と（以上）。諏訪とこの社とは国を同じくするというのほかに、はたしていかなる関係があったものと想像するのであろうか。思うにこの三神というは神武天皇の皇妣《こうひ》のほかに、三輪の大物主神の御妻《みめ》にして神職の祖神たる活玉依媛《いくたまよりひめ》と、下鴨の御祖《みおや》神社の祭神で上賀茂の別雷《わけいかずちの》命の御母であったという多々須《たたす》玉依比売《たまよりひめ》とをさすものであろうが、かくのごとく異神《ことがみ》にして名同じかりし女性の幾柱もあることを知りながら、どういう理で諸国旧社の玉依姫が、必ず右三神のいずれかに限るものと断定したか。これ全く『古事記』『旧事記』の何枚目かに御名の見えている神でなければ、各社の祭神たりえぬもののごとく考えた、吉田一流の独断の余弊である。自分がこの篇において少しく論証を試みんとするのは、右のごとき推測のいわれなきことである。自分の見るところでは、玉依姫という名はそれ自身において、神の眷顧《けんこ》をもっぱらにすることを意味している。親しく神に仕え祭に与《あずか》った貴女が、しばしばこの名を帯びていたとてもちっとも不思議はない。というよりもむしろ最初は高級の祭仕女官を意味する普通名詞であったと、見るほうが正しいのかも知れぬ。したがって神武天皇の御母の名が玉依姫であったのは、事実御父尊を助けて霊貴なる職分を執り行われたか、はたまた単に佳名としてこれを用いられたのみであるかは別の問題とし、要するに一人の玉依姫というまでである。宇佐や竈門山の玉依姫もまた同じ御方とすることは、もちろん他に充分なる証拠がなくてはいわれぬことである。しこうして一方、宇佐の比売神を玉依姫とも称えたについては、別にまたそれ相応の理由があったのである。

　この理由を説明するに先だって、一応述べておきたいのは八幡以外の諸社にも、同じく比咩神を祀っている例の多いことである。社の神がただ二柱だけである場合には、通例は日子《ひこ》と日女《ひめ》との差別をもって同一の名を冠して呼ばれたもうゆえに、これを御夫婦の神と解して誰も疑う者がないようであるが、三座以上の御群の中に斎《いつ》かれたもう比売神《ひめがみ》は、往々にしてその由緒が不明のままになっている。山城の大社では平野祭神《ひらのにまつるかみ》四座の中の比売神なども其の一例で、幸いに八幡神の本質が明らかになった後は、類推をもってその来歴を知ることができることと思う。次には摂津の住吉坐神社四座、『書紀』には墨江《すみのえ》之三前大神とあるのに、後に一座の女神が配せられて、これも今は神功皇后ということに定まっている。これ『釈日本紀《しゃくにほんぎ》』以来言い伝えた説ではあるが、別にまた衣通姫《そとおりひめ》なりという秘説もあったことが『奥儀抄《おうぎしょう》』などに見えている。春日及び大原野のいわゆる四所大明神も、同じく男神三と女神一とであるが、この比売神のごときは当初河内《かわち》の枚岡《ひらおか》において、天児《あめのこ》屋根命《やねのみこと》と双立したまいしことが、式の祝詞《のりと》の文からも想像しえられる、すなわちまた大帯姫神配祀前の宇佐八幡と形式を同じくしていたのである。これらの比売神の信仰上の地位は、もとより時代々々の伝説に伴い、高くも低くもなっていたのであろう。白山の菊理媛《くくりひめ》命は中でも著しい例であって、これも宇佐などのごとく三所権現《さんじょごんげん》の形式を具えたもうにもかかわらず、比咩神のみがはやくより特別に崇められたのは、あるいは天台神道の教理にたすけられたものではあるまいか。他の多くの場合には、主神の御妻と伝うる時にはほとんど同位同体として尊信せられ、神の御娘御妹などとなるにつれて一段低く見られ、後には摂社末社の微々たる境に退いたものもある。すなわち八幡でいえば姫若宮宇礼久礼の類、阿蘇でいえば四宮比咩御子神などがこれである。神の系図を作って親疎の差を論ずるのはもとより膠柱《こうちゅう》の見であるが、さりとて宇佐に神武天皇の御母を説くがごとき、唐突な話は他では聞いたこともない。要するに自分の知るかぎりにおいては、山城・肥前両国の淀神社を始めとして、河内の道明寺には菅神の伯母君を伝え、伊勢の辛洲宮《からすのみや》に天照大神の姨御《おばご》前《ぜん》を説く類に至るまで、比売《ひめ》神といえばすべて主神の親族たる婦人を祀るものと、見なしていた時代がもとはあったように思う。

四

しからばこの玉依姫の別名を存する比売神は、そもそも八幡神の何に当たるお方であったろうか。率直に所信を吐露するならば、自分はこれをもって八幡と称する王子神の御母、すなわち天神《あまつかみ》の御妻と信じて祀り始めたものと思っている。その後大帯姫神の示現があって応神天皇御母子の神という説を助けたために、この姫神の本質が不明に帰することをいかんともしえなかったが、幸いに玉依姫の御名がゆくりなく残っていて、他の諸社の同名の神と比較しうるがゆえに、今なお一見奇に過ぐるようなこの説も立証にかたくないのである。よって以下順次にその類例を挙げてみようと思う。

　宇佐、筥崎の影響最も大なるべき九州の地にも、明らかに別系統と思われる玉依姫伝説が二つまである。その一つは肥後玉名郡玉名村大字玉名の玉名《たまな》大神宮である。この社の祭神は、今では伊勢と阿蘇とを合わせた五座の神となっているが、旧名を遥拝大名神とも称して、菊池初代の領主藤原則隆の女玉依姫の創立するところという説がある。玉依姫玉名郡を化《け》粧田《はいでん》として、汁城という地に住し、月ごとに阿蘇に参詣す。しかるに明神の告げによって住宅の山を若宮神と称し、遥拝宮を西の方相殿に祀り、また父則隆をば八幡と崇めたという社殿がある。また俚俗の説では、玉依姫は嵯峨天皇の御宇《ぎょう》の人であった。当国に下向の時当郡を化粧田として下したもう。もと土車の里といったのを、姫住所のゆえに玉名郡と改めた云々（『明治神社誌料』）。察するところ、若宮というのはこの婦人が祀り始めた神で、伊勢か阿蘇かは知らぬがとにかく主神の御社でなかったことは、別に遥拝宮があったのを見てもわかる。武人その他の普通の人間を若宮に祀るということは、八幡信仰の一特色であるが、この場合には若宮という名によって後に起こった説であったかも知れない。ただ巫女が神とともに他処より来た点を注意するのみである。第二に有名なる一つの玉依姫譚が、薩南開聞山《かいもんざん》を囲繞《いにょう》して久しく行われている。古来の俗説では、この玉依姫は仙人を父とし、霊鹿を母とした絶世の美人であった。天智天皇の御時禁中に召されて妃嬪《ひひん》の員にそなわったが、後宮の妬みを恐れて故郷にのがれ帰り、後ついにこの山の神となったなどともいう。この地方の民間信仰で、宇佐と形式の似通うている点は、各地に六所明神などと称して、天皇と玉依姫のほかに男女各二の若宮を併せ祀ることで、姫神帰国の船の中で誕生せられたという皇女の宮などもある。なお一つ言わねばならぬことは、いわゆる山路《さんろ》の牛飼いの古浄瑠璃に、用明《ようめい》天皇の御事として語り伝うる至尊潜幸《しそんせんこう》の物語を、大隅薩摩辺ではそのまま天智天皇の御上に繋げていることである。麑藩《げいはん》近代の国学者は、わけてもこの種の浮説を憎んだ上に、いわば国自慢の神代旧跡取り合いの争いも手伝って、この海門の霊山をもっていわゆる沖津鳥鴨著島《おきつどりかもとくしま》なりと主張する材料に、早速右の奇怪なる貴人流寓の口碑を使用し、今日に至っては小学校の生徒までが、天智天皇を祭るといったのは彦火々出見尊《ひこほほでみのみこと》の御事で、玉依姫は豊玉姫の誤伝ということを暗記するくらいであるが、これもやはり世に第四、第五の玉依姫あるべきことを想像しえなかった短見に基づく説で、開聞の縁起と神代史の海宮の記事とは、元来話もよっぽど違っているのである。また九重の貴人が美女を慕い辺土に流寓なされたという話は、決して豊後《ぶんご》の真野長者について伝えらるるばかりでない。わずかずつの変形をもって奥羽《おうう》の果てにまでも行きわたっていて、いわば竹取の赫奕姫《かぐやひめ》などと同系の久しい物語である。たまたまその一箇を取り上げて神代史の訛伝とするのははなはだしき速断といわねばならぬ。民間の口碑は元来歴史によってできたものではないが、とにかくに永年の間、玉依姫という女神とその御配偶の貴人と、御子の王子乙姫とを祀ると信じてきているものを、必ずしも確実ならざる学問をもって解説を改めさせようとしたのは悪いことであった。

五

関東東北の府県には、木花開耶媛《このはなさくやひめ》を祭るという子安神社とともに、玉依姫を祭神とする羽黒神社が数多く分布している。その本社なる羽前《うぜん》の羽黒山も、今日は『延喜式』の伊氐《いで》波《は》神社と決して、その神を伊氐波神と公称しているが、『和漢三才図会』等の書には倉稲《うがのみ》魂《たま》命なりとの説あり、『出羽国風土略記』にはこれをよりどころなしとして、玉依姫を祀るという説を掲げている。この山の神も宇佐と同じく三所であったけれども、その御名ははなはだしく不明で、信仰の中心と見るべきはむしろ摂社の蜂子《はちこ》皇子であった。蜂子は崇《す》峻《しゅん》天皇の皇子にして聖徳太子とは従兄弟の間柄であったという。容貌醜陋《しゅうろう》なるによって辺土に棄てられたまいしも、機縁あってこの地に仏法を興隆し、仙道に入って霊山の開祖と仰がれたもうこと、白山《はくさん》・箱根・伊吹《いぶき》などの草創記とよく似ている。ただし縁起を編した法師たちになまなかの史学があったために、時代が隔絶して姫神と王子との関係を説き得ざらしめたと思われるが、それでも蜂子太子の初めて足をとどめられたという八《や》乙女《おとめ》の洞を、あるいはまた玉依姫の霊窟とも称し、初期の信仰を髣髴《ほうふつ》せしむる上に、今も十二月晦日の大祭の夜の年籠《としごも》りに、終宵シヤモジヤと唱う鄙曲《ひなぶり》を謡うのを、玉依姫の神御性歌謡を好みたまい、ことにこのシヤモジヤ節を愛《め》でたもうゆえと伝え（『三山小誌』）、いわゆる羽黒《はぐろ》神子《みこ》舞《まい》の起原を想像せしめている。しこうしてこの玉依姫もあるいは宗像三女神のことなりという者があるのは、たぶんは宇佐から学んだ新見解かと考えるが、『羽源記』以来やはり薩摩の古学者と同じく、これを日向《ひゅうが》朝廷の貴き女性なりとする説は、出羽の山奥にもやはり行われていたのである。

東部日本には今一つ意外なる玉依姫神がある。すなわち下総《しもうさ》香取《かとり》郡橘村大字宮本なる東《あずま》大神《のおおかみ》で、あるいは香取御子神とも称し、祭神は玉依比売命と伝えている。御神体は海中より感得したという一霊玉であって、たぶんはそのためであろう、神号を一つに玉子大明神ともいうそうである。康和《こうわ》三年の四月、海上《かいじょう》郡高見の海上震動し、波濤天を浸して数日やまざるにより、朝廷に奏聞して本社の神輿を海辺に迎えその災を鎮めた時に、この玉を得て奉ったということで、爾後《じご》毎年の例となった四月八日の浜下りの濫觴《らんしょう》なりとしている（『明治神社誌料』）。この地は以前は海上郡に属していた。しかもこれを香取の御子神というのは、何か仔細のあることか否か自分はまだ知らぬ。これに反して今の海上郡飯岡町大字飯岡《いいおか》を始め、九十九里の沿海処々に祀ってある玉崎神社の、いずれも祭神を玉依姫とするものが、右の玉子の社と関係あることはまず疑いがない。これらの玉崎《たまさき》神社の本社は、上総長生《かずさちようせい》郡一宮町の国幣中社玉前《こくへいちゆうしやたまさき》神社、すなわち上総《かずさ》の一の宮である。祭神は今では生産《うむすび》霊尊《のみこと》の御子前玉神《さきたまのかみ》と称して、大宮若宮の二座を設け、あるいはまた天明玉命《あめのあかるたまのみこと》を祀るという説もあったが、おそらく二説ともに推し当ての考えであろう。『房総志料続編』によれば、当社八月十三日の祭礼に中原・和泉・椎木・綱田の内郷四社より出す御輿は、四つともに玉前大明神玉依姫命と称えていた。少なくとも氏子の間ではかく認めていたのである。しこうしてこの神社の奇瑞として近世まで世上に伝えていた話が、いかにもよく前述海上郡の玉子大明神と相似ている。『上総国誌』に録する本社の起原は、昔里翁あり異夢を感じ、朝とく海浜に出て見るに、東風吹き起こって風袋のごとき物光を放ちて寄り来る。よってこれを検するに明珠一顆《いつか》あり。すなわちこれを斎《いつ》き社を建てたとある。神職に風袋氏あるはその翁の後であろうということである（『地名辞書』）。自分の見るところでは、この話の極端まで平凡化せられたものが、『本朝俗諺志』等の書に載せている玉前明神の寄《より》石《いし》の噂である。『俗諺志』には下総国とあり、『雲根志』にはまた下総の銚子浦とあるが、『笈埃《きゆうあい》随筆』『和訓栞《わくんのしおり》』等には右の一の宮のこととしている。この社の鳥居は磯際に近く立っているが、毎日その辺へ大小の丸石四つ五つほど浪に打ち寄せるのを、神主拾い上げて社の側に小山のごとく積んで置くと、この地方は一体に石の乏しい処であるから、近郷の村民作事等の折に来ってこれを申し下し、礎石などの用に供する。これを玉前の寄石と称す云々。古人が渚に来寄る玉と歌などに詠んだのも、単に美質の小石を意味するらしいから、こればかりの神徳でもあるいは「玉寄り」という神の名を発生せしめたと推論するに十分であるか知らぬが、しかも上代の信仰に至ってはなかなかそのような簡単なものではなかったのである。『古今著聞集《こきんちよもんじゆう》』巻一に曰く、「延久《えんきゆう》二年八月三日、上総国一宮の御託宣に、懐妊の後すでに三年に及ぶ。今明王の国を治むる時に臨みて、若宮を誕生すと仰せられけり。是によりて海浜を見ければ、明珠一顆ありけり。かの御正体に違ふことなかりけり。不思議なる事なり」と（以上）。「かの御正体に」とあるのは、玉前神社本来の御神体がやはり霊玉であったことを意味している。しからばこの社または東大神に存する相似たる口碑は、必ずしも延久の奇瑞を誤伝したものと見るを要せぬ。思うに今人の目には奇怪と見るの他なき石のごとき託宣も、実は時代と場所とを異にして繰り返し起こったもので、それがまたこの地方の玉依姫神の神徳であったのであろう。この仮定を証するためには、なお進んで若宮誕生の思想を尋ねてみる必要があるのである。

六

石を神として尊信した古来の風習は、少なくともその一部分を海の霊異に根ざしている。蒼々たる波濤の底から、ある日風吹き起こって打ち寄せたる美しきまたは奇形の石を、目に見えぬ霊の力によると考えたのは至極自然のことで、ここにおいてか万人を信ぜしめうべき託宣なるものがあった。『三代実録』貞観《じょうがん》十六年九月八日の条に、「石見国《いはみ》上言す、石神二つ出雲《いづも》国より来ると、是日並に従五位下を授く」とある。これも海より打ち上げたのを出雲から移られたものと思ったのだろうとの説があるが、それはまだ確実でないとしても、その前斉衡《さいこう》三年に常陸《ひたち》の大洗《おおあらい》の磯前《いそざき》に出現した石神に至っては、まさしく上総の玉前《たまさき》神《のかみ》の類例であった。『文徳実録』によれば、「塩を煮る翁ありて、夜分海を望み光耀の天に属するを見る。明日水次《すいじ》を見るに尺許《ばかり》の両怪石《くわいせき》あり。その体《てい》神造にして人間の石に非ず。後一日さらに二十余の小石の彩色常にあらざる者寄り来つて、向《さき》の石の左右に侍坐するが如し云々」とあって、国司の公文にもこれをもって「神ありて新に降る」と記し、さらにまたこの時神が人に憑きて、「我は是れ大奈母知《おほなもち》少彦名命《すくなひこなのみこと》なり、昔此国を造り訖《をは》りて去りて東海に往きしも、今民を済《すく》はんが為に更に亦来り帰す」と宣《の》べられた由を報じている。この信仰が少しく形を変えて久しく海村に残っていたことは、処々の恵比須《えびす》神の由来からもこれを推測することができる。熊野の那智黒は今では碁石としてのみ人に知られ、津軽卒土ケ浜の舎利《しゃり》石はすでに民家の爐《ろ》側を飾るに過ぎぬ世の中ではあるが、その昔にさかのぼってこれを珍重した人の心を窺うに、これにも石成長または石分身という意味の深い俗信を伴うていたのである。この類の言い伝えはいずれの点まで、自然科学によって是認せらるるものであるか、自分はまだ知らぬ。ただこれを神霊の力に帰していた例は比々として皆しかりである。南河内の駒ヶ谷村大字大黒《おぐろ》は、名産として大黒石を出す。大黒寺の縁起にはこの石の由来を述べて、昔役 行 者《えんのぎょうじゃ》が葛城山《かつらぎさん》練行《れんぎょう》の時、大黒天この山頂に出現して孔雀明王《くじゃくみょうおう》の法を授けた。行者これによりて修験道を開き、みずから出現の御像を刻してここに安置した。この時より以来石川の流れの中に大黒天の像と見ゆる小石、一日に一つずつ水上の金剛山より流れ出ずるよしを述べている（『河内名所図会』）。熊野または伊勢よりたずさえ来りし小石が、次第に成長し、または子を生むという話は、全国に分布しているが、中にも海南種子島《たねがしま》の坂井浦の熊野神社にあっては、神体の小石、年を経て高さ四尺（約一メートル二十センチ）あまりとなり、かつその子を生むこと十一に及び、その一箇を分霊して鹿児島にも一社を建てしに、その子石もまた一子を産み、後成長して形状母石と同じかったといい、しかもこの社の海岸においても、上古以来毎年除夜には海底より大石一箇ずつ渚に顕れ出で、その石相連なって一筋の陸地となっているという（『薩隅日地理纂考』）。対馬船越村大字蘆浦《よしがうら》の乙宮神社は、一に塩竈社ともいい、その祭神はまた玉依姫であった。この社では毎年海より神に石を寄することあるいは十二あるいは十三であるという（『津島記事』）。この乙宮はすなわち若宮のことであろう。右らはともに神が石体を生みたもうことを信ぜぬようになって、話に多少の変化を生じたものとみられる。前に出した信州埴科郡の玉依比売命神社は、久しい昔より同郡東条村の池田宮、一名磯並三社大明神をもってこれに当てているが（『地名辞書』）、この社にもまた石誕生の奇瑞があって、毎年正月これによって厳粛なる石占《いしうら》の神事を行った。その石は児玉石と名づけて神宝である。式の日はうやうやしく七重の紙包みを解いて、子石の数と形とをかぞえて領主以下村々の吉凶を卜したといい、明暦《めいれき》年中以後の記録が伝わっている。最初の年には小石の数六十あまり、その以後増減あって宝永《ほうえい》三年には二百九十二箇とある（『つれづれ鑑』）。神の名の玉依は玉占《たまうら》の転訛であろうという者もあるが、自分をもって見れば無用の説である。この社の後の山の中腹に六尺（約一メートル八十センチ）一面ばかりの大石路傍にあり、これを児玉石の親石というのをもって見れば、神宝の霊石も上総の玉前宮と同じ教理の下に、誕生したものであることが推測せらるる。

七

以上の諸例だけでも、玉依姫という神の名の意味はすでに明らかになったと自分は思う。タマとはもとより神の霊である。ヨルとはすなわちその霊の人間に憑《つ》くことで、神に奉仕する巫女尸童《しどう》が超人間の言語をなすだけでもかく名づくることをえたのに、昔はその上に具体化したる霊の力が示されて、その果実の出現をもっていよいよその依坐《よりまし》の人に遠く、神に近きことを証拠立てたのである。明玉の児孫を生ずるということは、神の分霊の空名でないことを表示する一つの象徴であったかと思う。これを他の一面から説明すれば、かくのごとき霊石を管理し得る者は託宣を職とする巫女に限り、彼らはその祖先すなわち上代の巫女をば、神に接近して神の王子を産むほどまでに、神異なる婦人なりと主張しえたのである。そうして昔の氏子もまた、今われわれの信じあたわざる点までを信じた。それが玉依姫信仰の起原である。若宮誕生の伝説は大和の春日明神にもあった。『春日社記』にいわく、「若宮殿御出生、朱雀院御宇承平三年也、その後六十六代一条院之長保五年三月三日巳刻、時風五代孫中臣是忠拝見之、旧記有之」と。『諸社根元記』などはこれを信ぜずして、「若宮御出生は神代也、保延以後別に神殿を造りて遷御云々」と説いているが(以上『古事類苑』)、上総一宮の延久の託宣などを考え合わせると、こればかりの不思議はあの時代としては怪しむを要しなかったのである。自分は必ずしもすべての若宮誕生をもって、神石が小石を分かつことだとは考えておらぬ。ただこれほどの信心を確立せしむるためには、神託以外に何か具体的の方法によって、この事実を世に示す必要はあったことと思う。『日本霊異記』下巻を見ると、美濃《みの》方県《かたかた》郡水野郷楠見村 県《あがたの》何某の娘年二十余にして未婚の者、延暦《えんりやく》元年の二月下旬に、懐妊三年の後に二箇の石を産んだ話が録してある。石の大きさ方丈五尺とあるから、成長して後の測量である。一つは色青くして白斑《はくはん》あり、一つは色もっぱら青し、毎年増長すとある。隣郡淳見《あつみ》郡内に大神あり。名を伊奈波《いなば》という。卜者に託して宣わく、その産める二石はこれ我子と。ちなみてその女の家に忌籬《ひもろぎ》を立てて斎《いっ》く。古往今来未だすべて見聞せず、また聖朝奇異の一事実とある。宇佐の御神も後には黄金の御牌をもって神体を造ったなどというが、当初神明と成りたもうとき、馬城峯《まきのみね》に高広おのおの一丈五尺（約四メートル五ーセンチ）の三柱の大石を発し、石ごとに一鉢の水を湛えてお姿をこの水に写したもうという説が、例の『託宣集』に見えている。ただしこの類の石崇信と比売神との御関係を推断するためには、読者には御迷惑ながら、まだ若干の傍証を陳列せねばならぬのである。

八

賀茂と三輪と、二所の玉依姫の古伝は、ここまできてから引用するようにわざと残しておいたのである。賀茂の方については伴翁の『瀬見小河』にすこぶる周到なる史料批判がしてあるから、自分は安心してその大要のみを抄出する。『袖中抄』等に引いた『賀茂縁起』によれば、玉依日売は賀茂建角身命《かものたけつぬみのみこと》の御娘で、玉依日子《たまよりひこ》という御兄があった。この姫石河の瀬見小川《せみのおがわ》の辺に遊びたもう時、丹塗矢《にぬりのや》あって川上より流れ下り、これを取りて床辺に挿《さ》し置きたもうほどに、感じ孕《はら》みて男子を生みたもう。『賀茂旧記』にはまたこの事を記して、美箭あり流れ来りて身によるとあり、すなわちこれを取りて床下に挿むに、夜は美男と化して到り相副《そ》うとさえ述べている。御子御成長の後、外祖父なる建角身命、その父を知らんがために神々を招き集《つど》えて七日七夜の宴を催し、御子に向かって父と思う人にこの酒を飲ませたまえとあれば、すなわち酒坏を挙《かか》げて天に向かい祭をなし、屋の甍《いらか》を分け穿《うが》ちて天に昇りたもう。すなわち外祖父の名によって賀茂別雷神《かものわけいかづちのかみ》と号《なづ》け奉り、今の上賀茂の社の御神である。御伯父の玉依日子の後裔はすなわち神職賀茂県主《あがたぬし》である云々。御阿《みあ》礼《れ》と称して、賢木《さかき》を飾り立つるこの社特有の祭は、もと御祖神たちが恋慕哀思したもう夜の夢に、天神の御子われに逢わんと思わば、かくのごとくにして祭れと告げたまいし神定の式であるといい、そのミアレという名はもと神の誕生を意味した語だろうと古書にもあって（『郷土研究』三巻九号）、この玉依姫が別の姫神であることには、十分なる証拠がある。しかるに学問の進まぬ時代は是非のないもので、『雍州府志《ようしゅうふし》』二には鸕鷀草葺不合尊《うがやふきあえずのみこと》の御后玉依姫なりとし、人王初代の御母を勧請するがゆえに下鴨を御祖神と称すと記し、また『名所都鳥』六には同説を掲げて、上賀茂の御神も始めてこの国に降臨したまいし天孫瓊々杵尊《ににぎのみこと》なりと言うている。ただしこれらは幸いにしてはやく誤謬《ごびゅう》が明らかになったからよろしい。

　次にいわゆる三輪神話の中で、最も右の賀茂神話に近いものから列記すると、『古事記』に神武《じんむ》天皇の皇后を神の御子なりとする理由を述べて、三島湟咋《みしまみぞくい》の女《むすめ》に名を勢夜陀多良比《せやだたらひ》売《め》と申せし美人あり、美和《みわ》の大物主《おおものぬし》神これを見感《みめ》でたまい、丹塗矢《にぬりや》と化してこの家の溝に流れ下り、美人の富登《ほと》を突きたもう。その矢を持ち来りて床辺に置くに、たちまち麗《うるわ》しき壮夫《おとこ》となりてすなわちその美人を娶《めと》り、生ましめたもう御子が比売多多良伊須気余理比売《ひめたたらいすきよりひめ》であるという。『新撰姓氏録《しんせんしょうじろく》』一四大和の大神朝臣《おおみわのあそん》の条には、美人の名を三島溝杭耳《みしまみぞくいじ》の女玉櫛姫としている。大国主神この姫を娶りたまい、夜のみ通いていまだ曙《あ》けざるに去りたもう故に、姫は苧《お》を績《つ》みて衣にかけ、夜明けて苧に随い尋ねもとむるに、ついに大和国真《ま》穂御《ほのみ》諸山《もろやま》に至る。還りて苧の遺れるをみればただ三縈《みわ》あり、これによって姓を大三縈《おおみわ》というとある。後世の縁起にでもありそうな三輪山の地名の由来は、すでにまた『古事記』の崇神《すじん》天皇の条にも見えてこれよりもさらにくわしく、この社最初の神職たる意富多々泥古《おおたたねこ》が、神の御子と認められた理由として録してある。『書紀』にはこれを大田々根子としており、大物主神の神裔《しんえい》かつ大神《おおみわ》氏の先祖である。二書の記事にあっては美人の名を陶津耳《すえつみみ》命の女活玉依比売《いくたまよりひめ》と伝えているほかに、なお賀茂の玉依姫の話に近い点がある。すなわち姫の父母その夫なくして妊《はら》むことを怪しみたまい、その人を知らんと欲してその女におしえて、赤土をもって床の前に散じ、また紡麻《うみお》に針を貫きてその衣の襴《すそ》に刺さしめたとあるのである。さらに何らかの仔細のあろうと思うのは、大和と山城の相異はあるが、右の大田々根子の子孫で大神氏と同族に、一派の加茂氏があることである。山城の加茂氏は姓が県主で朝臣ではないが、やはり大和の葛木地方から移住したことになっている。大神朝臣の一族に豊前《ぶぜん》・豊後《ぶんご》に住し、ことに宇佐の神職を世々にした者のあったことも意義なしとは言われぬ。しかも最も新しい三輪式神話を存する嫗嶽《うばだけ》の神のごときも、これまた大神一族の家乗に出でたものであるのは、注意に値することと自分は考える。

九

賀茂の丹塗矢が、かの社の神事に伴う御阿礼木《みあれぎ》などと関係のあるべきことは、かつて論ぜられたことがあったと思う。『出雲風土記』によれば、「佐《さ》太大神《たのおおかみ》の御母枳佐加比売命《きさかひひめのみこと》、御産のときに臨みて弓箭亡《う》せませり。姫神誓ひして、吾御子麻須羅神御子《ますらがみのみこ》に坐さば、亡せたる弓箭出で来《こ》と願ひたまふに、先づ角の弓箭水に随ひて流れ出づ。御子詔りたまはく、此は吾弓箭に非ずとて擲廃てたまふに、又金の弓箭流れ出で来る、即ち之を待取りまして、小暗き岩屋かもと宣ひて其箭を射通したまへば、光輝きしを以て加賀神埼と言ふ。即ち御《み》祖支佐加比々売《おやきさかひひめ》命の社此処に坐す」とある。しこうしてこの姫神はまた神魂命《かみたまのみこと》の御子であった。おそらくこれもひとしく神の霊《たま》を姫神によらしむる美しき箭の一例で、後世の人身御供の物語に必ず伴う白羽箭《しらはのや》と同じく、神が処女を点定したもう一つの形式であったのであろう。『姓氏録』に女神の名を玉櫛姫というのも由あることで、箭はもとより神の斎串《いぐし》の最も神速なるものであれば、聖霊これに託すとするのはきわめて自然なる語部《かたりべ》の巧みであるが、同時にこれもまた名称に拘泥して本の心を尋ねるのを怠ってはならぬと思う。布《ふ》留《る》川辺《かわのべ》に伝うる験《しるし》の杉の昔話、さては天野告門《あまののりと》に見ゆる丹生津比売《にふつひめ》の忌杖《いみづえ》の事などを考え合わせても、串はすなわち神石の分身に対立する、神木の分身なることが察せられる。阿《あ》礼《れ》少女《おとめ》はすなわち御阿礼木によって、いよいよその霊異を証しえたのである。三輪の神の由来は『土佐風土記』にあってはまた倭迹々《やまとと》日《ひ》百襲姫命《ももそひめのみこと》の御事としても伝えられておって、記事はほとんど『姓氏録』と同様である。（ただしその文は栗田博士の『姓氏録考証』には引用し、その『古風土記逸文』には見えておらぬ）。倭迹々姫は『書紀』の崇神天皇七年に、大物主神の依坐《よりまし》となって、われを祭らば災い熄《や》み国平らかならんという神託を伝えられた婦人である。この神とこの姫との関係は同『紀』十年九月の条には、すなわち倭迹々日百襲姫命大物主神の妻となると記している。活玉依姫《いくたまよりひめ》について『古事記』に言うところと同じく、男神の夜のみ来て姿を見せたまわぬをいぶかり、強いて威儀を見んことを求めたまうにより、神は美しき小蛇のお姿と現じて櫛笥《くしげ》の中にいたまい、姫がこれを見て驚きたまうを差《は》じ憤《いきどお》りて、大虚《おおぞら》を践《ふ》みて御諸山《みもろやま》に登り去りたまうを、姫は仰ぎ見て悔恨の余りに薨じたまうとあって、これにも箸《はし》をもって自ら富登《ほと》を撞《つ》きたまうと伝えているのである。思うに右のごとき神怪なる事件が、同じ大神について幾度も起こったとはどうしても考えられぬが、さりとて一つを正しく他を誤れりと断定することは、今は全く必要のないことである。要するに三輪の大神は、古くは串をもって神少女《かみおとめ》を定めたもう習いであったのを、家々の旧伝においておのおのこれを誇張し、また物語化したとみるよりほかはない。倭迹々姫は四国などにはこれを主神とする社が多い（『郷土研究』四巻、一号）。ことに讃岐《さぬき》の東部においては、この女神の流寓巡遊の跡を伝え、処々に存留する立石をもって、姫が宮居を求めて標《し》めたまいし験の石と称する由、『全讃史』などに見えている。すなわちまた三輪信仰のなごりであろうと思われる。

一〇

さてひるがえって八幡神の由来について一言するが、中古しきりに出でたる託宣集一類の雑説が、幽怪信ずるに足らぬもののみであることは自分もこれを認めている。しかもこれをもって単純に僧巫《そうふ》の智巧になったものとすることはまた過ぎている。この徒もし為にするところあって新たに妄誕《もうたん》を結構するとせば、おそらくは今少しく前後の符合せんことを努めたであろう。ことに八幡を応神《おうじん》聖帝とする説を裏切るようないろいろの旧伝のごときは、私心ある者のむしろこれが埋没を企つべきものである。宇佐の託宣の中に虚偽のものが多く交じっていたことは、神みずからも後にこれを認められ、したがって幾分の不信用は昔から免れなかったが、それにしても託宣は晴《はれ》の式であれば、都合が悪いから聞かぬことにするというわけにもいかなかったと同様に、言いもせぬ事を神託なりと吹聴《ふいちょう》することは不可能であったと思う。しからばどういうわけで後々の巫女らが、このように始末の悪い矛盾の多い諸種の言をなすに至ったかを考うべきである。この問題は巫女考全般にわたった根本的のもので、民衆心理の学問がずっと進んだ上でなければ想像説すらも出しにくいが、しかも自分のごときはかりに彼らが空眠りで思いつきを言うたとしても、はたまた実際夢中になって何を述べたか知らぬとしても、結局その経験ないしは平生の観想の外に飛び走ることはできぬと考えているから、大体の結論は同じになる。すなわちこれらの雑然たる託宣とこれに基づいた旧記類は、いずれもいったん巫祝輩の頭脳を通過して来た昔のわが社会の信仰である。あるいは結合分配に誤りはあっても、伝説の各部分には、新たに付加したものが思いのほか少なかったものと見得るのである。さて多くの八幡神伝の中で、最もかけ離れて宇佐近代の信仰と調和しがたいのは、大隅正八幡宮の縁起である。別にまた『惟賢比丘筆記』にも見えているが、この社の言い伝えでは、八幡の御母は震旦《しんたん》の陳大王が娘大比留女《おおひるめ》であるという。七歳にして懐妊し九月にして産生したまうを、天子王臣ともに怪しみて誰人と交抱するやと問うに、夢の中に無止人《やんごとなき》と寝ねたりと見て覚めて四方を見るに、朝日の光胸の間に在り、その日より心安からず云々。三、四年の後空《うつ》船《ぼふね》に乗せ、印鎰《いんいつ》を相具して母子ともに流し、流れ着く地をもって所領としたまえとありければ、ついに日本大隅の岸に来寄りたまう云々。この話はもちろん荒唐ではあるが、すでに『後漢書』の中に百済《くだら》、高勾麗《こうくり》の始祖王が事蹟としてこれを記し、その後裔のわれに帰化した者によって援用せられているのみならず、古くは『古事記』に新羅《しらぎ》の王子大之日矛《あめのひぼこ》の伝記として、賤女昼寝て日の耀《ひかり》が虹のごとくにしてその富登の上をさしたのが、感応して赤き玉を生む。その玉麗《うるわ》しき嬢子となりて日矛と婚し、後遁《のが》れて日本に渡り難波にとどまりて比売碁曾社《ひめこそのやしろ》に祭らるといい、『書紀』には比売許曾社の神は白き神石の童女と化して韓国より渡り来りしなりといい、これを都怒我阿羅斯等《つぬがあらしと》のことと伝えているなど、いずれも前に上総一宮の玉依姫について述べた旧話が、遠く天つ神の人間の少女に通われたという、扶余《ふよ》の旧伝から筋を引いていることを示している。八幡の御母の大比留女は、畏《かしこ》けれどもこの神が日輪をもって父としたもうという信仰の反映であって、いわゆる第二宗廟の称もこの点より見れば徒爾《とじ》ならず、必ずしも託宣集の編者がその序文において憂えたるがごとき、前後不一致の跡を残すことなく、これを母と子の御神として崇拝し得るように思う。今日の神職等が解説と相容れぬからとて、神の尊厳をそこなう者のごとく言う人がもしあるならば、その結果は時として、取るにも足らぬ人々の誤謬の跡に、従わねばならぬような迷惑に陥ることになるから、大いに戒めてもらいたい。

一一

これを要するに自分の解する限りでは、八幡三所の中の比売神は女性の中の最も貴い方で、天つ神の霊を受けて神の御子を生みたまい、その御子を伴いてこの国に臨み降られ、ともに神として祀られたもう御方である。すなわち巫女の開祖である。世降るとともに神格いよいよ高く、さらにこの神の霊を感じて人間に宣伝するために第二の神巫を要し、最初の若宮が独立の御神となって、第二第三の若宮を設けたもうとともに、比売神もまた比売御子神を分かち出したもうこととなった。玉依姫をもってある一人の御名と決着してしまった時代までは、この称呼は常に神に仕えて神の王子を生むをもって任務とした霊巫を意味していたものと思う。この推測の無稽でないことを証するためには、さらに進んで子安という神の成り立ちを説かねばならぬが、読者もそれまでは辛抱ができぬだろう。ただ一言しておくことは、肥後《ひご》の阿蘇《あそ》神社二月中巳日の田作《たつくり》神事に、毎年子安河原より姫神を迎えて神婚の式を行うたことである。その折には無垢の童女を選定して姫神の依坐《よりまし》としたと伝えられる。この式の終わらぬうちに一般の婦女が婚姻をすれば、その年五穀不熟なりとして大いにこれを戒め、最も厳粛な式であった。阿蘇郡永水《ながみず》村《そん》字乙姫の地には、子安河原の神石というがあった。その神婚の式というのはもとこの石の上で行われた故に、また安産の守護として崇敬せられていたが、明治十三年にこれを宮中に献じ今上陛下御成育の御守としたということである（『阿蘇之面影』）。子安神の神像が常に幼児を抱きたもうたことは、この方面からでなければ説けぬようである。また二つの社の相隣するを男神女神として、祭の日往来相会したもうを神婚の式とする例は数多いことである。この場合に女巫が依坐として式に与ったことは想像にかたくない。伊勢の内宮は姫神と申し上げることは明々であるのに、長元四年には斎宮寮の頭相通の妻古木古曽なる者、御神付き通いたまうと狂言して罰せられたことが、『大神宮諸雑事記』に見えている。鹿島の物忌《ものいみ》は一生不犯の浄き女であるにもかかわらず、安産の守をその館より出していたということが、『本朝俗諺志』五に見えているのである。

二

「玉依姫考」の後段として申し添えたいことがなお二つある。その一つは近世の巫女伝説の中に、玉依姫に近い名がしばしば用いられている。磐城《いわき》刈田《かった》郡福岡村大字長袋の児《ちご》の宮には、用明天皇の御妃玉世媛、皇子を棄てたまうという口碑があって児投川《こなげかわ》の古跡がある。白い鳥の話を伴うので今は日本武尊と改めているが、これは豊後真野長者の物語にも出て来る白い鳥で、すなわち「末広」十二段の浄瑠璃にもある山路《さんろ》の草刈りの玉代姫である。阿波《あわ》美馬《みま》郡里村の玉振神社には、相州鎌倉の城主四位少将清平公の侍女玉振姫、乱を避け遁れ来って亡主の霊を祀ると伝えている（『美馬郡郷土誌』）。この例はまだ他にも多かろう。親鸞上人の奥方にして九条殿の御娘、あるいは玉白《たましろ》と伝えあるいは玉日《たまひ》姫という女性も、常陸《ひたち》稲田《いなだ》の西念寺《さいねんじ》に残る口碑などを見ると、この部類に算入してよいようである。つまり何のゆえともわからずに、玉織姫だの玉藻前だのと、玉の字を婦女に呼ぶのが癖のごとくなってしまったのである。それから推して考えると、伊勢合山《あいのやま》の女太夫にお杉お玉という者、あるいは東京では神田紺屋町の北方にお玉ケ池の跡というそのお玉なども、やはり幽かながら昔の姫神信仰の痕跡を留めているように思われる。お玉ケ池には昔水の畔にお玉がかたみの柳というのがあって、その下に祠を祭っていた。お玉この池に身を投じ、その霊怪をなすというと『江戸砂子』にある。『著実異事』によれば、御大工棟梁桑原孫兵衛なる者の下女、水を汲みに出で怪に逢いしかば、孫兵衛怒りて池を埋めその柳を伐《き》る。その後祟りがあったとも伝えている。今はすでに誰の家の辺かも知れないが、この池は『江戸記聞』に旧名桜ケ池といぅとあり、あるいはまたアヒソメの池ともいったそうである。（以上『御府内備考』巻七）。アヒソメは今も根津に同名の川あり、藍染川などと書いているが、おそらくはこれも神行き逢いの故跡であろう。神婚の祭式が橋の上または邑の境に行わるるは常のことであったとみえて、二本杉・二本楠など、箸をたてて成木したという伝説が、しばしばその行逢橋等の地において存留している。

第二に言いたいのは今日の県社・郷社に、祭神を神武天皇とするもののもとの意味である。歴史上特別の因縁を証しうる分は別として、単に天皇の御徳を仰いで社を肂てたなど新しい社記に述べているものは、おそらくはまた「玉依姫とその御子」と伝うるに基づいたもので、結構なる誤解には相違ないが、そう誤解するに至ったのではないかと思う。自分の学んだところでは、天皇は現神《あきつかみ》で、もとは多くの神よりもさらに高い御位であった。したがって前帝を神に祀り奉るということは、古代には決して聞かぬことである。ある御門のはやく神として崇敬せられたもうは、実は御霊の畏怖《いふ》に基づいているかと思う。御霊の信仰はまったく別種の神道であった。しこうして八幡神には御霊の信仰が、何ゆえかはやくから結びついている。あるいは母子神教義の中世の変遷ではなかったかと思う。

（大正六年『郷土研究』）

雷神信仰の変遷

——母の神と子の神——

道場法師の孫娘

都良香《みやこのよしか》の『道場法師伝』は、単に『日本霊異記』の古文を刪定《さんてい》したまでであって、何ら別種の材料を採り入れた形跡がない。『扶桑略記』は明白にこの二書により、『水鏡』もまたの訳述に過ぎなかった。しかるに沙門景戒の世を去ること二百年あまりの後に至るまで、いわゆる鐘堂の鬼の頭髪は、なお世間の評判であったのみならず、（一）近くは聖武《しょうむ》天皇一千年御忌の元興寺《がんごうじ》開帳の時にも、道場法師の神像なるものが出陳せられ、その姿は竜雷の変相であった。（二）もちろんその説明は歳月を経て変化したが、それをことごとく古記の訛伝《かでん》と認めることもむつかしいようである。例えば『詞林採葉』に、大和竜田の地名説話として説くところの落雷談のごときは、（三）むしろ遡って最初の「元興寺縁起」ともいうべき『霊異記』の記事を、解釈したような点である。すなわち旧誌にあっては雷神が子を与えたということと、その童子が寺のために田の水を引いたということとは、二つ何らの連絡もないように見え、したがって都氏の伝にも後段を省略してあるのだが、この方においては雷神が地に落ちて童子となり、農夫に養われた結果、その田ばかりには思いのままに雨が降ったとある。これは夕方の神からは必ずそうなくてはならぬことで、たまたま筆者が農民の心理にうとかったために、次々何となく聞き流していたものであった。古くは古志の小大徳の法力に託せられた越後国上山《くがみやま》の神泉由来譚のごとく、(四)雷を救うてお礼には水を得させよといった例は多いのである。稲妻・稲光という語が中世からあったのを考えてもわかるが、雷は稲田に降り来って大いに崇敬せらるべき理由があった。自分なども毎々目撃しているが、関東の平野では稲田に落雷すると、ただちにその区域に青竹を立て注連《しめ》を張っておいた。その竹さえあれば雷獣は再び天上することができるからというのは、(五)すこぶる『霊異記』の楠船に竹の葉を浮かべた伝えに近いが、実はその必要が過ぎて後に、こうして降臨の地を斎《いわ》い浄めていたのである。これがオカンダチの古い思想であり、(六)同時にまた道場法師譚の根源でもあったかと思う。そのように古い信仰がいつまでも残っているはずでないという人がないとも限らぬが、現に鍬（金杖）をもって撃とうとしたらどうか許してくれといったと、『霊異記』(七)の方にも書いてあって、それがまた今日も行われている桑原々々という唱え言の理由として、諸国の口碑にも残っているのである。これを要するに古い事でも、書物ばかりでは学び得られない。その上に古い書物にも、やはり古い誤りがありうるということ、これがわれわれの新たに得たる経験である。

ただし少々の弱点はあったにしても、とにかくに今から千百何十年も前に、日本の固有信仰に対してはむしろ冷淡な人々の手をもって、こういう民間の説話が採録せられていたことは、無論学問上の大なる価値である。けだし道場法師の物語のごときは、縦から見ても横から眺めても、仏教の信用にもならず、したがって格別本山の名誉でもないにかかわらず、これほど具体的に、また大なる興味をもって、書き残そうとしたのは理由があった。すなわち久しい年代にわたってわれわれの国民に、最も人望の多かった「力を天の神に授かった物語」、および日本の風土が自然に育成したところの、雷を恐れてこれを神の子と仰ぎ崇めた信仰が、あの頃もなお盛んに行われていた結果に他ならぬのである。そう考えて後に今一度この『霊異記』の一章を読んでみると、いささか側聞を注したと称する法師の漢文の中にも、さらに幾筋かの脈絡の古今東西に通達するものを、見出すことができるように思う。その第一に算《かぞ》えらるべきものは、賀茂松尾の神話として永く伝わった別雷神《わけいかずちのかみ》の誕生譚である。道場法師が雷神の寄胎《きたい》するところであって、しかも生まれながらにして蛇その頭を纏《まと》うこと二遍、首尾垂れて後にありという不思議は、諸国の玉依姫系統の多くの古伝を比較し、(八)さらに豊後の花の本以来、数限りもなく各地に分布するいわゆる三輪式の説話と対照することによって、解説が初めて可能である。すなわちかつてわれわれの天つ神は、紫電金線の光をもって降り臨み、竜蛇の形をもってこの世に留まりたもうものと、考えられていた時代があったのである。それが皇室最古の神聖なる御伝えと、合致しなかったことは申すまでもないが、正史編纂の際にはこれがために必ずしも諸家の旧辞をしりぞけられなかった。例えば雄略《ゆうりやく》天皇紀に採録せられた、少子部連螺蠃《ちいさこべのむらじすがる》姓を賜い、次いで三諸《みもろ》山に登って神を捉えて天皇に示し奉る、という一条のごときは、明らかに彼の一族が録進するところの家文に基づいたものと思うが、その雷虺々《きき》として目精赫々《かくかく》たり、よって再び岳に放たしめたもうとあって、その神の姿は大なる蛇であった（九）。もしそのような奇怪なことはありえないというならば（一〇）、やがてはこの記述の全部を否認することになるのであるが、われわれは単にこの時代の前後において、かく信じかく語り得る者があったという事実を認むればすなわち足るのである。この山の大神は、美麗なる小蛇となって人間の御妻に姿を見せられたことが、すでに箸の墓の伝説にもあって、別になおこれを主張する一族もあったらしく、いわばこの様式に属する最も年久しい信仰の一中心であった。尾張の道場法師が数多き諸国の類例の一つとして、これだけまでの一致点を保存していたことは、すでに学問上の珍であった上に、それが幾分なりとも平城仏教の影響を受けた、やや後代の変遷を暗示すとすれば、記録者の功労はまことに徒爾《とじ》でなかったと言い得る。

　思うに道場法師という僧名は、必ず何物かを暗示しているのであろうが、われわれはまだその端緒をすらもとらえることができぬ。京都とその四周の地においては、太古に国土を開いた巨人の名を、通例は大道法師と伝えている。それと道場法師と同一人であろうという説の根拠は、必ずしも文字の共通、もしくは岩の上に遺った下駄の歯ばかりではないようである（一一）。次々に自分が述べんとする神子誕生の物語に、往々にして雷神が参与すること、大太もしくは大多良という巨人の名にも、本来天神の御子という思想が含まれていたらしいことなどを考えると、個々の記録の末端においては、かりに相容れざる矛盾があるにしても根源はなお一つで、あるいは割拠分立の結果、ついにかくのごとくなったのかとも想像し得られぬことはない。そんならいかなる事情に原因して、一方は寺に入って護法童子の役を勤め、他方は国々の社に祀《まつ》られ、もしくは果てもない旅の日を続けているのかというと、つまりはこの物語があまねく国民の財産に帰する以前、必ずこれをわが家独占の由来談として、みだりに他人をして説きかつ諷《うた》わしめなかった者がいたからであろうと思う。『霊異記』ははたしていかなる方面から、かの資料を仰いだかを知ることは容易でないが、道場が故郷という愛智《あゆちの》郡片輪《かたわの》里に、形は小さくて非常な強力の女がいた話を、別に二つまでこの書には載せてあって、双方ともにこれ昔元興寺にありし道場法師が孫なりと断ってある。童子で寺に仕え勲功をもってやがて得度した法師としては、よくよくでなければ故郷に孫娘などはおるまい。すなわち強力の血筋には深い因縁のあったことを、後々まで語った家がかの地に残っていた証拠であって、事によると沙門景戒もその一族かも知れず、さらに一段の想像を進めるならば、かの書の巻頭に精細なる一異伝を載せた小子部栖軽の子孫が、出でて、あの地方に住んで元の信仰を敷衍していたのかとも思われる。それはあるいは永久に立証するあたわずとしても、少なくとも小子部連という姓の起原については、単純に現存の所伝を承認することはできぬようである。『書紀』には螺蠃《すがる》の連、三諸岳の雷神を奉請した前の年に、后妃に親しく蚕養《こかい》せしめ給わんとして、彼に命じて国内のコを聚《あつ》めさせられた。それを承わり誤って嬰児を連れて来て献上したので、天皇大いに笑いたまい、彼をしてその子を宮墻《きゅうしょう》の下に養わしめ、よってチヒサコ部の姓を賜わったと記してある。この家の栄誉が雷を制御した一点にかたよってしまって、雷神との交渉が薄らいで来てからは、あるいはこういう小さな逸話の中に、家名の由来を見出そうとしたかも知らぬが、他のいくつかの別雷系統の口碑を比較して考えて見ると、かの嬰児もまた単なる偶然の誤解からこの家に養われ、また小子部という姓の起原をなしたのではないような気がする。(二二)すなわち道場法師伝の筆録せられた後まで、なお世に行われていた雷神寄胎の一条のみは、何か事情があって特に進献の家文から、脱落したもののごとく考えられるのである。

(一)『扶桑略記』二八巻、治安三年十月十九日の条。
(二)『南畝莠言』下巻に記事がある。
(三)『和州旧跡幽考』巻六による。
(四)『今昔物語集』巻一二、越後国神融聖人縛雷起塔語。この話でも落ちた雷は十五、六歳ばかりの童子であった。助けられて天に帰ろうとしてつかみ穿った岩穴から清水が出たとある。

（五）『郷土研究』三巻九号に、山内淳一君が常州久慈《くじ》郡の例を報告している。また土岐琴《ときさん》川氏の『稿本美濃誌』に、美濃でも同じ風習のあることを述べてある。

（六）ユフダチのタチもたぶんは同じ意味で、すなわち斎場降臨のことであったろう。タツとは天から降ること、すなわち大和の竜田の地名の理由だと思う。竜を日本語でタツというのも、こう考えて初めて会得せられる。

（七）桑原井のことは旧著『赤子塚の話』にその数例を挙げておいた。水の神が金属を恐れるという世界的のフォクロアによって、説明せらるべき説話である。

（八）今日保存せられている四つの古風土記には、それぞれ地方的の変化をもって、いずれも神父人母の神話を留めている。なかんずく常陸哺時臥山《くれふしやま》の物語は、最も顕著に雷神蛇形の古い信仰を証拠だてるように思う。

（九）『日本書紀』巻一四、雄略天皇の七年七月の条。

（一〇）例えば間宮永好《まみやながよし》は『書紀雑考』において、この山の神を大物主神とする分注のみを、私撰記入の誤なりとして、その他の記事を信用せんとしている。

（一一）『松屋筆記』のダイボラボッチの条には、『台記』文安二年九月二十七日の条を引いて、近江の石山寺に道場法師の履の跡という霊石のあった記事を掲げている。大道法師のほうは多くは素足の足跡で、その形が非常に大きいが、それでもこれだけの一致は他には少なかった。『霊異記』の文にも道場大石を投げたとき、足の跡土に入ること三寸（約九センチ）云々と記してあるのである。

（二）『日本霊異記』の小子部栖軽の記事は、明白に『書紀』とは別種の資料によったものである。注意すべきことはいくつもあるが、この場合にことに必要なことは、『書紀』には雷を捉えたとあるのを、こちらには奉請と書いてあることである。

霊安寺の縁起

元興寺に寄寓《きぐう》した尾張の神童の物語において、特に自分の重きを置こうとするのは、什宝《じゆうほう》として久しく伝わった鬼の頭髪の一条である。夜明けて血の痕《あと》を繋《つな》いでいくと、かつてこの寺の悪奴を埋めた路の辻に到達したので、すなわちかの悪奴の霊鬼なることを知ったとある。かくのごとくにして初めて道場をこの寺の僧となし、鬼の髪毛を寺の資財とした理由が立った。つまりは『霊異記』があの時代の神秘を、ことごとく冥報《めいほう》によって解説せんとしたごとく、千年以来のこの国民の神話を、一つ一つに引き離してこれを仏教化しようとした努力は、すでに弘法大師以前に始まっていたのである。したがってもし草莽《そうもう》の間にひそみながらえて、必ずしも初期仏教の感化に従わなかったいろいろの伝承がないならば、この国固有信仰の根幹とも認むべき神子降誕の思想のごときも、永くその変遷の跡をたどるすべなく、学者は依然として日本人の模倣力のみを過信していたかも知れぬ。実際口碑もまた外国から輸入し得たかのごとく考えてもよいほどに、京畿四周の旧伝は改造せられていたのである。

それをいずれの点までが新宗教の影響であり、どの点からさきが一般の生活事情、ないしは環境自然の力に出でたかを判定することは、もとより容易な事実ではないが、とにかくに『書紀』の編纂のころを境として、世の中は改まり神道は著しく変化した。そうして新たに現れたものが、八幡神であり所々の御霊であり、最後には北野の天神であった。そうなっていく径路において、まず徐々として増進したものが、次々に生まれたもう神の子の猛威であった。以前は単にその生誕の奇瑞に対して畏敬の念を抱いたものが、後には必ず人間に向かって、何か恐ろしい害悪をもたらすかのごとき感じを加えたのである。それが必ずしも兵戈《へいか》疫癘《えきれい》のような現実の凶変に遭遇して後、初めてこの種の誤れる推測を試みたのではなく、かねてそう考える傾向があったゆえに、災厄《さいやく》はさらに一段と人心を不安ならしめたので、あるいはいわゆる無上道の教義が、いつとなく比較劣の地位に、多くの国神を押し堕した結果ではなかったかとも思う。

古風土記の中では、前に引いた常陸の哺時臥山《くれふしやま》の記事が、神の子のはなはだ恐るべきものなることを説いた最初の例である。単に本文を検するの労を省くために、ほぼその要点を掲げるならば、昔努賀毗古《ぬかひこ》努賀毗咩《ぬかひめ》の兄妹あって、何人とも知れずその妹の室に、夜来り昼去ってついに夫婦となった人があった。後に懐妊して産月に小さき蛇を生む。明には言なきがごとく、闇にはその母と語る。驚き奇として神の子ならんと思い、すなわち浄き坏《つき》に盛り壇を設けて安置するに、一夜の間にすでに坏の中に満てり。瓮《みか》をかえこれを置けば、かくのごとくなること三、四たびなりとある。母その子に告げていわく、汝が器宇を量るに、自ら神子なることを知る。わが属の勢をもっては養い長ずべからず、よろしく父の在《いま》すところに従うべし、これにあるべからずと。神の子はこれに答えて、しからば一身ひとり去ることをえぬゆえに、一人の小子を供に連れたいと求めたが、家には母と伯父より他に何人もおらぬので、その乞いを許すことをえなかった。それを恨み怒って物言わず、別るるに臨んでその伯父を震殺して天に昇らんとした。母はこれを見て驚動し、瓮を取って投げつけると、それが神子に触れたので昇ることをえず、よってこの峰に留まり瓮は今片岡の村にある。その子孫社を立て祭をいたし相続して絶えず、とあって、これもまたどういう理由からか、子孫と称しうる者が土地に住んでいたのである。

あるいはこれをもって偶然の一変例となし、必ずしも時代の影響を認めるに足らぬという者があるかも知れぬ。しかし少なくとも神の子の憤怒ということを明白に記載した文字は、これより以前にはほとんど見ることがなくて、これから後には次第に多くなっている以上は、その推移の跡を追う者はこれを無視することをえないのである。山城の京の初期になって、新たなる御霊神は次々に顕祀《けんし》せられたけれども、その信仰にはたぶんにあの時代の社会心理が働いたために、これを本邦固有の神子思想から、展開した現象と解する人は少なかったのである。しかしいわゆる八所の御霊の構成に注意して見ると、八座の数ははやく定まって、名称は世とともに区々であった。中についてことに問題となっているのは、吉備聖霊《きびのしょうりょう》がもし吉備大臣のことであったならば、どうしてこの人ばかりが非業《ひごう》の死をとげたる冤癘《えんれい》の中に交じっているかということ、(一三)第二には火雷神もしくは火雷天神が、いかなる神様であるかということであった。それを北野天神の御事なりといったのは、決して近世の僻案《へきあん》ではなかったが、(一四)単に早くからそうも考えた人があるというまでで、とうてい理由なしにはこれを受け容れることができない。しかも今もって確かな第二の意見も成り立たぬのは、つまりは初期の混乱に際して、大切な脈絡の糸が永く絶えたことを意味するかと思う。すなわち別方面の民間信仰との比較に基づいて、改めて古義をたどるべき必要および興味があるゆえんである。

　京の御霊社はもと五霊であって、後に三所を追加した証拠ありという人がある。(一五)しかしかりに託宣などによって暗示せられたとしても、すでに独立に御霊会《ごりようえ》を営まれる北野の神が、今さらこの一群の中に加入せられるはずはないと、考える人は多かったのである。ゆえに黒川道祐《くろかわどうゆう》は右の火雷天神をもって延喜式内の乙訓坐《おとくににます》火雷神なりと断定し、(一六)天野氏はまたこれを現今の大和御《お》山《やま》村の雷神さま、すなわち光仁天皇の廃后井《い》上《かみ》内親王の御子を斎《いわ》う神なりとし、同時に延喜式の宇智郡火雷神社がそれであるように信じていた。ところが式内に火雷神という神は、この他にもなお幾社もあって、現に宮中に一つ、大和にも別に二つあった。単に名称の共通のみをもって、祭神の一致を説き得ないのはもちろんだが、吉田一流の註釈家の、それが古くからの了簡違いであった。例えば乙訓郡火雷神社のごときも、偶然に松尾と近かったゆえに、二所同神の説がはやく行われた(一七)。すなわちたぶんは賀茂の別雷神伝の不当なる拡張であって、すでに類似の由来談が諸国に独立して保存せられた以上は、この神名の数多く散在するのも少しも怪しむには足らなかったのである。

ただし南大和の火雷神の方は、まるまる神名ばかりからの推測説でもなかった。今の宇智郡の雷神社には、四百七十年前に書き継いだという敬虔《けいけん》なる縁起が伝わっている(一八)。いわゆる四所の御霊は雷神と共に、御母及び二柱の御兄宮を祀り奉ると称し、しかも井上内親王は御母子とも京都の御霊の列に参加なされて差しつかえのない痛わしいお方であったのみならず、現に早良《さわら》廃太子の方は崇道天皇の御名をもって、八所の随一に算えられてあるのである。内親王流謫の地も、お墓もまたこの付近にあったらしい。そうして祭典をもって尊霊を慰められたことも旧記には見えている。故に他日立ち戻って山城の都の御霊会をお受けなされたとしても不思議はない。ただ解しえなかった事は、そのお社の主神がかえって正史には見えない雷神であったことと、その神降誕に関する荒唐をきわめた伝説であるが、しかも今日に至るまで、それが口碑としてこの地方には流布しているのである。『霊安寺縁起』の録するところによれば、雷神は廃后が大和へ流されたまいし後に、宇智郡大岡郷の小山の峯においてお産まれなされた(一九)。よってその山を産屋峰《うぶやのみね》と呼び、また御母の后を葬り奉るによって御墓山ともいい、里の名を御山と名づくとある。後代の社地も雷神の社のみは丹生川《にゅうがわ》を隔てて五町（約五百四十五メートル）ばかり西にあり、他の三社は霊安寺の境内にあったということが注意を要する。あるいはこの雷神の社を若宮社とも唱えていた。(二〇) 雷神は成長の後、御母兄たちの流されたまいし事を聞き、怨みをなしたる人々を一々に取り殺し、天下を暗闇にしてお憤りを散ずべしとて、すなわち現身に雷となって虚空に昇り、風雨雷電をもって天地を動かし、京畿七道にはこれがために頓病頓死する者その数を知らずとある。すなわち神の名は自然にかくのごとくにして生じたのである。ただし縁起には成長の後、怒って雷神となりたもうとあるが、それにしては在世の時の御名が伝わらぬのみならず、土地にはなおこれと一致せぬいろいろの口碑があった。例えば同じ郡宇智村の荒坂では、井上内親王雷神を身籠《みごも》ってこの地を過ぎたもうと称して、近江と越前との境にある荒血《あらち》山《やま》同様の伝説が今もある。(二一) もし誕生の最初から雷神でなかったならば、おそらくは産屋の峰の由来譚もなかったろう。ただの王子の御産所としては、小山の頂上などは似つかわしくもないからである。正史の記すところに従えば、廃后と廃太子は大和宇智郡の没官地に幽せられて、わずか一年半の後に母子同日をもって薨《こう》ぜられ、それから三年目にはもう祟癘《すいれい》が現れたと見えて、墓所優遇の官符は発せられたのである。ゆえに延喜式内の火雷神社、もしくは宮前霹靂神社が、今の若宮社に該当するか否かは別の問題として、これほどまで密接に雷神と御霊の信仰とが結合していたとすれば、理由は必ず別に深く潜むものがあったのである。それを尋ねようとせずに、単に書伝の資料のみに依拠して解説を下すならば、かの長禄縁起の失敗は今後も幾度かくり返されなければならぬ。

しかるにわれわれにとって幸いなことには、ここになお比較類推の方法を可能ならしむべく、一、二のやや具体的な特徴が残されてあったのである。『霊安寺縁起』の数多い誤謬の中に、ことに注意をひくのは崇道天皇、すなわち早良太子をもって同じく井上内親王の御子とし、強いて雷神を第三の王子と算えようとした努力である。早良は明白に桓武《かんむ》帝の同母皇弟であって、その廃立はまた全然別系統の政変に属するにかかわらず、特にこれを大和に迎え来って四所御霊の中に加えたのは、何か相応の動機がなくてはならぬ。(二二)あるいは中古の藤森信仰の余勢かも知れぬが、(二三)とにかくに雷神を第三順位に置く思想が強く働いていたために、自然にかくのごとき奇異の配合を見たものと思う。もしはたしてその想像が当たるとしたならば、次に述べんとする北野社伝の最も幽怪なる部分、すなわち比丘《びく》道賢《どうけん》の『冥途記《めいどき》』の中に、火雷天気毒王にわが第三の使者云々とある箇条と、一脈の相通ずるものを見出すことができるのである。

(二三)『和漢三才図会』にもこの事を疑っている。『塩尻』(帝国書院本)巻二七には、吉備聖霊は吉備内親王の御霊であると説いている。穏当ではあろうが一個の想像説に過ぎない。

（一四）『拾芥抄』八所御霊の条には明白に火雷天神北野御事なりとある。それより古い出処はまだ心づかぬが、あるであろうと思っている。

（一五）この説を最も明白に述べたのは『神社覈録』の鈴鹿連胤である。なるほど『三代実録』の貞観五年五月二十日の条に、いわゆる御霊はとして列挙してあるのは五人のみで、これを『世諺問答』以下の諸説と比べて見ると、吉備聖霊と火雷天神との他に、藤原広嗣のことだという藤大夫が落ちている。

（一六）『遠碧軒記』上巻ノ一、下御霊社の記事の注の中に書いてある。

（一七）延喜三年の遷都の際には、二社同時に同階の神位を授けられたことが『続紀』に見える。そんなことがこの推測の一つの根拠になったものであろうか。

（一八）「続群書類従」巻六六、『霊安寺御霊大明神略縁起』がそれである。筆者阿闍梨《あじやり》祐成《すけなり》年七十三、『水鏡』以下の古書によって編纂した以外に、当時の口碑の記憶によったものと認められる。以前にも縁起があって、兵乱の際に紛失したと言っている。

（一九）井上内親王が大和国宇智郡に幽せられたまいしは、『続紀』によれば宝亀《ほうき》四年十月であるが、縁起はその前年をもって雷神誕生の年としている。それにしても御母は年五十六歳であった。ただし信ずべからざるは決してこの点のみではないのである。

（二〇）『和州旧蹟幽考』巻六、その他。

（二一）『郷土研究』二巻三号、田村吉永君報告。山中誕生の珍しい神物語に関しては、小著

『山の人生』にいくつかの類例を掲げておいた。山姥命時の昔話もそれから出たものと考えている。

（二）『大和志料』などには御霊神社を三座とし、御山村の若宮社すなわち雷神を独立せしめんとしているが、それは旧伝の否認に帰するのみならず、そうして見たところがやはり早良太子の問題は残るのである。

（三）山城の藤森神社は、後世崇道天皇を祀るという説がもっぱら盛んであったが、これにも他の一方には賀茂の別雷神話の適用があったのである。自分はこれも乙訓坐火雷神と同様に、もとはそれぞれ別途の信仰になるものと考えている。

天満大自在

北野信仰の発端をなすところの菅公左遷は、政治上の悲劇としては井上内親王御母子の廃嫡《はいたく》事件よりも、むしろはるかに小規模のものであったにもかかわらず、その神徳は次第に成長して、永く偉大なる威力を保ち得たのには、外部にもまた看過すべからざるいくつかの原因があった。第一には山城奠都を明白なる一画期として、内外の交通は急激に発達し、これに伴うて人間の智巧もまたやや過度の進歩を見た。その上にまだ何か天然の理由もあったと見えて、各種の災厄は相次いで社会をおびやかし、延喜天慶の際に至って、さらに一段の頻繁かつ強烈を加えたのである。これが人心を動揺せしめた点も、またすこぶる大正昭和の今日と似ていた。御霊の信仰はその影響を受けて、顕著なる変化を示さざるを得なかったのである。

第二に考えなければならぬのは神託の自由である。保守の時代には神話にも定まった典型があって、あまりにその範囲を逸したものは、新たに説いても信じ得る者がなかったであろうが、外国の文学と珍しい教義とは、ひとり無意識なる宣伝者の想像力を長養し、経験を豊富にしたのみならず、謹んでこれを聴かんとした常人の感受性を解放したらしいのである。流言蜚語《りゅうげんひご》の類のいくらでも効果を奏し得る状勢であったとともに、巫祝《ふしゅく》社僧の徒の、時代に適応した救済指導の手腕を、認めることのできる機会でもあった。人物としては聖宝《しょうほう》・空也《こうや》・浄蔵貴所《じょうぞうきしょ》などが傑出したごとく、神道においては石清水に次いで北野が新たに顕れ、永く不退の地歩を占むるに至った。そうして旧来の神子思想のごときは十分に利用せられて、しかも後ほどなく忘却せられてしまったように思われる。

とにかくに「神代紀」の八雷生誕の物語に始まって、近くは延喜の代の神名帳の中にまで、なおあれだけの威風を留めていた多くの雷電の神が、少なくとも京畿近国においては一朝にして統一せられ、かつその信仰を改造せられたのは、ことごとく北野を中心とした託宣の力であった。男山は不思議にもこれに参与してはいないのである。改造の要点は、あらゆる天災人禍を冤癘《えんれい》の遺憤に基づくものとした当時の御霊思想を、天と人間との仲に立つ者、すなわち雷神の信仰に結び付けたことである。そうしてさらにより強大なる力がこれを制御し得べきことを説いて、次第にこの神を低い小さなものにしたことである。もっともこれには久しい前からの傾向はあった。特殊の天分ありまた技術ある者は、人間でも必ずしも負けてばかりおらぬという例が、『霊異記』にも『風土記』にも見えているのであるが、しかも単なる崇敬と祈請とによって、誰でも一様に雷神の侵撃を避け得られるようになったのは、全く北野天神の新しい信仰が、さらに若干の成熟を見ての後であった。その統一の力はなるほど偉大であったけれども、もう時代は進み智術はすでに複雑に、人はまた広く国々の山野に分散して住んでいたのである。たまたま遠近の田舎にこれと相容れざる口碑が残り、あるいは以前の信仰が異なる解説をもって伝えられたのも怪しむに足らぬ。(二四) すなわち著名なる大社の記録のみを綜合して、わが国固有宗教の面目を復原し得べしとする研究法の、従うべからざるゆえんである。

自分などの見るところでは、北野信仰の歴史を考えた人々の、今まで不当に看過していた点がいくつかある。その中でもことにこの論文のために入用な箇条は、いわゆる菅公化現説、すなわち梅下童児が最初から神であったという伝説が、いかなる事情の下に発生しかつ信受せられたかということである。(二五) もちろん今になってその説の真訛を究めるの必要はないが、これを個人の空想または虚構に出づとする説は、実は何等の根拠があるのでなく、単に常理をもって解し得ぬからというまでであった。そんな論法を徹底したら、おそらく一切の古いものが消えてしまうだろう。誤りにもせよかつては信ずるだけの理由が、隠れて必ずあったものと見るべきではないか。第二には何ゆえに菅公が天神であり、またその称号が天満大自在であったかという点、これもまた解釈を試みた人がなかったようだが、天《あま》つ神《かみ》という語にほぼ定まった意味のあったあの時代に、ただ漫然とこのような美称を捧呈するはずはない。すなわち現人神《あらひとがみ》の形をもって、よく火雷の奇瑞を示したもうがゆえに天神であり、天上の威力を人間に行うことに常に意のごとくであったから、大自在の名をもって称えざるを得なかったと解するのほかはないのである。

しかもかの時代の天神思想は、至って短い期間に驚くべく変化したのである。沙門道賢がいわゆる『冥途記』を奏進したのは、菅公薨後わずかに三十七年のことであったが、ほぼこの際を境として天神の地位は著しく高くなっている。もちろん一箇のファナチックの幻覚以上の何物でもなかったのだが、いわば彼はあの時代の社会信仰を見ていたのである。道賢が蔵王菩薩《ざおうぼさつ》に導かれて金峰山《きんぶせん》の浄土を巡《めぐ》り、親しく問答をしたと称する日本の菅相府は、当時みずから大成威徳天と名乗っていた。わが本国の人々、上下ともに火雷天神と称して、尊重すること世尊のごとし。しかるに何ゆえにこの怨心あるかとの問いに対して、かの国われを大怨賊となせり。誰人か尊重せりと言わん。しかもかの火雷天気毒王は、わが第三の使者の名なりといって、(二六)今後この僧の仲介に信頼して慇懃祈請《いんぎんきせい》する者あらば、その災を免れさせようと誓ったというのである。すなわちわれわれはこの荒誕《こうたん》なる夢物語の中からでも、当時なお火雷神をもって菅公に擬した者があり、神はかえってその責任を配下第三順位の者に転嫁して、自分は数段と高い統御者の地位に立とうとした傾向がよく看取せられる。これがおそらくは連年の異変に動かされて、極度の不安を感じていた民衆の、最も新しくかつ最も有力なる一箇の御霊から、期待しようとした神徳の最大限であった。すなわち時代は大いに改まり仏法は強く影響しても、なお完全には祖先から持ち伝えた国土自然の信仰より、脱却してしまうわけにはいかなかったのである。

（二四）北野系統から独立した雷電社においては、やはり童子神の信仰を有するものが多い。東京の近くでは武蔵久良岐郡氷取沢の寛勝寺の雷松が、樹下に飯盛童子の祠を建てて鎮守とした（『新編武蔵国風土記稿』一二三）。野州足利《やしゅうあしかが》郡板倉の雷電神社なども、祭神別雷命と称しつつ落雷の記念の火鉢というものを伝え、これにもなお勇猛なる小僧の物語を存するのは一奇である（『下野神社沿革誌』巻一）。雷神は必ずしも新宗教によって征服せられてはしまわなかったのである。

（二五）伊勢の神庫に蔵せられるという『北野事跡』二巻、これは『北野文叢』の中にも採集せられている。建保《けんぽう》年間の作とあるが、これにはまさしく神童出現を説いてある。また大江佐国元永元年の手記というものが正しいならば、これはさらに早く菅公薨後二百十五年のことになる。

（二六）『扶桑略記』天慶四年の条に出ている『冥途記』は略本であるが、肝要なる諸点は皆その文中に含まれている。これだけでもやや長たらしくて引用に不便である。

老松と松童

今日の眼から見れば、道賢比丘の報告は異端である。あるいは不正直なる動機を推定する人もないとは限らぬが、あの当時にあっては彼が暗々裡に時代から感化を受けたごとく、彼もまた大なる印象を後の信者に与えていたので、その証跡は次々の託宣の上に、すこぶる明瞭に現れている。託宣なるものはもとより人力以上である。その前後甲乙の間に相容れざる矛盾があっても、それにも何かまだ発明せられざる解き方があるものと想像して、古人は必ずしもこれを疑いまた私議しなかった。すなわち神託の光景はそれほどにまで目撃者を感動せしめるもので、従って歴代の啓示が散漫区々をきわめている場合にも（二七）、なお信者は彼も真、これもまた真なりということを得たのである。しかるに吉野の道賢上人の後、僅々六年を隔てた天暦元年の託宣には（二八）、はやすでに『冥途記』の影響がいとあらわである。すなわち近江国比良の宮の神主良種《よしたね》が男、年ようやく七歳なる者の口から、われは瞋恚《しんい》の身となりその焔天に満ちたり。もろもろの雷神鬼は皆わが従類と成って、その数総て十万五千と告げているのは、何らの系統なき単独の空想とは思われぬのである。それからさらに三十何年の後には、太宰府の方にも禰宜《ねぎ》藤原長子の託宣というものがあって、やはりまた随身伴党十六万八千八百余人、総じて恨みを含み世に背ける貴賤の霊界皆ことごとく集り来る。ただし無理に恨みを含むの輩はもっぱら相共にせずといい、御霊統御の思想はここに至ってか一般的のものとなってしまった。われわれが今日想像しうる以上に、この種の奇瑞は強く働き、またあまねく伝えられていたのである。

比良の神主家の幼少なる尸童《しどう》の名は太郎丸であった。幸いにして記録を今日に留めた神託の言葉の中には、特に大切なる学問上の暗示が多いように思う。北野神廟《しんびょう》の創建に関する言い伝えは、われわれの疑惑を挿まねばならぬほどに、込み入ったものでは決してない。最初道賢比丘が金峰の浄土に入って、まぼろしに見たという次の年に、西の京七条の賤女文子なる者、(二九)われを右近馬場に祀るべしという天神のお告げを受けたけれども、家貧にして力及ばず、わずかに己が草の戸の傍に、形ばかりの小祠を構えて五年の月日を過ぐる間に、再び良種が子に神は憑かれたのである。いわゆる一夜の松の美しい神話は、後世諸国にその類型があるごとく、あるいはそのころすでに言い馴れた不思議であったかも知れぬが、とにかくに太郎丸の託宣は、これを予言して的中したというのである。天神の言葉に、わが従者に老松・富部という二人あり、老松は久しくわれに随いて来れる者なり。これん至るところに松の種は蒔く、とあるのはおそらく賀茂の古式に存する、ミアレ木の思想と同系のもので、植物によって新神の出現を表示する風習が、たまたま北野においてはこの形を採ったのでないかと思う。

太宰府の方にはまた早くから飛梅の物語があった。(三〇)これに伴うて後には松はつれなきの歌物語も起こり、次第に手習鑑《てならいかがみ》一類の小説と変化したのだが、なおその久しい前から老松は最も重要なる眷属神《けんぞくしん》の一つであった。それと並べ称せられている富部という小神のことも、(三一)何か仔細があるらしいが今はまだ十分な説明がつかぬ。とにかくに天神は比良の良種らが疑問に答えて、次のような意味のことを告げられた。昔わが持ちたりし笏《しゃく》は老松に持たせ、仏舎利は福部に持たせた。二人の従者は九州から随行して再び都に上り、若宮御前の小高い処に、地下三尺（約九十センチ）ばかりを穿ってその品物を埋めている。この二人のやつどもははなはだ不調の者どもぞ、心づかいせよ、わが左右に置きてあれ。言わじとは思えども笏のついでをもって言うなりと仰せられた。この託宣の辞句にもし時代を映発する何物かがあるとすれば、この点などは特にわれわれにとって重要な箇条である。

後世の注解者は右の「不調の者共」という一句を、実は大いに持ち扱っているらしいが、必ずわが左右に置きたれとある後段に注意すれば、少しも隠れたところはないので、今の言葉でいえば厄介者、もしくは始末の悪い者を意味する語であったのである。これと全然同種の眷属神は、一方にはまた八幡の方にもあって、その名前も老松とよく似た松童《まつわらわ》であった。貞観三年の『行教和尚夢記』に、すでに松童の名はあるが、はたして信用してよいか否かを究めない。本社においても古くから伝統は絶えて、遷座の時祝い奉るか、高良分身かなどと言った人もあるが、(三二)これは明らかに末社記その他の本文を読み誤った説である。末社記によれば、男山末社松童、高良社板敷の下に坐せしめたもう由緒あり。大菩薩御垂跡の時託宣によって境を定むる根本の御眷属なりとある。すなわち高良の社においても、社殿の板敷の下におらせ申した神だから、決して主神ではなかったのである。男山の一説には松童の本地は不動尊、呪詛神なりといっている。「高良板敷の下に御坐して別社無し、悪神たるに依って目を放つべからざるが故に」とも伝えている。あるいは「貞観元年松童皇子御託宣」というものも残っている。「自身は是れ川原大明神の御分身、松童皇子と謂ふ也。小神は俄に怒り大神は稍に怒る。悟敏和悦の人に永く神恩を蒙らしめん」と告げており、(三三)また別伝によれば、「もし末代に及んでわが託宣を託陋(?)顰蹙《ひんしゅく》する輩あらば、本宮の戌亥《いぬゐ》の隅字牛我尾《うしがを》の榊並びに劔御子の鉾を、悪人の方に向ひて撫で伏せ、各々その災ひを致さん。所謂小神は俄かに嗔り大神は稍に怒るなり」という託宣もあったという。もちろん小神というのは松童自身のことである。大神も類を同じゅうする畏《かし》こき神ではあったが、些々たる治罰の事務は之を配下眷属に一任して、直接に手を加えんとしなかったゆえに、次第に信心祈願をもってこれに仕え、あらかじめ意外の祟りを避けんとする風習を生じ、いつとなく牛頭天王《ごずてんのう》は防疫の神、道祖は行旅の愛護者として、仰ぎ敬わるることになったので、北野は特に水火雷電の方面を主管したという以外に、その霊界統制の方式においては、八幡と異なるところはなかった。すなわち富部・老松は男山の松童に該当する小神であったかと思う。社によってはこれをミサキと呼ぶ者もあった。ミサキは先鋒であり、また使者である。あるいは門客人《かどまろうど》もしくは荒脛巾《あらはばき》、また荒エビスと称えたのも同じ神であった（三四）。これから推して考えていくと、若宮が新たに祀らるる社であって、同時に荒々しい御霊の神を意味していた事情はややわかる。しかもその地位を占めたのは神と人間との中間の人、多くの場合には神の力を人間に持ち伝えたところの、神の子にして同時に巫祝の家の始祖たりし者と解するのは、自然の論理でもあれば、また別雷以来の経験でもあったのである。

ただし賀茂では別雷命を神実《かみざね》として、直接に天なる父の神は祀らなかったのに、後に神の子の最も力強いものを、天神として祀るに至ったのは変化である。大和宇智郡の雷神さまのごときは、その過渡期の信仰を語るものとも視ることができる。老松が北野専属の末社であるに反して、松童という神は八幡以外に、他の大社にも斎《いつ》いてあるのみならず、あるいはまた独立して一地を鎮守した場合も多かった。北野の末社の松童社などは、祭神を応神天皇とし、あるいは比良の神主良種が子太郎丸なりという一説もあった（三五）。春日若宮の末社の松童神は、祭神の名をまだ知らぬが、奈良付近の村には崇道社《そうどうや》という村社が多い。これを皆崇道天皇を奉祀するものと考えることはむつかしいが、さりとて石清水《いわしみず》より勧請したとも想像はできぬ。つまりはこの名の神が別に早くよりあったものと仮定するのほかはないのである。瀬戸内海を取り囲んだ府県及び土佐には、やはり独立した松童《まつどう》または松《しょう》堂社《どうや》が多い。その祭神も社伝も区々であるが、文字によって俊世構えられた説明より、むしろわずかに残る土地の人の信仰の中から、次第に各地共通の点を辿り尋ねるのがよいと思っている。現在の白分の意見では、松童権現の祭神は一社ごとに別々であっても、怪しむを要せぬのである。何か恐ろしい天災地妖またはその予覚のあった場合に、地方に最も勢力ある神がこの名において祀られるのが自然である。すなわち松童はもと単に奉仕者たる人神を意味する名であったからである。

北野の老松は老という名に基づいて、白大夫という翁を説く人もあった。この問題は改めて細叙する必要があるが、松童、すなわちマツワラワを侍者の神と解する以上は、結局は同じことに帰着すると思う。鶴ヶ岡の八幡には松童と並んで源大夫の祠があり、尾張の熱田にも有名な藤大夫、源大夫があった。いずれも生前の人の名でなかったことは同じである。しかるに京都の御霊八社のみは、早くから橘大夫、文大夫などを、知名のある一人の御霊とする説があった。大夫と名づけてもよい神ならば、従神でなければならぬ。それが対等の八座として祀られているのを見ると、御霊の信仰にもまた中古の変遷があったのである。そうして以前の形はどうであったかと考えると、八幡に紀氏を説き、北野に菅家の祭官を説き、また大和の御霊に第三者の皇子を言うごとく、初期の上下御霊にもおそらくそれぞれの小子部《ちいさこべ》氏があって、神話と祭典とを管掌していたのであろう。舒明天皇の御時、宮寺の営材不足して神の林を伐り、子部《こべ》の大神が怒って寺を焼いたということは『大安寺記』に出ている。(三六)若宮部《わかみやべ》という言葉は『肥前国風土記』三根郡物部郷の条に、物部経《もののべのふ》津主神《つぬしのかみ》を斎い祀るに、物部若宮部を遣わされたことが見えているのみであるが、事実において若宮部と名づけてもよい家が、それぞれの大社には従属していて、神と家の祖先との深い関係を主張した例は多いのである。南大和の御霊社のごときも、他戸親王の御子三人あり、各位階を授けられて祭事に与ったという、歴史と一致しがたい社伝が、後世にはできていた。(三七)『日本霊異記』にいわゆる道場法師の孫娘、またこれと力を角して負けたという美濃の狐の後裔なども、いずれも皆同じ系統に属する古い思想の一片で、本来わが民族の血縁観念が、神と人との関係において特殊に強烈であったという一事が、許多の外部感化の混乱を突貫して、今に至るまでこれだけの特徴を保留しえたことを意味するものである。

(三七) この問題は今後仏教史の研究が進んで、初期の修験道の教義がもっと明白にならなければ、これ以上の解釈を試みることがむつかしいと思う。

(三八) 二、三の縁起類にはこれを前年の天慶九年のでき事と記している。『扶桑略記』が天暦九年の項に掲げているのはおそらくは誤りである。

(三九) 文子は「あやこ」と訓む。あるいは多治比の奇子とも書いたものがある。後世の文子天神社はその賤の女の家の跡だというが、祀る所の天神を北野同社のごとく説くのは、必ずしも口碑の一致せざるところであった。『遠碧軒記』上巻の二には、「文子は天神のり移らせたまいて程なく死す。乃ち之を天神に斎いて今も西の京に在り」とある。

（三〇）北野の本社で神楽をすすめる神子の名を、代々文子といい来るとあるも注意に値する。

（三一）『太平記』巻一、二には、こち吹かばの歌とともにもうこの説をかかげ、次第にこの一条の有名になった筋路を考えしめる。

（三二）富部は近代の末社では福部と称えている、最初からトミベとは呼ばなかったものらしい。二十年前の拙著『山島民譚集』には、福部はすなわち瓠の神で、水の災を代表しているのではないかといったが、その証明は今もなお困難である。マツは同時に火を意味するようだから、この二神を水火童子の信仰に引き付けて考えることもできるが、自分としてはそれほどの強弁はせぬ。

（三三）『宮寺縁事抄』巻一末による。この古文書中にはまだ尋ねなければならぬ多くの資料を含んでいるらしい。

（三四）『石清水文書』巻二一に出ている。

（三五）例えば『梁塵秘抄』巻二、四句神歌、神分の中に、次のような一章もある。

神のみさきのけんずるは
さう九上山（？）をさ行事
たかのみこ、うしのみこ

王城ひたかいたうめる（？）
びづらゆひのいちどうや
いちゐのさり
やはたに松どうせいしん
こゝには荒ゑびす

一、二不明の箇所をさらに考えてみたいと思っている。

(三五)『北野誌』上巻。

(三六)『扶桑略記』に引用している。『元亨釈書』巻二〇もこれによったとみえる。

(三七)『大和志料』による。『広大和名勝志』に天文《てんぶん》三年の『御霊宮本紀』なるものを引用して、この説を述べているそうである。

(昭和二年五月『民族』)

日を招く話

田植の日忌

五月田植によろしからずという日は、おそらくは今でもない村はあるまいと思うが、不思議に土地によってこの習わしで区々である。例えば石城《いわき》の平《たいら》付近では午《うま》の日を忌み、(一)武蔵比企《ひき》郡高坂村は午の日と寅《とら》の日を忌む。(二)静岡市周囲の村は午の日と申《さる》の日、(三)上州赤城山の麓は辰《たつ》の日と半夏生《はんげしよう》の日とである。(四)伯耆《ほうき》日野郡の諸村は、通例子《ね》の日に田植をした藁は、死者の敷物になるなどと称してこの日を抜き、また播種の日からかぞえて四十九日目も忌んでいる。(五)美濃の太田附近のごとく夏至の日を避ける土地もあれば、(六)下野那須郡の各村のごとく旧五月の六日から八日までを忌む例もある。(七)

(一)　『民族』一巻四号。
(二)　その村の小学校郷土教材から。
(三)　『安倍郡誌』八〇〇ページ。

(四)『郷土研究』三巻七号。
(五)例えばこの郡山上村村是、迷信の部。苗忌と称して播種後若干日目の田植を避ける例は多い。
(六)『民族』一巻四号。
(七)『下野神社沿革志』巻八、この郡野崎村平沢の温泉神社の条に、那須与市宗隆扇の的の祈誓を果たすため、湯本の産土神《うぶすながみ》を領内に分祀したのがこの日であったからというのも、あるいは日祭の因縁があるのではなかろうか。

嫁が死ぬということ

他の多くの地方では不浄日などと称して、特別なる日のかぞえ方がある。たぶんは不成就日、すなわち単に凶日という意味であったろうと思う。この記憶しやすき十二支のいずれかに配したのも、決して古くからのことではなく、したがって遠隔の土地に一致があったとしても、それは偶合と認めて差しつかえなかろう。ただし注意しなければならぬ問題はその一つ背後にある。関東では千葉県の印旛沼付近などに、卯の日田植を忌む例があってすでにその理由は忘れているが(八)、豊後の大野郡においては、卯の日に田を植えると嫁が死ぬと、今でも言い伝えている処があるそうである(九)。いかなる経験または推理が、このような驚くべき説明を下さしむるに至ったか。まだ若干の比較しうべき資料の残っているうちに、ぜひともわれわれの考えて置くべき問題であるかと思う。よって同情ある読者諸君の援助を期待しつつ、まず今日までの発見を叙述して見るのである。

（八）『印旛郡誌』に見ゆ。
（九）『郷土研究』四巻五号。

蘇我殿の田植

田植日忌の由来として伝えらるる物語のことにものものしい例は、上総国に伝わっている。東京湾に面した一帯の農村では、五月七日には田を植えず、これを蘇我《そが》殿田植の日と称して忌んでいた。昔大友皇子がこの国遣水《やりみず》という山に城郭を構えて御住居なされたころ、この日臣下の蘇我大炊《おおい》なる者を召して、国中の田人《たうど》早乙女《さおとめ》を催して田を植えしめて御覧あるに、日は夕陽となって御興いまだ尽きず、願わくは八つの時分にもなさばやと仰せられると、たちまち日は戻って九つのころとなったが、にわかに空かき曇り雷電暴雨あって万民こぞって死すと伝えられ、今も大河原という地にその故跡があり、田の名を死田《しだ》と呼んでいた。（一〇）この例一つだけより他を知らぬ土地の人には、それが日忌《ひいみ》の慣習を誘致した理由もわからず、いわんや全日本にわたって広く行わるる同種の口碑が、これを解釈の鍵として説明しえられるものとは、考えてみようもないのである。比較方法のまだ進まなかった時代に、無意味に排斥せられ、または修正せられたいわゆる斉東野人の語は、たいていこういう種類の大切な資料であった。

(一〇) 『房総志料叢書』続篇に『久留里記』を引いてかく記している。ただし東上総の方では早稲どころなるがためか、その日を四月十六日とし、かつ蘇我殿が金の扇をもって入日を招き返したと老人たちは語っているという。蘇我は故地でありまたこの地方の旧姓であった。弘文天皇の御事蹟の年をおうて精細に語られるに至ったのは、深い仔細のあることであろうが、今もって説明しかねる。

死人田・病田・癖田

東部日本などには、こんな名の田地が諸処に存し、または名はなくとも耕作せんとする人が少なく、したがって荒れやすく価の低かった田がおりおりあるが、通例その理由は伝わっておらぬ。自分はやや久しくこの点に注意しておるうちに、静岡県下において偶然によく似た三つほどの例を見出した。その一つは富士の山麓、富士郡須津《すど》村の比奈という処にあるおきく田一町六段（約一万五千八百七十平方メートル）、昔この田の持主に強欲な者があって、おきくという田植女にこれだけの田を一日に植えよと命じたので、おきくは苦しさのあまりに死んでしまった。それから後は作れば凶事あり、今でも作る者がこれを恐れているという（一一）。この近村には加島村の病田、岩松村松岡の死人田《しびとだ》、伝法村の忌田などもある。忌むと称しつつ今なお田であるのを見れば、何か方式をもって災を避ける途があったのかも知れぬ。第二には安倍郡安東村、北安東の柳新田と麻機村との境に、二段（約千九百八十平方メートル）歩あまりの土地があった。昔嫁を虐待する姑が、これだけの田を一人で植えよと命じたところ、嫁は植え終わって即死したので、その祟りをもって植えると必ず家に死者を出すと言い伝え、これは買う人もない荒地であった。そこには吉塚という塚があって、小祠を建て植えていたが、近ごろになってそれも取り除かれたという（一二）。東海道では掛川と日坂との間にも、また一つの嫁ケ田あり、少し離れて姑ケ畠もあった。これも嫁あたりのきつい姑が、三反（約二千九百八十平方メートル）の田を朝間に植えさせたところ、嫁は植え終わって石に腰を掛けて死んだ。それをそこに葬ったというしるしの銀杏は、往来の旅人に顧みられたが、実は八幡神領の牓示《ぼうじ》の木であったらしい。姑はほど近き麻畠にいて、雷に打たれて死んだと称し、姑ケ畠の故跡さえできていたのである（一三）。

（一一）　山中共古翁の『吉居雑話』。吉原町在住中の見聞録である。

(一二)『安倍郡誌』七八六ページ。
(一三)『東海道道中記』による。貝原益軒の『吾妻路之記』にも、すでに嫁ヶ田姑ヶ畠の名を記している。街道に臨んだ土地の伝説が、特殊の発達をする実例は『赤子塚の話』にもすでにこれを説いた。

田植の歌

同じく駿州の庵原郡大内村にも、なお一処の嫁田があった。一名を嫁殺し田ともいったというからには、ほぼ類似の昔話が行われていたことは明らかである。しかるに『駿国雑志』には曰く、「二つの名共に訛なり、是即ち読田《よみだ》なり」と。昔源頼朝の思い者若狭局、御台所《みだいどころ》の嫉妬を恐れて鎌倉を遁れ出て、はるばると薩摩国に下るとき、この地に立ちやすろうて歌を詠んだ。それゆえによみ田だというのである。しからばいかなる歌をよんだかというと、『薩琉軍談』と称する近代の軍書に、島津氏の始祖と伝えられる若狭局の、

富士うつす田子の門田の五月雨に
雪をひたして早苗とる袖

とある歌がそれだという。ところがこの地は田子でもなければ、富士は梅雨中でなくても、気の毒ながらこの辺の田の水には影をうつさないのである。しかしそうかといってやたらに嫁が死ぬわけもない。結局するところヨメとは何ぞや、何故に嫁ばかりが田植に出ては死んだといわれたかを、溯って考えてみる必要を感ずるばかりである。

三水の泣池

けだし嫁と姑との不和葛藤のごときは、正しく近世社会組織の所産であったにもかかわらず、何かしかるべき仔細がある故か、はやくもわれわれが民間文芸を濃厚に彩色することになっている。信州川中島地方に行わるる田植唄に、

何でもかでも嫁のとが
きょうの日の
暮れるも嫁のとがかい

というのがあるそうな。小池直太郎君など(一四)はこの唄をもって、三水《さみず》の嫁殺し池の伝説と因みがあるだろうと言っているが、因みがあるというだけならば反対の余地はない。ただ突

然とこんな事を歌っても、さしたる感動は与えぬからである。三水は更級《さらしな》郡更府《さらふ》村の大字で、昔田であったという大きな池がある。これも姑に憎まれた若い嫁女が、五月に笠もなく、広い田を一日の中に植えかねて、日暮に気を落として死んでしまった。それから後はこの田の米を餅に搗くと、血がまじって食われなかったという話もあり、ついには水が湧いて一面の池となり、いかなる旱にも水が涸れぬとも伝えられた。そうして天気の変わり目には、今でも嫁の泣き声が聞こえるなどと、よくよくの怪譚にしてしまっている。(一五) すなわち伝説には骨子ともいうべき部分はあるが、これを損傷せぬ程度において、次々に時世の粧《よそお》いを凝らしつつあったことは確かで、例えばつれない姑女どのを、強慾非道の長者に置きかえてみれば、そのままこの話は奥州名取の小鶴の池、もしくは下総松崎の千把《せんば》ケ池《いけ》の由来譚と、全然同じ型に帰着することになるのであった。(一六)

(一四)『小谷口碑集』一四一ページ。
(一五) 高木氏『日本伝説集』二二八ページ。『日本伝説叢書』信濃の巻に載せられた別伝は、一段と怪談味が多い。あるいは近ごろの潤飾であるかとも思う。
(一六)『民族』二巻三号以下にすでに述べた。日が暮れるというのがこれらの話の共通の点であることを注意せざるを得ぬ。

日暮し塚

自分等の経験したところでは、古い記録のすでに存在する場合にも、なお口ずからの伝承を軽視することはできぬ。土地の話し手にもいろいろの斟酌《しんしゃく》があった上に、これを筆記した文人もしばしば無用の刪定《さんてい》をしたらしいからである。例えば下総松崎の千把ケ池の話なども、『相馬日記』には単にある賤の女がこの池の浅き処に、「一日に千把の苗を植ゑんと挊《かせ》ぎけるに、疲困して死にけるを埋めししるしの松にて」とばかりしか書いてないが、この書が板になってから百年の後まで、別に一個の精彩ある古伝が、生きてかの村には行われていたのである。田植女の名のお鶴であった不思議は、もうここでは繰り返さぬが、そのお鶴が力自慢の仕事上手で、一日に千把の苗を運んで人で植え終わった後に、慢心のあまりに股の間から夕日をのぞいて、まだお日さまはお入りやらぬといったら、たちまち天罰をもってその場に死んだというなどは(一七)、とうてい高田与清の旅行以後に、新たに付け加え得べき奇事ではないのだが、学者は往々にしてかかる要点を逸しているのである。したがって今日のごとく、記録によるのほか、もはや住民の口から異伝を探りえぬような場合に臨んでは、むしろ筆者の不用意なる叙述の中から、比較に供すべき問題を見出さねばならぬ。

嫁の田系統のいくつかの遺跡に共通なる一点は、塚あり樹木あってその下に女性の霊を祀るということであるが、その理由はまだ十分に説明せられていない。しかも信仰が人の心を繫がなかったならば、この口碑の一般化ということも実は望まれなかったはずである。若狭の日暮し塚の事は何の書によったか知らぬが、近年の『高浜一班』という書にこれを抄録している。これも昔きびしい姑が、嫁をいじめて日の中に帰ってくると怒り罵る。その嫁は至って善良であって、日ごとに星を戴いて出て耕耘を事としたのみならず、なお常に日の神を拝して日中の長からんことを祈った。そうしてある年の秋重い病を煩って死んだとある。日暮し塚は今所在を知らずと記して、はたしてその嫁を葬る地といったか、はたまた日の神を拝んだ祭場と伝えたかを決しかねるが、日の長からんことを祈ったという女性が、後に重い熱病で死んだということの偶然なるただ二つの事件でなかっただけは、平清盛の火の病の話などによっても推測することができるようである。

（一七）『印旛郡誌』下巻。

日招壇

武将が落日を招き返したという物語は、久しい年代にわたっての民間文芸の好題目であった。陸前桃生郡大田村の日招壇《ひまねきだん》の口碑は、これも一曲の座頭の語り物かと思われる。昔八幡太郎《はちまんたろう》が安倍貞任《あべのさだとう》と戦うた時に、戦いたけなわにして日暮れんとしたゆえに、義家扇をとって日をさしまねく。日これがために反ること三舎、その壇を麾日壇といいその地を麾日道路という。虞公剱をもって日を招き、魯陽戈を揮いて日を反すと、異域同情の赤心なりと、『名跡志』に書き立てたのも何となくボサマくさい。(一八)しかし同じ物語の流布していたのは、なおはるか以前からのことらしく、伊予《いよ》でも伊予郡保免《ほりめん》村に、日招八幡神の社があった。かの地方の英雄の一人佐々木高綱が、砥部《とべ》の城主森山近江守、荏原の城主大野山城守と戦った時に、夜軍に勝利なきことを憂いて日を招きたるにたちまち戦、克てり。よって神徳を仰いで日招八幡と称すといい、あるいは別当薬師寺の山号日照山を日招山に改めたりともいう。『古蹟志』という書には扇を揚げて日を招くに、日これがために反ること数刻、すなわちこの祠社を起こして扇をもって神主となすともいっている。(一九)紀州の日延村の蔵王権現の社伝には、田村将軍勅を奉じて和佐高山の土蜘蛛を退治するとき、戦半ばにして日が暮れかかった。よって権現に祈願を籠めたところ、日は中天に留まって暮れず、その間に難なく敵を打ち滅ぼしえたので、神をこの地に勧請し、かつ村の名を日延と改めたと述べている。(二〇)

(一八)　『封内名跡志』巻一三、『封内風土記』巻一二。壇とは奥州の方言で塚のことである。

(一九)　『伊予温故録』。この村の名は今はない。改称したのであろう。

（三〇）『紀伊続風土記』巻一〇。今の海草郡山口村大字中筋日延。

魯《ろ》陽公《ようこう》の戈《ほこ》

右の類の伝説の全国的分布には、おそらくは中古の旅行文芸が参与しているのであろう。単なる初期の移住者の携えて来たものにしては、結構があまりに複雑でかつ奇抜だから、少なくとも後年の修正は認めざるを得ぬのである。しこうして朝廷の楽人らが、神秘なる舞楽の由来を説明するに当たって、たとえ『淮南子《えなんじ》』の出典までは突き留めることができなかったまでも、（三一）漠然たる漢史の記憶が、今日舞の本の『入鹿』にあるような荒唐なる昔話を、（三二）作り上げていたことは想像せられる。だから従来の学者の最も普通なる漢土伝来説も、この場合に限っては否認することができぬのである。ただ自分らの考えてみたいのは、この隣邦の古譚を日本に移植した場合に、何ゆえに新たに蔵王権現の神徳を説き、もしくはその遺跡と称する地に日招八幡を祀り、または八幡太郎の日招壇があるかということである。今日俗間に伝わる平清盛日を招く話に落ちつくまでに、いろいろの階段を経ていることは疑いがないが、それがいかようの事情から、前に挙げた上総の蘇我殿田植のごとく、われわれの田植習俗と結合することになったかという点である。

（二一）『類聚名物考《るいじゅめいぶつこう》』巻二に、『淮南子』の覧冥訓《らんめいくん》の本文を引いてこの問題が述べてある。「楚の魯陽公韓と難を構へ戦酣にして日暮る。戈《ほこ》を援《ひ》いて撝くに日之が為に反ること三舎なり云々」。間接にもせよこの記事の知識を持たなかったならば、前のような話は日本には起こらなかったと思う。

（二二）舞の本には蘭陵王《らんりょうおう》の舞の手が戦の半ばに入日を招き返した形を示すものだといっている。あの時代までもそのような古伝が俗間には行われていたのである。

朝日長者物語

安芸《あき》の吉田地方の古風な田植唄には、清盛日を招くことを述べた一章がある。（二三）

音　頭　穏戸《おんど》の瀬戸を切抜く清盛こそはノー
早乙女　日の丸の扇で御日を招ぎもどいた

必ずしもこの地を起原とせずともよいが、本来田植唄なるが故に日を招くという章句があり、それが容易に『厳島御幸記』などの、六波羅豪奢《ろくはらごうしゃ》の記事に連想せられて、この話を俗間に流布せしめたのだとも見られる。田植の数多い労働唄は、田主の富貴栄華を誇張した祝詞をもって一つの特徴としている。今ある村々の夢のごとき長者譚には、根源をこれに発するかと思うものがいくらもあった。自分の郷里に近い播州加西《ばんしゅうかさい》郡東剱坂《ひがしけんざか》の朝日長者なども、ある時わが力のほどを試みんがため、沈まんとする日輪を扇をもって呼び戻し、もっとかがやけかがやけといったところが、日がその意のごとく反りかがやいたが、その光に目くらんでたちまち死すと伝えている。[二四] もちろんこの後半は田植の祝い唄ではなかったろうが、朝日長者はもと国々の唄のさかえ行く長者の名であり、美女の父であり神社仏閣の建立者であって、同時に日に仕える宗教的人物を意味していた。すなわちこれもまた次の二人の長者と同じく、おそらく目的もなしに夕日を招き返したのではなかったのである。

（二三）『日本奇風俗』一〇九ページ以下。吉田地方の豪家の田植は、今でも近郷から見物に来るほどの壮観で、すこぶる因幡の湖山長者などの昔話を連想せしめる。それに田植唄には元来日の暮れを惜しむ詞が少なくはなかった。

（二四）『播磨鑑』に出ている。

因幡の湖山長者

　長者の日招きの物語とを結び合わせた実例は、また山陰線の鉄道に沿うた湖山池《こやまいけ》の辺にもある。あの青海が再び桑の畠に変化せぬかぎり、人は永くこの不思議なる古代史を記憶して、説明を求めてやまぬであろう。湖山長者の墓と屋敷跡と称するものは、今の気高《けたか》郡末恒《すえつね》村大字伏野《ふせの》の海近くにあり、一望果てなき湖山池はすなわち長者の家の田であった。ある年国中の男女を催してこの田を植えしむるに、日暮れかかってなお少しく植え残したるを本意なく思って、金の団扇をもって三たび入日を招きければ、山の端にかかりし日輪三段ばかり返り昇り、ついにその日の田植を終わったと伝えている。（二五）かように天の日月をも招き返すほどの福力だから、何一つ心にかなわぬことはなかったのだが、その翌年も慢心してまた同じく日を招き返したので、たちまちに福力尽きて田地はにわかに池となり、万の宝も跡方なくなって、今は安長の田の中に松の生い茂った小さな丘が、長者の墓どころとして残るばかりだともいっている。後世の民衆が運勢といい、仏者が果報と説き、または信心の奇瑞とも名づけていた富の力に、今一つ以前の解釈があったことは、たくさんの旧話の無意識な伝承を比べてみて、初めて会得することのできるものであるが、わが日本においては特にいかなる種類の人たちに、この力が付随したものと推測せられていたのであろうか。また主としていかなる生活の問題に臨んで、その必要が認められたものであるか。諸国に充満する長者伝奇の中でも、ことにこの類の異常なる事件の記憶が、われわれの研究に向かって有名なる参考資料を供与するのである。

（三五）『因幡民談』巻一一、また『因幡志』などにこれを記すのみならず、県編纂の近年の『因伯紀要』にも出ている。和泉式部のこと、猿の親子のことなど、いろいろの雑説が今もこれに伴うて行われているらしい。湖山は今コヤマといい、元は小山とも書いてコサンと呼んでいた。

菊池の米原長者

長者の物語は大部分が今もって美しい絵様である。心あって言語音声の彩色の用に充てた人が、その口伝に参加していたことを推定せしむるような例が多い。肥後の米原長者《よなばるちょうじゃ》の栄枯盛衰なども明らかにその一つであって、土地には最近までおそらくは記憶に数倍するいきいきとした昔話が残っていたのであろう。この長者の発祥は豊後の満能長者《まんのちょうじゃ》の分身と言ってよいほどによく似ている。用明天皇の御宇に長者の号を下し賜わり、奴婢牛馬千に余り、東は菊池の谷から西は山鹿《やまが》の茂賀の浦で、田底三千町（約二千九百七十五万四千平方メートル）の土地を耕作所とし、毎年一日の中にこれだけの田を、植え尽くすをもって家の規模としていた。しかるにある年の五月に、植うること半ばにして日は西山にうすづきしかば、長者は黄金の扇を開いてこれをさしまねく。日輪は招きに応じて竿の長さばかり引き返したれども、それでもなおその日の田を植えてしまうことができなかった。長者はこれを愁い、三千の油樽を取り出して山鹿の日ノ岡山にそそぎかけ、これに火を付けてついにその光によって苗を取りおえたと称し、今でもこの岡は土石みな黒く焦げ、草木繁茂せずと伝えられる。しかも長者は日を招き返した天罰を受けて、その夜火輪現れてたちまちあるかぎりの屋舎倉廩《おくしやそうりん》を焼き失うたというのである。（二六）

（二六）『肥後国志』。今の菊池郡城北村大字米原。

昼飯持の石像

ところがかような話でも、土地の住民がこれを純然たる夢物語と認めてしまうことのできぬわけがあった。独り日ノ岡山の永く黒土であったのみならず、この日昼飯にした団子の焼けたのだといって、禹余糧《うよろう》という石がそこから出た。そうして村の近くの踏切という崖の側には、その昼飯を持ち運んだ婢女十余人の石像と称するものが立っていたのである。もちろんこれだけの遺物があるために、田植に日を招き返した長者の話が、真実になる道理はないのであるが、少なくとも大昔この地にいかめしくものものしい田植があり、何か記念すべきでき事があったと想像しうる場合には、たとえこのような話でも幾分か信じやすかったに相違ない。その上にこの付近には今一つ、ジャジョロの飯焚きの墓という石仏もあった。ジャジョロは山鹿《やまが》庄小原という村の長者であって、小原から玉名《たまな》郡の岩原の里にかけて、広い田地を一手に耕作していた。ある年の田植の日に、岩原の小原田まで昼飯を運ぶ婢女が、路の辺に死んだと言い伝えて、すなわち碑石は立てられてあったのである。(二七)これから推測すると、米原長者の十人の昼飯持なども、あるいは田底三千町の大田植の日に、この地に命終わったというような口碑が、かつて伝わっていたものではなかろうかと思う。

(二七)『肥後国志』巻七。今の鹿本郡米田村大字小原と、同大字志々岐との境にあった。文字消歇して読みがたしとある。岩原も現在は同じ郡に属している。

田の神と水仕女

田植は一年の農事の中でも、ことにめでたく花やかなものであるのに、これに伴うて何ゆえにしばしば若い女の死を説くのであろうか。肥後の二つの例だけならば、路傍の石塔によってこれを墓所と誤った結果とも考えられるが、これとよく似た物語はかけ離れた東国にもあって、そのいくつかは同じく昼飯を運ぶ者の身の上である。かつて人柱の研究にも引用した下総師岡《しもうさもろおか》の片割しどめの話の前半は（一八）、印旛郡船尾の喜右衛門が家の子守女、田に働く者に運ぶ弁当を脊負籠に入れ、その上に児を載せて田に行くと、男どもきたないと怒って弁当をことごとく田の中へ投げ入れ、今一度炊き直してこいといって追い返した。子守は主家に戻って叱られんことを恐れ、そのまま児を負うて生れ在所の師岡に帰り、金毘羅淵に身を投げて死んだといって、船尾の鎮守宗像神社では、毎年その忌日にいろいろの奇怪があったと称する。ところがこれとよく似た話はずっと古くから、例えば『地蔵菩薩霊験記』の巻一〇などにも記されている。奥州秋田郡に王大夫惟秀という富人、慳貪《けんどん》無慚《ざん》にして憐みの心なし。おとめという十八歳の下女、下賤ながら三宝帰依《さんぼうきえ》の志深く、ある時農夫の食を広蓋《ひろぶた》に載せてこれを耕田に運ぶ時、雨降り身疲れて路の傍の地蔵堂に休み、その飯の上を少しずつ取って小仏たちに供え奉る。農夫ども飯の疵つけるを見て怪しみ罵るを聞いて、主人の王大夫怒りをなし、大なる箭《や》の根の雁俣《かりまた》なるを火に焼いて女の顔に押し当てると、目鼻髪の毛まで焼け落ちた。あまり見苦しとてこれを路の傍に棄てたとあって、結局は地蔵尊が身代わりに立ち、この苦を受けたという霊験を説くのである。すなわちこの下総の方こそ焼き直しであって、記録に上った時代はかえってずっと古いのである。

野州足利《あしかが》の五十部《いよべ》の水使《みずし》神社は、現在祀る神は水速女命《みずはやめのみこと》、水の神と信ぜられしかも婦人の病を禱《いの》り、古く孕み女の絵馬などが上げてあった。安永七年なるという縁起なども、自由自在なるローマンスのようであるが、なおこの神が生前に五十部《いよべ》小太郎なる者の召仕いであり、農中傍輩の方へ昼飯を持参する路で、わが子が主人に打擲《ちようちやく》せられて死んだと聞き、怨み歎いて路の傍の淵に身を投げたことを述べており、今ある神体も十二単衣を著て、杓子を持ち飯鉢を抱えた彩色の小木像であった。[二九] 九州の南部ことに薩摩大隅の村々において、田の神様という石像を田の畔に安置する風習は、あの地方の人たちには珍しくない。それが通例右の手に杓子、左の手に鉢を持ち、あるいは杓子を左にし右に手杵《てぎね》を執っているのは[三〇]、やはりこの水仕女の思想から出ているものと思う。もしそうだとすれば肥後の十人の路のほとりの石体が、昔長者の田人のために昼餉《ひるげ》を送った女だと伝えられた事情だけは、まず明白になるのである。

(二八)『民族』二巻二六五ページ。

(二九)『郷土研究』二巻五号丸山源八君報告。社の所在は足利郡三重村大字五十部字水使。関東方面では注意すべき神である。水主神社という女神は讃岐にもあって、うつぼ舟漂著の古伝があると、松岡調氏の『官社考証』にも載せている。祭神はこの地方の多くの女神と同じく倭迹々日百襲姫命という。ミズシは神の仕女を意味するらしい。

(三〇)『土俗と伝説』一巻一号に、三つの実例を図示してある。その要点の一つは、石の形の特に男の性器に擬してあること、第二には東部日本の道祖神の男女双立の像と、非常によく似たのがあることである。道祖神の女神は今のは酒徳利を持っているのだが、これも古くはまた食物調製の器具であったろうかと考えられる。薩摩の田の神については後に岡島銀次氏の詳しい報告が出た。

ヨメという語

私の考えて見ようとする一つの点は、女が田植の日に死んだという嫁ヶ田の伝説が、長者日を招くの物語と、もと同一の習俗に発生したものではないかということである。若狭大飯郡の日暮し塚の由来は、なるほど取り留めもなくこわれてはいるが、なおその塚が日の神に日の永からんことを祈った祭場であり、祭主が心の清き婦人であったことだけは窺い知らしめる。下総松崎の千把ヶ池にあっては、慢心を起こして罰せられたという後世式の教訓の陰に、幽かながらも女の念力が、日の歩みに追い勝ったという言い伝えを保存しているようである。その他の諸例においても必ず定まった一口の中に、田植はしてしまわねばならなかったということが、共通の動機となっているのである。すなわちある日は田植によろしく、次の日はこれに適せずとする今日の信仰の、以前の厳格さを推測せしめるとともに、晴れたる日本では毎日のヒがすなわち太陽のヒと、終始して不可分であったことも考えさせる。その上に嫁ヶ田は多くは忌の田であった。他の尋常の田代においては、許されてもよいほどのおこたりでも、由緒ある神の田を植える場合には、十分罰せられなければならなかった。その法則を破ることは恐ろしい制裁をもって戒められた。記憶せずにはいなかった道理である。ヨメというからには人はすぐに、姑の意地悪を思うけれども、以前は邪慳貪欲なる者は長者であった。そうして長者は記憶の文学の、最もはなばなしい夢の中心であった。仏典においては福徳円満の大貴人をそう訳したが、われわれの中では氏の頭、さては遊女のすぐれて慧《さか》しい者をも長者と呼んでいる。遊女の長者が神歌に歌ったのは、空想の長者の栄華と没落とであって、その物語はどこまでも成長しえたことは、浄瑠璃の十二段などを読めばよくわかる。その材料はしかも豊かに、われわれの五月の生活の中に充ちあふれていた。ヨメがもとただ単に好女倩女《こうじょせいじょ》を意味し、たまたま後世に入って婚姻の晴がましい日に限り、紅粉の粧いを凝らすことになったゆえに、転じて若き妻ばかりの名目と解せられるに至ったことは、大胆なる語原家を雇わずとも、容易に想像ができるように思う。だから東国の村々では、新婦をアネサマといいあるいはハナオカタなどと名づけて、普通にはヨメという語を用いなかった。この点は白粉なるものの最初の宗教的目的を考えて見るならば、さして困難なしに単語分化の路筋を知りうるのである。

よめ塚・よめヶ淵

伊勢の奄芸《あんげ》郡の坂部のよめ塚は、斎塚《いみづか》の訛称なりと説明せられている。参宮の大路から少し離れた田の中にあって、塚にはしるしの杉あり、その付近には斎殿の址という畠と、例禊洲《れいけいず》という石橋とがあった。斎宮伊勢に下りたもうとき、この流れの洲において水禊《みそぎ》し、終わって斎殿に入らせたもうと伝えているのは推測であろうが(三一)、普通に嫁の話の伝わっている場処が、水の辺に多いという事実とは思い合わすことができる。真宗の説教で何度も引用せられる越前吉崎の嫁おどし、すなわち蓮如《れんにょ》上人を信仰した善心の嫁を、鬼面を被っておどそうとした姑婆が、たちまち仏罰を受けたという奇談のごときも、何か中古の草子に種を採ったものらしいということは、すでに藤岡作太郎君も注意しているが(三二)、はたしてその推測のごとく、一つの旧形がこの地方にあってしかも嫁姑の争いではなく、これもまた水神の信仰に根をさしていた。昔平泉寺村に不孝の女あり、ある時二、三人で川上御前の社に参り、神殿に懸けたる古き面を取り下し顔にあてけるにそのまま付きて離れず、よって大いに忿怒して家に帰り、夫を捕えてともどもに川に入りて死す。その跡淵となり三所あり女夫淵《めおとぶち》というとあるのが(三三)、いわゆる肉付きの面の元の形であった。信州の小谷《おたり》四箇庄では反対に、嫁が姑をおどしたことになっていた。村民某の嫁おかる、氏神の社に蔵する風流《ふうりゅう》の面を盗み来り、これをかぶって姑をおどかしたところが、その面顔に付きて取らんとすれども離れず、恥じて岩窟に身を隠したともいえば、あるいは杓子岳に登り去るともいって、今も十二と名づくる小祠を祀る岩屋がある(三四)。十二は信越会津にかけての山の神の唱え方である。越前九頭竜《くずりゅう》川の女夫淵の名が語るごとく、而けもと偶数のものの一つであったらしい。相州江ノ島でも社の門の上に、山神と鬼女との面がかけてあった。昔 最明《さいみょう》寺《じ》時頼《ときより》の妾に嫉妬深い女があって、鬼の面をかぶって他の妾を襲うた。それをその親が意見するために、山神の面の方をかぶって出たなどともいっている。(三五)

(三一)『伊勢参宮名所図会』上巻に、粉川某の『事忌考』を引いてこの説がある。坂部は神宮の地からはまだ二日ほどもあって、塚を残すまでの重々しい儀式が、もう始まっていようとは想像しにくい。

(三二)『鎌倉室町時代文学史』三四九ページ。室町時代の草子にも嫁いじめの話はあれど、継子いじめの方ほど盛んならずとも説いている。

(三三)『越前大野郡誌』大野郡北郷村の条に『影響録』を引きて。

(三四)『小谷口碑集』三六ページ。信濃北安曇郡北城村切久保。風流な神祭の舞のことである。この切久保の鎮守社では、旧七月七日の尾花祭に、七当祭と称して三つの面をかぶった者が行列に加わる。その面が一つ不足なので、おかるが山から降りて来ると伝え、この日は三粒でも必ず雨が降ると信じられている。

(三五)『本朝国語』による。

水の神の婚姻

昔の世の本式の田植には、今日の眼から見て解しえざるところの「わざおぎ」が行われていたことは、わずかに残っている田植唄からもこれを推測することができる。(三六)その行事を厳粛なるものとした根源の神話が、別に伝説に化して処々の淵、橋の袂や岸の岩に付著していることは、自分としては実は当然とまで考えている。これをやや具体的に言うならば、田植はすなわち田の神の誕生であり、それを期するためには主要なる原因として、日の神と水の神との和合を必要としたのである。水の神は女性であって、ヨメの装いをして清き水の辺から出現した。尋常の少女がこれに扮するのだということを忘れるために、紅白の顔料をもって容貌を変化せしめるのが通例であったけれども、仮面もまた往々にして同じ目的に供せられた。肉付きの面とは神かわれかの境が、恍惚として判別しえなかったことを意味するかと思う。農民の信仰がそれほどまで丁寧な実演を要せざるに至って、神は本地に復して淵の神と畏敬せられたが、なお五十部《いよべ》の水使神《みずしがみ》のごとく、手には主要の表象たる食物配給の器具を握っていたのである。(三七)水の神に母と子の因縁を説くことが、特にわが国の伝説において盛んなりとすれば、水を要件とした農作の影響は、まず第一に考えられなければならぬ。飛騨の岸奥村の嫁ヶ淵なども、道の脇に平岩あって三歳ばかりの小児の足跡を印している。昔この村の百姓某の息子、成長して嫁を求むるに、いずこの者とも知れず美しき娘来る。これを止めて妻とせしに、誠に竜神の化身にや、それより家富み栄えけるが、いかなる事ありてか、その嫁家近き川の淵に飛び入り、大蛇となりて失せたりと伝えている。(三八) そうかと思うと越中の串田村では、池に大蛇が住んで年ごとに村の少女を呑んだ。ある年の田植に早《さ》乙女《おとめ》を呑んだところが、女の櫛が咽に引っかかって大蛇もまた死し、一村愁いの根を絶つことを得たので、その櫛と女とを祀ったと称して櫛田神社がある。(三九)『神祇《しんぎ》志料《しりょう》』にはもちろんこれをもって祭神奇稲田姫と考定しているが、御苦労でも何でもない。われわれの問題はいかにして神代の正語の中に、稲田といいクシという美しい女性の物語が伝わったかである。櫛はまことにクシであって、ただの日に稲田に立つ婦人の、一様に頭に挿し飾るべき器具ではなかったのである。(四〇)

(三六) 例えば『民族』一巻七六七ページの、石見の田植唄などはよい証拠である。『俚謡集』を通覧すれば、これが一地方だけの特殊な空想でないことが認められる。

(三七) 田の神が農事の完了とともに、山に入って山の神となるということ、杓子が山の木をもって作られ、また山の神の執り物であったこと、人間の妻をも山の神と名づけたことなどは、別に一章を設けて説かねばならぬが、ともかくもこれと別系統の信仰ではなかった。

(三八) 『飛騨国中案内』。この国には竜女神異の物語がなお多く行われている。同じ書に三川の横岩にも竜宮乙姫の足跡のよしにて三つあり、三歳ばかりなる子の足跡ほどなりとある。『斐太後風土記《ひだごふどき》』巻一三には、岸奥嫁淵《きしおくよめがふち》の足跡も、やはり嫁の足跡だといっている。村民孫右衛門の嫁女、はなはだ美麗にしてかつ奇異多し。村民申合せてこれを怪しみければ、その嫁ついに淵に身を投げて溺死すとある。大よそ伝説はこういう風に変化していくものなのである。

（三九）『越中国神社志料』。射水郡櫛田村大字串田。

（四〇）熊野新宮、下総香取、その他の旧大社に、たくさんの女性の装身具を神宝としていたことは、斯道の学者のまだ解説しえざる秘事であるかと思う。御櫛笥殿の現冥二種の神に仕えた任務は、尋常その文字によって想像せらるるものより以上であったと思う。

殖女・養女

田植に日の吉凶があり、凶を用いれば嫁が死ぬという類の現行俗信は、もし幸いにして精確なる比較と考察とを下すことができたならば、ゆくゆくよほど大切なる古代史の一面を闡明《せんめい》することになるかと思う。従来の学者先生がこれをつまらぬ事として頓著しなかった態度を、すみやかに改良せしむべき必要があるのである。自分の提出しておこうとする論題の一つは、田植には必ず昼飯を運んだこと、すなわち必ず田の畔において食事をすることにきまっていた理由いかんである。この日の田の食事には田人の全部が参加し、余りがあっても決してこれを持ち帰らず川へ流すか野に棄てて鳥獣に食わすを常とした地方もある。[四一] それからまたこれを炊《かし》ぐ材料や薪までも、多くの場合には定まっていた。その食事を調理しまた運搬する者だけが、誰でもよろしかった理由はないのである。田植の日の労働の主要なる部分を、女に勤めさせることは今も昔のごとく、また決して日本だけの風習ではなかった。その動機に女の生産力という連想のあったこと、これもまたすでに認められている。自分のいうのは通例の早乙女以外、別に特定した食事方の婦人があり、それが極度の美装粉飾をして、田植儀式の中心をなしていたことである。『洛陽田楽記』などを見るに、田遊びの行列の中にも殖女と養女との二種の女性があった。殖女はウエメすなわち早乙女のことであろうが、養女ははたして通俗に何と呼んだか。林道春の随筆の中に、「竈下に中郎将を養せば云々」、この養の字にオナリセバと片仮名を振っている。[四二] 養の字を古訓ヲナリ、俗にまたウナリともオナモトともいう。[四三] 滋賀県和歌山県などの各郡には、台所の仕事またはこれに与る女をオナリという村が今でも多い。そのオナリ女が田植の日に限って、非常に重要なる職分を尽くしていたのである。ヨメが田に死んだという伝説の奥には、肥後のジャジョロの飯焚き女のごとき者が隠れていた。それがまた溯っては入日を招き返すという物語の、水上の泉の側にも立っているように、自分だけは考えているのである。日置部という上代の部曲は、今は名だけしか伝わっておらぬが、あるいは女子をもって相続した占いの家ではなかったろうか。

(四一)『三河吉田領風俗答書』。
(四二)『羅山文集』巻七三。活字本四七二ページ。
(四三)『和訓栞』。

(昭和二年七月『民族』)

松王健児の物語

築島と長柄の橋

みずから歴史家をもって任ずる当世の学者の中にも、説話はただ史実としてその真偽を判断すべきのみと考えている人があるらしい。史実として真なる説話というものが、おりおりは存在するかのごとく想像しているのならば、誠に気の毒なる楽観である。何となれば説話の内容は、常に史実ではないからである。もしこの態度をもって国民の前代生活を尋ねるとしたら、事いやしくも有名なる大臣大将の伝記にでも関せざるかぎり、さぞかしいつも史料の欠乏に不自由をすることであろう。けだしわれわれの解する説話は、存在そのものが儼然《げんぜん》たる一箇の史実であり、全国を通じてその区々たる類型の散布することが、有力なる第二の史料である。個々の口碑の内容のごときは、単に比較の目標として役立つに過ぎぬのである。自分なども実は一個の歴史家のつもりでいるのだが、主として学びたいと思う点が、記録証文を持たない平の日本人の過去にあるがゆえに、こうして彼らの取り伝えている昔の物、ことにその中でも複雑にして特徴の多い説話の類を、粗末にする気にはなれぬのである。この目的からいうと、幾分かもっともらしく史実くさく見える物語よりも、思い切って奇抜な信じにくいもの、例えば人柱《ひとばしら》・橋柱《はしげしら》というような話の方が、いっそう取り扱いには便利である。すなわちはばかるところもなくこれを史料に供して、再び「人を神に祀る風習」の根源を考察して見ようとするゆえんである。

八幡若宮の信仰の一つの変体として、後日神に祀られる人が少年であり、また婦人であり、しかも不慮の横死ではなく、かねて承諾し、もしくはみずから進んで、命を神に捧げたという例がまた相応に広く分布している。現在においてはそのほとんど全数が、いわゆる人柱説話の様式に統一せられようとしているが、幸いにしてまだ若干の特色の、これのみでは解説しえないものが遺っているために、綿密な比較を続けて行くうちには、あるいは今一つ以前の動機を発見する見込みがあるのである。その特色も今日のごとき交通発達では、大きな速力をもって同化していくかも知れぬ。考えてみるならば今のうちであろうと思う。

考えてみるべき第一の点は、人柱に立って永く祀られる少年の名が松王であったこと、およびそれと八幡神との関係である。讃州《さんしゅう》香川郡円座《えんざ》村の氏神は、今の名広幡神社であるが正しく八幡社である。しかも『全讃史』という書には、あるいはいう、その地もと祠あり、松王小児の霊を主とす。後に八幡をもってこれに配す。故に松王山というとある（二）。松王小児は『南海治乱記』などには、マツワウコンデイと仮字がふってある。コンデイが健児の読み癖であって、給仕または年少の従者を意味したことを、忘れてしまった人のしわざであった（二）。平清盛が今の兵庫の港を築くときに、三十人の人柱を築き込むべきであったのを、彼の左右に昵近《じっきん》する松王という者、自ら志願して三十人の命に代わったというので、父は讃岐の河辺郷の郷司、河辺民部であったというからには、その話が故郷の地に留まったのも当然のようだが、実は久しく行われた舞の本の「築島」以外に、ほとんどよるところはなかったらしいのである（三）。松王山の八幡も同じ郡内にあるが、はたして独立して右の由緒を伝えていたとも思われず、むしろこの有名なる民間の説話によって、解説を左右せられたらしい形跡がある。隣の伊予などでも上浮穴《かみうけな》郡臼杵《うすき》の三島神社に、相殿として田井大明神あり、その祭神を今も松王小児命と称し、松王の父田井民部、讃岐香川郡からこの村に移住したという一点を除けば、他はことごとく舞の本その他の継承である（四）。あるいは祭神の松王と血縁ありと信じた家で、古伝を失ったゆえに是非なく通説に従ったものではないかと思う。

　いわゆる築島伝説を今日の形に固定させたのは、さまで古いことではないようである。来迎寺、一名築島寺の松王木像と縁起、『兵庫名所記』の刊本などが世に知られたために、自然に異伝が影を潜めるに至ったので（五）、もちろんこれらの記録とても古くからの口碑を踏襲したまでではあろうが、少なくとも御伽草子や幸若舞の時代には、別にこれとは相容れざる伝承がいくらもあったのを、思い切った選択をもって統一してしまったのである。極端な例を挙げるならば、『平家物語』には人柱は立てなかったと書いてある。(六)『盛衰記』の方には童一人を人柱にしたという本と、止められけりとある本と、何とも書いてない本とがある。(七)つまりは清盛公御作という松王の像が現れる以前、久しく取り留めのない諸説が浮遊していたのである。

しかしそういう混乱の中にも、おのずから伝説進化の路筋は辿られる。例えば舞の本の「築島」を読んでみても、なるほど人柱に立ったのは結局松下一人には相違ないが、彼は実は横合いから出てきた最後の解決者というのみで、物語の葛藤はかえって名月姫父子夫婦の悲運を中心としている。浄海入道が阿倍泰氏の勘文に基づいて、三十人の人柱を海に沈めんとし、街道に関を構えて旅人をとらえさせたおりに、その三十人目に当たったのが姫の父左衛門国春であった。近藤次重友なる者がこの事を知って、偶然に姫の住む家の近くに来て歌を詠んだところが、それが姫の耳に入ってただちに父の命乞いに出かける。夫の家兼もその跡を追い、ともに福原に哀訴したので、ついに国春だけは釈放せられ、残りの二十九人を殺せということになる。そこへ初めて松王健児がまかり出るのである。しかもそれより前に『平家物語』にもあるごとく、人柱の代わりに一万部の「法華経」を書写し、三十人の者の名字名前を添えて、沈めることにしてはいかんと献言した者があり、清盛が怒って聞かなかったなどと、よけいな挿話の入っているのを見ると、舞の本の内容にも中ごろの変改があったか、そうでなければそれができた時代に、もう世に流布していたいろいろの話の別型があって、これをまるまる無視することができなかったのであろう。

そうしてこの名月姫の物語が、同じ津の国の長柄《ながら》の橋について、興味ある多くの変化をもって語り伝えられているものと、もと一つの系統に属することはほぼ疑いがないようである。(八)「鳴かずば雉《きじ》も射られざらまし」の歌は、すでに『徒然慰草』にこれを説き、浅黄《あさぎ》の袴に白のつぎをした男という話は、安居院《あぐい》の『神道集《しんとうしゅう》』の中にもう録せられているのを見ると、そう近世人が想像しているような手軽な思い付きではなかった。すなわち人柱の企てが最初犠牲となるべき者の暗示に基づき、その暗示はたぶん歌の形をもって与えられたことと、親子夫婦というがごとき関係にある者が二人以上、同時にこの運命に殉じたというのが、上古以来の伝説に一貫した要素であったらしいことが、『築島寺縁起』のごとき近世の一例からでも、幽かながらこれを推測しうるのである。松王健児が不意に現れて三十人の命に代わり、それが実は大日王の化身であって、築島成就のためにしばらくこの奇瑞を示されたと説くのは、すっかり伝統の型を破ったもののようだが、なお彼がいたいけな童形であり、また惜しみ悲しまるる人の子であったという点において、広く東西の諸民族に共通なる犠牲説話の条件を守っているとも見られうる。そうしてあるいは偶然かも知らぬが、注意すべき八幡神の信仰をもって、その遠い記念を包んでいるのである。これにおいてか自分らは今一歩を進めて、はたして何の理由をもって、この人柱の名を松王と呼ぶに至ったかを、考えてみないわけにはいかぬのである。

（一）『明治神社誌料』による。社伝には天治《てんじ》元年北原孫太夫創立というそうだが、そうすると松王が人柱に立った応保《おうほ》元年よりも三十七年前のことになる。

（二）『摂陽群談』その他には松王児童と書いてあり、舞の本にはただ平仮字で「こんでい」とある。

（三）『南海治乱記』はこの土地の学者香西成資《こうざいしげすけ》の著で、前に引用した『全讃史』などよりも古く出ている。序文には記憶のよい二、三の老人の話を集めたとあって、松王人柱の話は河辺家没落の条に載せてあるのだ。

（四）同じく『明治神社誌料』、または『伊予温故録』など。

（五）近世編輯せられた『兵庫築島伝』という非常に詳しい読み本があるそうな。しかしこれはかえって材料を集め過ぎたために疑問が多くなり、「名所記」などに見る一本調子を失っているらしい。

（六）「阿波民部重能を奉行にて築かれける。人柱立てらるべしと公卿僉議《せんぎ》ありしかども、それは中々罪業なるべしとて、石の面に一切経を書いて築かせられたりける故にこそ、経ケ島とは名づけけれ」とある。奉行の名が阿波民部、通説では松王の父を田井民部といい、『南海治乱記』には河辺民部とある。こんな点がかえって相類している。

（七）『参考源平盛衰記』。

（八）長柄の橋柱のことは『雅俗随筆』巻下に、多くのテキストを引いて考証がしてある。また『広文庫』の人柱の条を見ても、一通りは材料が集まっている。『松屋筆記』五五にもこの問題を論じ、古く遡って仁徳天皇紀の河内茨田堤の伝説が起源であろうと主張している。

松王という童名

近世の日本人には松王の名はむしろ耳馴れている。したがってこれを人柱に立つ童児の名としたのも、ほんのあり合わせを用いたまでと、軽く見てしまう者が多いかも知れぬ。しかしよく考えてみると、何王丸というような童名は、今あるいろいろの物語で有名になっているほど、そうたくさんの実例があったわけでもなかった。いわば中古のある短い期間の、一部の階級の趣味であったので、それが同時にまたこの類の物語の、流行しはじめた時代を察せしめるだけである。実際何王というようないかめしい文字は、何か相応な順序がなくては、新たに尋常の家庭に入ってくる理由がない。おそらくは最初は申し子の風習、ないしは社頭元服の儀式などと併行して、信仰上の行為として発達したもので、後には何の趣意もなしに、単に先例が多くまた響きがいいために、そんな命名をあえてする者があったにしても、もとは必ず許されて神の御子となっていることを、表章する名であったかと思う。すなわち以前特定の神人の間のみに行われていた命名法が移って一般に及んだので、単なる巫覡《ふげき》の輩だけならば、何王と名乗ることは少しも不思議でなかった。ミコという語を漢訳すると、神子でなければすなわち王といってよいからである。

信州戸隠《とがくし》神社の巫の家は、今もあって代々松王と名乗っていた。神楽はこの家の専務であり、別に中古以来の巫舞をも伝えているそうである。(九)幸いに若干の口碑のこれに伴うものはないであろうか、ついて尋ねてみたいと思っている。京の北野の天満宮でも、以前は松王と称する主典の家が西の京に二人仕んでおり、自ら菅公の車副《くるまぞい》の舎人《とねり》の子孫だと称していた。白装束を着て髪をからわに結ぶとあるのは、すなわちまた童子の姿である。末社の賽銭散米を所得としていたということである。(一〇)これらの明白に神の婢僕《ひぼく》に過ぎなかった家々が、なおかつ王という字を名に付けていたのを見ると、下が神子を意味し、若宮や王子の社と根源を同じくすという考えは、誤っておらぬかと疑われるかも知れぬが、その点は中世以後の大小諸社において、必ずしも高い地位を認められなかったミコもしくはカウノコという神職が、何ゆえにそう呼ばれていたかの問題と、一括して説明せられうるものと私は信じている。(一一)

自分の見解を簡単に述べると、ミコの神社における威望と権力とは、主として政治の理由に基づいて次第に低下した。その任務に当たる者が、小児でなければ婦女であったゆえに、平日の家庭生活または普通の労働団において、まずその地位を保持しがたくなったからである。しかも久しい後まで外から侵されなかったものは、単なる古来の名称だけではなかった。別にいくつかの極度に重要なる宗教行為は、永遠に彼らの専管に属していたのである。すなわち祭の日の側近給仕、ことに夕朝の神饌を掌《つかさど》ること、これには今日想像せられるよりも一段と深い意味があり、おそらく神とともにまたは神に代わって、その食物を受用するの役をも含んでいた。託宣と称して定期臨時に、神語を常人に伝える任務も、本来はこれと不可分のものであり、また互いに条件をなしていたらしい。上席の祭官を神主と誤り称した時代でも、これだけの役目は指定せられた彼らでないと勤まらなかったゆえに、かつは世の中が変わってから後でさえもなお昔の名を失なかったものかと思う。

しこうして一方にはいわゆるミコが神の血脈の末だという伝承は、力の限りこれを保存しようとしたのである。したがってミコという語の本義を証明することは、今でも必ずしも困難でないのだが、いかにせん歳月の進むにつれて、実際の歴史はしばしばその解釈の変更を必要にした。すなわち真の御血筋の者でなければかくのごとく神に狎《な》れ近づくことを得ずとしておくと、最早古式のままの祭を繰り返すことのできぬ場合が次々に発生したのである。ここにおいてかさらに第二、第三の特徴を高く唱えて、新たにこの任務に就き得る者の資格を、ある程度にまで拡張することになったかと思われる。例えば宇佐の大神は一時非常に盛んな勢をもって、四方にその威徳を宣揚せられたが、その結果はつとに奉仕者の供給不足となり、一方には安宗《あんじゅう》行教《ぎょうきょう》のごとき紀氏《きうじ》の法師をして、襄嚢武内宿禰《のうそたけのうちのすくね》の由緒を説かしめ、初めて君臣の関係を社務組織にまで延長せしめたとともに、他の一方九州方面においては、若宮信仰の一段の発達を促して、いわゆる大三輪式の民間神話、すなわち人を母とし神を父とする貴い童児の物語を、新たに各地に移植せしめる必要を招いたのである。記録としてはただ幽《かす》かなる痕跡を存し、フォクロアとしては最も豊富なる人聞《にんもう》菩《ぼ》薩《さつ》の廻遊譚、この貴僧はすなわち八幡の化身であり、母と子の二人が至る処に済度せられたという類の口碑は、おそらくはこの間の消息を語るもので、ゆくゆくは必ず人聞という珍しい僧名が、実は人母または神母の誤解であったことを、立証しうる時が来るものと自分は信じている。

人が単に横死して御霊《ごりょう》となったが故に、たちまち若宮と名づけてこれを八幡の眷属神に列するというがごとき風習は、こういう信仰の過程の、今はすでに埋没に帰したものを尋ねてみた上でないと、説明の困難なるは当然のことである。神子思想の成長がやや一方に偏し、巫祝の言説に政略の影響が加わり、あるいは王神はすなわち応神天皇の御事だとか、大帯媛《おおたらしひめ》とは息長足媛《おきながたらし》尊を意味すとかいう類の、学者風の解釈とも名づくべきものが一代を支配すれば、信仰は自然に抑圧せられざる方向に成長するわけである。祟りを現じて畏敬を要求する風がなかったら、単に主神の御子神だというだけでは、配祀を受ける理由がなかったと同じく、若宮奇瑞の根本の条件として、心魂の若く、かついきいきとした人間が、たちまちその身を転じて神の界に入り来るを必要とした時代がかつてあって、それが後世の厄神統御を八幡社に祈請する根柢《こんてい》をなしたのでなかったか。別の言い方をするならば、八幡若宮は松王人柱の説話などが偶然に言い伝えているように、いつかある昔の世に、人を殺して御霊を作る信仰の行われていたことを、暗示するものではなかろうか。かくのごとき仮定の当否を吟味するために、自分はさらに進んで多くの人柱説話の、偶然なる特徴を掲げかつ比較してみたいと思うのである。

(九)『郷土研究』四巻三号、栗岩英治君通信。

(一〇)『遠碧軒記』上巻三。

(一一)この点に関しては、以前川村杳樹の名をもって公表した「巫女考」という論文の中に、相応に細かく論じておいたつもりである。ただしいずれの論証も仮定であって、単にまだ反対の意見が出なかったというのみであるから、これに使用した資料以外には、それを論拠として援用しない。

(一二)御子神を王神といったというのも決して空な想像ではない。中世の神名にも例に多く、現在も越後長岡などの顕著な例がある。

母一人子一人

諸国に分布する人柱伝説が、決して一つ一つの史実でなかったことは、話が互いによく似ているので、ごく簡単にこれを証明することができる。例えば東上総の尾《お》長堰《ながぜき》を築くときに、捕えて人柱に立てたオナという女乞食は、梅の実を食べているところを生き埋めにした。それでその地に梅の樹が生えて、その実はことごとく片側に肉のないものであった（一三）。下総印旛郡大竹の坂田池の堤にも、片多《かた》梅または片端梅《かたふたのうめ》と名づくる名木があって、同じ由来談を伝えている。以前この池の堤がいくら築いても持たなかった時に、一人の女がやって来て人橋を架けるより他はないと教えたので、すなわちその女をそこへ沈めた。女は小さい児を背負うていて、その子は手に食いかけの梅を持っていた。それをともどもに埋めてしまってから、その地にこういう梅の木が生長したというのである（一四）。

同じ例がただの二つだけなら、一方がひそかに真似したとも評せられようが、植物の特徴を亡霊の勢力に帰する説は、千方《ちかた》の逆《さか》さ柳、梶原源太が矢筈《やはず》の笹葉、畠山重忠の馬の片割シドメの類、少しずつ形をかえていくらでも世に知られている。現に同じ印旛沼沿岸の師戸《もろと》の金毘羅淵でも、片割シドメと称して実の半分しかないものが今も生じ、昔子守の女が田人にいじめられて、この崖から身を投げて死んだときに、半ば喰いさしたシドメを幼児に持たせておいたからと称し、またこのあたりの藤はその女が児を負うていたなごりで、十字にあやどって成長するともいっていた（一五）。しかもその女の死んだという日は、田の仕事とは最も縁の少ない七月の十三日で、その女の奉公をしていた船尾村の宗像神社には、当日いろいろの奇瑞がありまた祭があった。

その七月の十三日は、松王を始めとして多くの人柱が、立てられたと伝うる日でもあった。讃岐では仏生山《ぶっしょうざん》の町に近く、平家池と名づけてやはり相国清盛の時代に、阿波民部が奉行をして築き固めたという堤があった。人柱に供せられたのは通りかかった一人の女で、懐中には筬《おさ》を入れ、手にはチギリを持っていた。その筬は竹林となり、チギリは成長して大木の松となったので、その松を神木として、永く祀ったのがチギリの宮だと伝えている(一六)。ところがこういうありうべからざる伝説も、なお偶然に生まれたのではなかったと見えて、尾張春日井郡の退養寺の松原という処にも、半分共通の口碑が残っている。中昔この地に大池があって、毎年故なくして堤が切れ田畠を損じた。占者の説を聞くに、五月朔日の日、機《はた》織る道具を携えて過ぐる者を捉え、人柱に築き込むべしとのことであった。はたしてその通りの女が通ったのを、教えのごとく水中に投ずると、水難はそれでやんだが今度は女の祟りで、五月になるごとに機織る者が多く死んだ。道浄寺という寺はその霊をなごめるために建立せられたが、早く廃絶して機織池のみ永く存し、土地の婦人たちは五月には戒めて機を織らなかった(一七)。五月に物を織らず、また機具を持ち運んではならぬという禁忌は、ほとんど全国一般といってもよいくらいに広く行われ、そうしてその動機はまだ明白でない。たぶんは水の神を女性と考え、機織る神と考えていたために、最もその恩恵を仰ぐべき田植の月だけは、神の行為を真似なかったのであろう。水底に梭《ひ》の音を聴くなどという機織淵・巻機池などが、必ず雨乞水祭の霊場であったことを考えると、筬を持って通行したという者の普通の女性でなかったことが想像せられる。（一八）

人柱の選定には、たいていの場合に条件があった。占いの言葉または夢の告げによったというほかに、殺される者自身の提案が採用せられたという例の多いのは、注意すべき点である。

物は言ふまい物言うたばちで
父は長柄の橋ばしら

の物語などは、今でも子守唄となって歌われておるほど有名だが、これとは全然別種の言い伝えとして、たとえば女が通りかかり、人柱を立てるがよいと勧めると、誰彼と求めてもなかなかよい人が得られまいから、いっそそなたを頼むことにしようと、たちまちその女を沈めたという話がある。『越中旧事記』に出ておる射水郡下村の女堤などはその一つで、「女堤は口の如く」とは、これよりの諺なりとも書いてある。あるいはさらに進んで松王の場合同様に、人柱は本人の勧告に基づいたのみならず、かつその志願であったように説くものもある。前に挙げた下総印旛郡の片ふたの梅の例なども、稚児を負うた婦人がやって来て、水を留めるには人間を生き埋めにするよりほかはない。女ならなおさらよい。

どうか私をこの子とともに、是非ともここに埋めて下されと言って動かぬので、しまいに言うとおりにしたら、はたして堤が固まったと伝えておるように報告した人もある。(一九)いわゆる史実論者の感覚から判断すれば、志願は最も人情に遠く自然に反するようだが、教えた人を殺すという例が何ゆえにかく数多く行われていたかは、むしろ本人の言葉に基づくというほうから、類推して説明せらるべきものであった。ありうべからざる点は五十歩百歩である。一人でもすむものを母と子と二人が死ぬというなども、別に何かそう説いても人が信じえた事情が、かつては存在したことを想像するよりほかはないのである。そうでなければいくつかの同型譚が、方々に分散して発生するはずがないからである。

母と子の二人を人柱にした話は、また武州栗橋の一言《ひとこと》の宮にもあった。投げ込まれた際にその女が、何か一言だけ言ったゆえに、こういう名の神社を建てたというのみで、(二〇)単なる通りかかりの災難のように伝えられているが、九州では豊前の最も有名なる母子人柱の伝説のごとき、また明白に志願の一例であった。柏原神社の社伝には、保延《ほうえん》元年八月十五日の出来事といっておるけれども、説話はやはり説話である。その大要を述べてみると、宇佐の神領なる沖代《おきだい》千町(九百九十一万八千平方メートル)の田地を、かつて七人の地頭で支配していた時代に、高瀬川の水を引く大井手の堰が、しばしば損壊《そんかい》して塞ぐことがむつかしかった。そこで人柱を立てようという相談をしたところ、地頭の一人湯屋弾正基信、七人の袴を水に浮かべ沈みたる者が人柱という案を出して、これを試みると発案者の袴が沈んだ。あるいは単に籤《くじ》を引いて決したともいい、または甚信みずから進んで人柱に立たんとすと書いたものもある。いずれにもせよ結局は鶴という三十五歳の女と、その子の市太郎十三歳とが、望んで湯屋弾正の身代わりとなって、白木の板輿に乗ったまま、この川の中流に埋められることになった。そうして万代の堰はその上に築き上げられ、母子は永久に水道の守護神と祀られたというのである(二)。

讃岐の松王山の八幡神社の方では、記録が簡単なためにまだこの関係がはっきりとしないが、八幡は要するに御霊の統御者として、これを併せ祀る必要があっただけのようである。九州の相原神社の方では例のごとく、祭神を誉田別《ほんだわけ》天皇とし、鶴女市太郎の母子は単に配祀ということになっているが、五十年前までは社名を八幡市神社といい、俗間には今も鶴市社、鶴市祭とのみ称えているのは、おそらく信仰の本の形を示すものである。しかも伝説が存外に新しいものである証拠には、語る人ごとに若干の不一致があった。例えば鶴女がいかなる身分かということは、かなり重要なる一点であるのに、あるいは湯屋弾正の侍妾といい、あるいは家臣古野源兵衛が娘といい、またあるいは下女奉公に来ていたただの子持ちの後家であったといって、つまりは市太郎の父は誰であったとも知れぬのである。自分らにとっては、それがことにある意味を持っている。芝居じみたいくつかの固有名詞に至っては、むしろ伝説の浮動性を立証すべき材料に他ならぬと思う。

しからばこの地の旧伝が長柄の橋柱などの影響を受けて、かく近世式に同化してしまう以前、はたしていかなる形態を具えていたものかというと、注意を要するのはひとり母と子とともに死すという一点ばかりでない。鶴という名の女が水に投じて神となった話の、かけ離れた二、三地方に伝わっているのも、自分は偶然の類似ではないと思う。その一つは下総松崎の千把《せんば》ケ池、おつるという仕事上手の大力の女が、ある年の田植に一日に千把の苗を植え終わり、慢心のあまりに股の間から夕陽を覗いて、まだお日様はお入りやらぬといったら、たちまち天罰を受けて田の中で死んだ。それからその田を池にして、岸の松の下に弁天の祠を建て、つる女の霊を祀ったということになっている。(二二)前に引用した子守娘などと共に、いわゆる嫁の田伝説の最も普通の形式で、伊波君の研究せられる「おなり神」の信仰と、もと系統を一にするものと自分などは信じている。これとよく似た第二の例は、陸前名取郡小鶴の池にもある。長者の美しい婢女にその名を小鶴という者、千刈田という大きな田を一日の中に植えよと命ぜられて、背に負う児に乳を呑ます暇もなく働くうちに、幼児は飢えて死に、その母もまた悲しみのために死んだと伝え、田のまん中の小さな丘を、その児の墓として祀っているのは、(二三)いよいよもって豊前の鶴市母子の話に近いと思う。理由は多くの場合これを知ることを得ないが、昔話の人の名には往々にしてこの類の一致がある。それには何か特別の意味があったらしい。伊豆の伊東に近い対馬《たじま》村の若宮八幡などで、祭神を千《ち》鶴御《つるご》前《ぜん》といっているのは、頼朝が伊東の娘八重姫に通じて、生ましめた一子であった。それを鎌田の轟淵《とどろきぶち》に沈めて殺した時、稚子は手に橘の枝を持っていた。後日その亡骸が八幡の岸に漂着したおりにも、なおその枝を離さなかったので、それを挿しておいたのが成長したといって、永く大木の橘が神樹として崇敬せられたというなど は、(二四)これまた母と子の神の由来を語るもので、いわゆる片割シドメ、片端梅の言い伝えが、偶然なる挿話でなかったことを推定せしめる。

市太郎という童児の名前にも、やはり考えてみるべき特徴はあった。イチは一方に神に仕える女性を意味するとともに、九州などではまた単に稚児という義にも用いられていた。豊前田川郡糸田村の金村神社で、正月十五日の御田祭に歌う田植歌が三首あった。さして古いものとも思われぬが、その中の一つに、

おかた身持ちげな、顔そご〱と
小市やほしそに

というのがある。(二五)オカタは人の嫁のこと、ソゴソゴとは少しやつれた形容である。田植には豊産を祝して特に妊婦を働かせ、また小さい子を連れて来て田の畔に遊ばせるのも趣意があった。この歌などは神の田ながら、別に神の子というわけでもなかったろうが、あるいはなお一つ根源に溯って、陸前小鶴池系統の早乙女母子の物語と、何か下に通うものがあったのかも知れぬ。王子または若宮という意味に、イチという名を用いている地方もあ

る。豊後国東《くにさき》半島の富来《とみく》の町では、八坂神社の祭神を小市郎さまと称え、鎌田氏一門の祖神と信じている。祭典は六月と十二月の二十八日、すなわちこの地方で荒神を祀る日である。川を隔てて池田という小部落があるが、そこの池田氏一統もまた同じ日に小市郎様を祭るそうである。(二六) 宇佐の勢力のかつて盛んに行われた地方だから、かりに現在は祇園の管轄に移っていても、もとは八幡の御霊であって、やはり母あって父なき童子神なるがゆえに、この名をもって呼ばれることになったのかも知れぬ。

今ある諸国の人柱説話が、昔かつてそのとおりの形をもって出現した史実であると解しうべくんば、これほど簡単な問題はないのだが、残念ながらそれは絶対に不可能のことである。しかも説話にもせよ、はた一地に土著した伝説にもせよ、かくまでの類似をもって広く全国に分布している以上は、必ず基づくところがあったはずと思う。ただ尊敬すべきわれわれの先輩が、不幸にしてまだ一度も考えてくれなかったことは、人柱を呪法としまたは水の神に供えた犠牲とするならば、何ゆえに後日その霊を神とし祀ること、往々にして鶴市神社のごとくなりしかという点である。何ゆえに彼らに水土を守護するの力があるのみか、あらかじめ未来の安全を洞察して、みずから進んでこの重い責任を負おうとさえしたと伝えるのであるか。普通の道理ではこれを説明することがむつかしいのを見ると、人柱の思想は時代とともに変化しているのである。その変化の跡を究めてもみずに、この慣習のかつて存せしや否やを、論じてみようとした人があったのははなはだおかしかった。

八幡と水の神の信仰との関係が、以前今よりもはるかに深かったことは、水若宮《みずわかみや》という社の名や、竜女婚姻の伝説からでも、これを想像することができる。しこうしていわゆる母一人子一人の神話は、ことにこの大神の周囲においてよく発達しておるゆえに、少なくとも鶴市神社の系統に属する人柱の口碑だけは、直接間接にその影響を受けたものと、解してもよいのかも知れぬ。しかし八幡以外の信仰においても、伊予の和気姫と小千《おち》の御子、薩摩大隅の玉依姫と若姫のごとく、同じ例はいくらもあって、よく見るとその多くは水の辺の神であった。当初単純に水の神を母と子の二柱と観ずる傾向が生じて、後にその起原を犠牲に託するようになったのか、ただしはまたその風習がはやく存して、次第に人神の化現を感ずるようになったものか。この問題を明快に断定しうることは、ひとり日本国学の利益のみでない。外国の学者の中にもよりよりこれを論じた人もあったようだが、今までは実は資料の乏少に苦しんでいる。これに反してわれわれのほうでは、せっかくの豊富な資料を乱雑の状に放置して、絶えてその新たな意義を顧みようとしなかったのである。今は準備と整理とのために、若干の忍耐を要するのもやむをえない。

ゆえに自分としては、さしあたりこれだけのことしか言えない。諸国の人柱説話に八幡神の干与しているのは、かの社の前代の信仰からも、大なる困難なしにこれを説明することができる。これが第一条であって、私の「人神考」は次々にこれを立証しようとしている。第二にはわが民族の久しく持ち伝えていた水神信仰の神秘には、松王・鶴市の夢のごとき物語を通じて、初めて窺い知ることのできる部分が確かにあるということである。ただしそれにはわれわれと同じように、いわゆる荒唐無稽を軽蔑せぬ癖を養い、なお進んでところどころの田舎に、消えんとしてわずかに残留する母と子の神の信仰を、集めて比較することが必要である。自分の僅かな記憶の中でも、注意すべき例はいくつかあった。駿州庵原《いはら》郡中河内の帯金権現のごとき、村役人帯金甚蔵なる者、村民の怨みを受けて河原に引き出され、石をもって打ち殺された。その女房は臨月であったのを、同時に引き出して殺したところが、その霊ばかり祟りをなして、村内の婦女の産で死ぬ者が多くなったので、恐れてこれを祭ったと伝えている。霊社の近くには十郎滝というのがある。十郎は帯金氏の一人子の名であった。その母これを滝の中に投げ入れて、今日の恨みを報いよと言ったので、それからこの里の小児は、四つ五つにして多く死んだとも伝えられる（二七）。すなわちその父とはいわずして母を御霊の中心としているのである。薩摩南端の池田湖の岸に、松の老木を神体とする神があって、その名を池王明神と称えていた。池田村の農夫四郎という者の遠祖、ある日池の岸を過ぎて、人首竜神の異形の道に横たわるを見て、短刀を抜いてこれを斬ったところが、血を引いて水の中に躍り入った。その夜この男はにわかに病んで死し、その女房も発狂して竜王の怒りを託言した。親族の者さまざまに罪を謝するに、竜王はこれに答えて、しからばわれに一人の母がある。母と子とを合わせて神に祀るならば、許してやろうとのことであって、それから教えのごとく松の生樹を祭ると、後にそのあたりへ竜が出て死んでいた。今も樹下にある石の祠は、竜王の母を祀ると信ぜられる。[二八]この伝説中に重要なる一点は、四郎の先祖が竜を斬ったのは、ある家に婚礼に行く路であったということである。直接の説明には入用のない挿話だけに、何かよくよくの意味が隠れひそんでいることと思う。最後に今一つは奥州二本松から少し北、塩沢村の機織御前《はたおりごぜん》に関して、伝えていた口碑である。この地方の伝説の主人公に源高国という人、天の織女と婚姻して一子を産ましめ、その名を松王丸とつけた。松王丸は七歳の時、織女再び天上に還り去ること羽衣古譚と同じく、よってこれを一社の神と崇めたと伝えている。一説には高国鍬を水中に落とし、それを取りに水中に入って竜女と婚したともいう。三日と思ったのが人の世の二十五年であったなどと、浦島物語に結び付けた言い伝えもあるそうである。[二九]これらの類例は、見たところ人柱の慣習とは縁もないようだが、狭隘《きょうあい》なる史実論者でないかぎり、これを別系統のものとして引き分けて考えて見る人はないであろう。だから根本の大切な問題を解決するがためにも、まずもってこういう現象の相互の関係を明らかにしなければならぬのである。いたずらに事端を複雑ならしめる所存はなくとも、問題その物が複雑なのだからいたし方がない。[三〇]

（二三）『房総志料続編』。今の長生《ちょうせい》郡土睦村《つちむつむら》大字上ノ郷。オナは『狂言記』などにも見えて、ただの女の最も普通の名、たぶんは女ということだから、尾長堰は女ヶ堰というように過ぎぬ。人柱伝説地には女堤、比丘尼堤などの例が多い。

（一四）『印旛郡誌』下巻、高木君の『日本伝説集』にも、別に前田林外君の報告が出ている。

（一五）『郷土研究』一巻七号、香取秀真君。同君の郷里地方は不思議に宗像の信仰がよく行われている。田人に食を送る女が水に投じて死んだという話は、別に一系統をなして他の地方にも広く行われている。次にいわんとする陸前の小鶴池などもその一つである。

（一六）『讃岐三代物語』中巻。「杖の成長した話」と考え合わすべき問題である。

（一七）『張州府志』巻一一、『尾張志』もこれによったかと思うが、若干の新しい材料が加わっている。

（一八）『郷土研究』一巻一一号の論文「笈を持てる女」は、オサ掻きと称する一種の旅の女が、以前民間の信仰に参与していたらしいことを説いている。

（一九）『日本伝説集』一三七ページ、前田《まえだ》林外《りんがい》君。

（二〇）同上書二四二ページ。一言という神の名が託宣の力を意味することは、以前「一言主考」という一篇においてこれを論じたことがある。

（二一）『日本及日本人』郷土光華号、赤松文次郎氏の文。『明治神社誌料』には『豊前志』および『相原神社縁起』を引用してさらに詳細に述べている。『筑紫野民譚集』はいずれの書によったか、湯屋弾正の袴のツギのことを説いている。

（二二）『印旛郡誌』下巻、この郡八生村松崎の条。早乙女入日をさしまねくという話は、「日を招く話」においてこれを説いた。

(二三)『封内風土記』巻四に、『奥羽観迹聞老誌』を引いて。

(二四)『日本伝説叢書』「伊豆の巻」による。出処は『伊豆志』であろう。頼朝の伝説は八幡神話に基づくものが多い。

(二五)文部省の『俚謡集』六二三ページ。

(二六)鎌田正憲君の談。この人は大正十二年の震災が奪い去ったわれわれの一同志である。荒神というのもかの地方では御霊であったらしい。六月二十八日は多分新暦の月送りであろう。五月二十八日は曾我兄弟の命日という以外に、われわれの御霊信仰と関係の深い日である。

(二七)『駿国雑志』巻二四上。

(二八)『薩隅日地理纂考』巻一四。

(二九)『相生集』巻一に、『金峨《きんが》文集』および『澳徳記』を引いてこれを述べている。家の最初の母を神とした旧家は、東部日本にも中々多かった。相馬家などのは妙見すなわち北斗七星の信仰を説明しようとしている。

(三〇)この一篇はあまり長くなるゆえにいったんここで結んでおいた。「松浦佐用媛」はこの人柱論の続きである。

(昭和二年一月『民族』)

人柱と松浦佐用媛

化粧阪の故跡

美女を水の神の牲《にえ》とした話は、数多く東北地方にも行われているが、近いころまで職業としてこれを語った者があったと見えて、一つの型から出たらしい共通の点が多い。例えば最近に一読した『登米《とよま》郡史』の中にも、（一）今の登米町川面の若狭土手を築き固める際に、お鶴という女を人柱に立てたと称して、今もお鶴明神を鎮守の神に祀り、その傍にはもとお鶴の涙池というものがあったことを記している。鶴女は南部の生まれともいい、あるいは駿河から買うてきた女ともいう。彦惣長者なるものの下女であったなどと伝え、北上川の堤が毎度切れるゆえに、生土手《いきどて》を築くのほかはないと評定しておる処へ、ちょうど昼飯を運んで来たから、とらえて生き埋めにしたといっている。（二）その霊を慰めるために社に斎《いつ》いてから、この土地のみは洪水の災いがないということで、今なお信心をする者があるそうである。

陸中金ケ崎の千貫堤の人柱は、近く天和《てんな》年間の実事であったように、土地の人は語り伝えているが、ここでもその女を釜石の浜から買って来たことになっている(三)。ただしこれは至って不器量な女で、男を持たせる望みもなかったゆえに、もしや外へ出したらしあわせなことでもあろうかと思って、二親が売り渡したというのである。横穴を穿って埋める支度をした後に、穴の奥に仏像を掛けて、家々の女たちに代わる代わる礼拝せしめ、最終にこの女の入っているところを見すまして、土をかけてその穴をふさいでしまったというのは、単なる昔話としてはややものものしすぎるが、自分はまだこれをもってこの土地限りの語り継ぎと見ることができない。それには同じ胆沢郡葉場《いさわぐんはば》の心月寺の古伝、潟岸の薬師堂の由来と称するものが、あまりにもこの地方には有力であって、特にこの千貫堤の話にばかり、何ら影響するところがなかったとは想像することができぬからである。おそらくこれもまた女の名を尋ねたならば、やはりお鶴でありあるいはおさよであったろうかと考えている。

いわゆる胆沢の掃部《かもん》長者の物語は、今日残っている部分は主として栄華末期の哀史ではあるが、久しく座頭などの管掌に属したと見えて、いくつかの段落が次々の場面を開展している。松浦佐用媛《まつらさよひめ》の人身御供は、要するにその最後の一齣《いっせき》にほかならぬのである(四)。入用な点ばかり簡単に叙べるならば、長者の女房は禁断の魚を食うて蛇身を受け、水の神に祀られてなお三年に一度の生牲《いけにえ》を求めていた。郡司兵衛義実という者、娘をその神の課役にさされて身代わりを捜し、はるばる京に上っておさよという美女を購い帰った。京の君または京の女と呼んでいたにもかかわらず、生国は肥前などと称して、どこまでも松浦佐用媛の名を保持しようとしているのが、この話の最も注意すべき一つの特徴であった。

それから今一つ、これは佐用媛人柱の場合のみに限ったことでないが、他の多くの東北文学の類例も同様に、物語の土着力とも名づくべきものが、ことに強盛であった痕跡が見られる。すなわち長い旅路を歌になり舞いになって、久しく流伝した説話なることは疑いなきにもかかわらず、一たびこの地方に入ってきてわずかなる窪みに淀めば、たちまち根をさして新たなるたくさんの故跡を残し、ここに第二次の伝説化が行われる。これはその最も顕著なる一例として、考えてみるによい話なのである。何ゆえに奥羽方面の説話ばかりが、特にそうした傾向を多く具えていたかということは、理論として興味ある題目に相違ない。例えばこの地方の住民に歴史が乏しく、いかにもして過去の事蹟の信じうべきものをとらえたいと思う執心が、自然にこの類の浮説を誘うて、反証なくまた故障なき空間をみたさしめたのではなかろうか。人間の信仰にはいつの世にも実証の根拠を必要とし、歌謡暗誦のごとき異常言詞だけは、その内容以上に人の情緒を動かすの力を持っていたのではあるまいか。仮定はいくらでも成り立つようだが、不幸にしてまだ証明の安全なる方法を得ない。とにかくに伝説は早晩発生の土地を離れて、ただの民間の説話となって浮遊するのが普通であるにもかかわらず、日本だけではそれが何度でも地上に落ちて、あるいははためにするところある寺々の縁起に採用せられ、あるいは郷土を愛する人々の手に栽培せられて一処の土に成長し、ついにはわれを信じ他を疑い、これを歴史と認めてくれなければ、承知をせぬ者を作ったのである。この混乱と誤解とは、おそらく今しばらく続くことと思う。それも文書に恵まれなかった遠方の県に行くほど、次第に面倒になるのは自然であるが、この佐用媛の一条だけは、ほんの偶然の端緒から、幾分か他の場合よりも真相が知れやすくなっているようである。

胆沢《いさわ》の掃部長者《かもんちょうじゃ》を囲繞《いじょう》した現在の遺跡は無数である。長者の屋敷迹だと伝うる上葉場《かみはば》の稲荷山からは、近年多量の焼米を発掘し（五）、北葉場の蛇の池には、今でも片葉の蘆が生ずる。四本の柳に材木を渡して、水上に桟敷をかけたという故跡は四本柱と名づけられ、悪蛇の角を埋めたる角塚、一名蛇塚とともに、都鳥《とどり》という部落に今でも残っている。考えてみるとこれを証拠ということは逆さまのようだが、少なくとも付近の住民はこれあるがために、他所から来た話とは思うことができぬのである。しかも巧んで設けるような者はいなかったはずだから、誤解にもせよ必ず何らかの原因がなければならなかった。

それを一つ一つ考えてみることは不可能だが、これだけは見すごすわけにいかぬと思う話が、化粧阪《けはいざか》の薬師堂に伴うて語られている。佐用媛ははるばるの旅の末に、いよいよ身の終わりの地に入ろうとして、まずつかいの森に来て昼餉《ひるげ》をつかい、次に化粧阪において最後の化粧をしたと称する。ボサマの曲ならば最も合の手の多い場面はこれであるが、注意すべきことにはひとり北上川の平野に限らず、化粧阪という地名は全国にわたって分布し、それぞれ美しい伝説をもって装飾せられているのである。中について二、三のやや縁の遠い例を挙げてみるならば、一番有名なのは鎌倉に一つ、以前遊女が住んだともいい、もしくは平家の大将の首を化粧したともいう。いずれにしても往還の側であった。（六）同じ相州にはなお大磯《おおいそ》の高麗寺《こうらいじ》山下に化粧阪、また程ケ谷《ほどがや》から南へ行く路の近くにも化粧水があって、前者は大磯の虎に、後者は政子御前に、いずれも有名なる女性の伝記に托してある。（七）ずっと離れた土地では豊後玖珠《くす》郡滝神社の粧の井、小松女院という貴女十二人の侍婢をつれて、笛の名手少納言正高のあとを慕って都より下り、身を投げて後神に祀られたという縁起がある。出雲海上の化粧島では、十羅刹女《じゅうらせつにょ》日ごとにこの島に渡り来って、粉黛《ふんたい》を施したもうと伝え、（八）播州網干《あぼし》町の小学校の脇の坂には、かねつけ石、一名明神石があって、大昔加茂明神この地に現れて化粧なされたという口碑があり、しかも里人がお教えにそむいたゆえに室の港にお遷りなされたのが、かの地繁昌の根元だともいっている。（九）備前瑜珈《ゆうが》山《さん》中の化粧池は、往昔この地に鬼賊住み、この水で化粧をして婦人の姿をなし人を害した。権現はすなわちその霊を祀るものだと伝えている。（一〇）なおこれ以外にも国々の鉄漿《かね》付岩《つけいわ》、または傾城石と称する遺跡は、付近に泉がありまた坂路の側であって、同じ系統の口碑を保存しているものが多い。

いわゆる紅《べに》、鉄漿《かね》、白粉《おしろい》の一番最初の用途は何であったか。日本にはこの興味ある問題を考察するために、有用なる資料はまだいくらでも残っているのだが、これを顧みようとした人はなかった。諸国の化粧坂に共通した口碑は、少なくともそれが信仰に関係し、かつ歌舞に関係していたことを暗示する。しからばその双方に参与したという上臈《じょうろう》は、はたしていかなる種類の女性であったろうかは、容易に推測しえられるわけである。信州西北隅の山村などにも、やはり一処の廓屋敷《くるわやしき》と傾城清水とがあった。その泉の水は化粧には散りがよいといって、村芝居の役者がこれを化粧の水に汲んだという話も残っている。(一一) 特に一定の泉の水をもって、化粧をしなければならぬ慣例が、おそらくは昔から守られていたのである。東京の近くには橘樹《たちばな》郡下作延《さくのべ》村の円福寺の弁天さまに、炎暑にも涸《か》れずという清水があって、その洞を女郎洞または銕漿洞と名づけていた。(一二) 相州中郡比々多村神戸の化粧塚は、三宮明神祭礼の時に、神輿をこの上にすえて修飾を加えたと伝えており、(一三) 化粧は要するに祭の式の準備であったことが想像せられる。野州日光の奥、金剛山という山の中にも、化粧の宿という峰入り山伏の宿泊地があった。秘密勤行の道場であって、常人はこへは行かずとある。修験者と化粧と、一見最も縁の遠いもののようであるが、彼らもまたその神祭のために、いつもすぐれたる美少人を選抜して、これを山入りの一行に加えていたのである。

奥羽地方に入ってもむろん数多き化粧坂、化粧水の故跡はある。平泉中尊寺の八幡社址の西方にある粧坂などは、昔正月の摩多羅神《またらじん》の祭の日に、田楽《でんがく》をする者の楽屋がこの坂の上にあったゆえに、その名を生じたと伝えていて、(一四) 自分の推測を少しばかり強めてくれる。

つまり人身御供のために買われて来た女の故跡としては、少しく同名の場処が多すぎるのである。福島県の方では安積《あさか》郡八幡の化粧坂、これも八幡社の北方にあって、祭の日の神楽男がここで支度をしたという(一五)。それが信夫《しのぶ》郡山田村の大清水に行けば、欽明天皇の皇后石姫尊《いわのひめのみこと》、来ってこの水に手洗いたまうなどと称し(一六)、さらに北して陸前名取郡岩切の化粧坂鏡の池の跡をとぶらえば、はやまた小鶴ヶ池に身を投げた小鶴女が、この坂の上にて化粧し、この水を鏡として容色を整えたなどという(一七)。それから奥へ行けば大抵はみな松浦佐用媛のものになっているのだが、そう誤らなければならぬ原因は、必ずしも発見するに困難でない。つまりはこの水で女が化粧する日に限って、この物語が歌われまたは演ぜられたからであろう(一八)。

(一)　大正十二年刊『登米郡史』下巻九一三ページにある。なおこの書には母と子との二人が、田植の日に死んだという話も別に採集せられている。中道等君の最近の見聞によれば、同じ郡浅水村の白鳥沼も、同じ北上の古川跡であるが、そこの白鳥明神の祭神はお鶴さまである。同じ郡の佐沼町に近いはざま川の「一のはざま」という処にも、また一つのお鶴明神があって、七草の菜を供え祭るということである。つまりこの地方の水の神は、広くオツルの名をもって祀られているので、一人の人柱の名ではないのである。

(二) 昼飯を運ぶという点では、下総印旛郡宗像村の水の神の縁起と共通している。中世には田植の時よりほかは、昼飯という食事はなかった、昼間持の女の殺されたという話はまた肥後にもある。

(三) 金ヶ崎の渡辺武君より報告せられた。『金ヶ崎村誌』の抄録であるそうだが、この話の注意すべき一点は、一頭の牛をともに生き埋めにしたということである。

(四) 文書以外にこの土地に保存せられていた物語の大要は、『郷土研究』一巻一号に、高橋・鳥畑二氏の報告が載っている。しかも今少しくこの類の口碑を採集してみる必要はあると思う。

(五) 雑誌『考古界』の一巻三号に、大槻先生の掃部長者の膳椀の話が出ている。稲荷山心月寺の什宝である。かの焼米もむろんこの寺にあり。なお長者の女房がなったという大蛇の、牙と骨とさえあったことが、『封内風土記』巻一九に記してある。『奥羽観迹聞老誌』以下この事を誌さぬ地誌はないといってよい。

(六) 詳しく説く余裕がないから、参考した書物の名だけ挙げておく。『新編鎌倉志』巻四、『鎌倉攬勝《らんしょう》考』巻一、『鎌倉旧蹟地誌』、『鎌倉物語』巻一等。

(七) 『改元紀行』上巻、および『十方菴遊歴雑記』三篇下巻。

(八) 『出雲国懐橘談』下巻。

(九) 『郷土研究』四巻三号。

（一〇）成島柳北の『航薇日記』に引用した瑜珈権現の縁起。

（一一）『小谷口碑集』六二ページ。北安曇郡中土村字清水山上区の高町という処。この地はもと平倉城の城下町であったといって、わずかな平坦地がある。

（一三）『新編武蔵国風土記稿』巻一八、その名の起こりを詳かにせずとある。

（一三）『新編相模国風土記稿』。

（一四）『平泉志』『嚢塵埃捨録』巻五等。

（一五）『相生集』巻七。

（一六）『信達二郡村誌』巻一の上。

（一七）『封内風土記』巻四。なお『新撰陸奥風土記』巻九にも、岩瀬郡化粧ヶ原鏡池の話があって、荘柄平太の女房の最後を伝えている。

（一八）あるいは神の舞の詞の中に、必ず化粧阪で化粧して来たことを述べる習わしがあったのかも知らぬ。栗田寛翁の『古謡集』の中に採集せられた大和石上神宮所伝の雨乞躍の歌にも、次のようなのがある。

山伏が、宿とりかねて歌をよむ
何とよむ、何とよむ
茶屋の前なるけはひ阪
松にさくらは散りかゝる

松より桜はおゝもしろ云々

日光山中の化粧宿などにも、この類の「なれこまひ」が行われていたものと思う。

旅人の拝む神

今ある人柱の物語のいずれの部分までが、他所《よそ》から雇い入れてもてはやしたものであり、どれだけが土地で供給した種であったかは、なお面倒な比較を重ねた上でないと、推断しえないのはもとよりのことだが、少なくとも奥州でいう松浦佐用媛ばかりは、借り物の証拠が歴然であった。祭するに害も利生《りしよう》も共に力強い池や沼また水の流れなどがあって、住民これを神と崇めて年々の祭を仕えた場合に、昔は物の命を召したもう畏《かし》こき神であったが、今はやわらぎなごみ恵み深くおわしますと、特に言い立てて御威徳を讃えることが、その祭の例式であったのであろう（一九）。法師が社務を管掌すれば、木地仏の力を説かずんばやまなかったごとく、歌舞の徒がその神事に参与するならば、かねて知り学び持ち伝えているところの、水の神の生牲《いけにえ》の物語を演ずるのもまた自然である。しかも低湿の地を耕して稲を作る人民が、次々に移って村を開く限り、乏しいにつけ多いにつけて、どこへ行っても田の水の不安は一様であったゆえに、同じ一つの秘曲は広く全国の版図に向かって流通しえたのである。ただその物語を運搬するに適した者の、その後を追って来ることを必要としただけである。

それゆえにこそ同じ一人の松浦佐用媛が、名も姿も改めずしてところどころの清水に、その面影を留めているのである。掃部《かもん》長者の故郷のごときは、これほどにも遺跡をもって満ちているけれどもなお心月寺と潟岸の薬師堂とによって、地方の伝説を統一することはできなかった。例えば江刺《えさし》郡の角懸《つのかけ》観音においては、蒲生《がもう》長者の妻大蛇となり、松浦佐用媛を取って食おうとしたが、「法華経」の功力《くりき》によって忽然として得脱し、月山《がっさん》に向かって飛び去ったといっている。（二〇）同じ胆沢《いさわ》郡でも塩竈《しおがま》村の虚空蔵《こくぞう》堂に伝うるところは、また少しばかり話が別であって、これには水の神がもと長者の女房なりしことを語らず、単に沼の上に牀《しょう》を構えて姫を坐せしめて牲《いけにえ》としたと称し、しかも大蛇を折伏したという姫の護持仏は、この御堂の虚空蔵尊であったという。（二一）

それから県境を越えて宮城の管内に入ると、まず栗原郡の小野村にも佐用媛の化粧水がある。一名は箱清水、昔この女性が牲に胆沢に赴かんとして、よそおいをこの泉の辺に凝らし、その姿を水に映した後に、化粧道具を投げ込んで去ったというそうだが、（二二）それでは胆沢の方の化粧坂が無用に帰するのみならず、実は、此郡小林村の虚空蔵の由来として、女の奇計をもって大蛇を退治し、これを瘞《うず》めて堂を建てたという口碑もあるから、本来は二処別々の話であったのを、何とか合同させてみようとした結果ということがわかる。しかしそれはとうてい不可能の話であった。現に隣の玉造《たまつくり》郡の柿沼を始めとして、佐用媛冒険の故迹は二つも三つもあって、それにはただ掃部長者の背景を欠くだけである。このついでに注意しておきたいことは、栗原・玉造の二郡は美女の物語、ことに小野小町の話の多い土地だということである。『義経記』以来著名なる姉歯の松は、栗原郡の梨崎という村にある。アネハは最も古い土語かと思うにもかかわらず、あるいは気仙の高田長者の姉の娘、召されて都に登らんとしてここに身まかり、後にその妹の采女《うねめ》がこの地を過ぎて、歎き歌よみし故迹と称し、その以前にはまた松浦佐用媛の姉が墓ともいい、一説には小野小町の姉だともいったそうで、小町が建てたと称する松語山龍竜寺という寺もあった(二三)。旅の上臈の名が松浦であり、さよ姫でなければならなかった何かの理由がこの辺にもあったのである。

『風土記』の編者などは、一つの伝説が処々の池や清水を支配すべき道理を信じえなかったゆえに、最も有名なる胆沢の人柱を中心に立てて、統一を試みんとしたのであるが、その努力は結局失敗に終わった。遠田《とおだ》郡の休塚村には、村の名の起原という柳塚があって、これも佐用媛の遺跡の一つにかぞえられている。いわゆる紛々たる所伝もこれくらいで止まっておれば、まだ幾分か始末はよかったろうが、それからなお後戻りをして、今の仙台市の北五番町のあたり、西性院の前にある衣紋坂《えもんざか》という小さな坂にも、松浦佐用媛ここに休息して衣紋をつくろうと伝えて、寺の門前にはその腰掛石が現存したのみならず、同じ宮城郡岩切村の化粧坂鏡の池なども、そこに化粧をして水鏡を見たのは、小鶴子ではなくして佐用媛であったという説がある。(二四)こうなるともう早、掃部長者の没落の言い伝えと、結び付けてみることは困難になるのである。

奥は奥南部の末の松山、波打峠の北の麓にも、一処の松浦佐用媛堂のあることを聞いたが、これはまだ確かめて見ることができぬ。これに反して仙台からさらに南すれば、争うべからざるまた一つの故跡が、安積《あさか》郡片平村の付近にあって、往来の旅客はしばしばその口碑を耳にした。『東国旅行談』には単に長者のまな娘、浅香の沼の人身御供にさされ、さよという孤女を買って身代わりにした。さよは生前にその金をもって、観音の尊像を作って供養したところ、大蛇たちまち大慈悲の力によって得脱し、人の牲の古例は止んだというのみであるが、(二五)『仮石略談』という物語に至っては、はや若干近世風の潤飾を試みている。これも必要があるからあらあらと紹介すれば、浅香玄蕃という憎らしそうな名前の武士、主人の姫に横恋慕の末、これを沼に投げ込んで殺したところ、怨霊は大蛇となって一族の末にまで祟りをした。後に神の告げあって毎年三月の二十四日、二八の少女を牲としてその怒りを和らぐることとなり、その三十三人目の片平村の権賀大夫なる者の娘が鬮《くじ》に当たった。そこで大夫は人買いに出かけ、大和の壺坂の松浦長者金任《かねとう》の一女、佐用姫をもって身代わりとしたとある。それから姫の提婆品《だいばぼん》読誦の力をもって、大蛇が解脱成仏することは型のごとく、その跡に三十三所の観世音、棚木の桜・蛇冠《じゃかんむりいし》石を伝えただけでも十分であるのに、さらにその蛇骨をもって刻んだという五寸五分（約十六・六センチ）の地蔵尊を安置し、なお佐用姫は神女に伴われて奈良に還り、後に大伴狭手彦《さでひこ》の妻になったとまで書いてあるのは、それこそ文字どおりの蛇足であった(一六)。

しかもこういう読み本体の小冊子も、作者は決して一人の空想家ではなかったので、あるいは案外に大真面目で、土地の伝えのままを書き取っておいたのかとも思われる節もある。うそをつくならば今一段と面白く、まねるならもっと上手にまねたらよかろうと思うにもかかわらず、昔の人たちは決してそうはしなかった。この話なども室町時代に行われた多くの孝女談の一つ、『さよひめ』と題する草子と半分以上同じで、彼女の父の名は大和壺坂の松浦長者、単に母の貧苦を救わんがために身を売って、大蛇の人身御供に上げられて助かったという場所を、近江の勢多の橋から奥州の安積《あさか》沼まで、移して来たというに過ぎなかった(一七)。人によってはこういうわれわれの目に触れがたい写本の草子が、中古東奥に流伝していたのを、剽竊《ひょうせつ》して伝説をこしらえたように速断するかも知らぬが、それはたまたま今残ったものを唯一の正本とし少しも背後の事情を考えてみない話である。和州壺坂の観音と松浦の姫とを、結び付けるに至った原因も単簡でないが、これはむしろ胆沢栗原の薬師や虚空蔵が、この物語に参与するに至った原因と比較せられてよいものかと思う。別の語で言うならば、佐用媛水の神の牲となる物語が、久しく世に流れて偶然に大和に来て滞って変化したのかも知れぬ。かりにそうだとすればすでに肥前の『古風土記』の中にも一つの例はある。後年「遠つ人松浦さよ姫」をもって擬せられたる狭手彦将軍の思い者、すなわち峰に登って領布《ひれ》を振ったという篠原の弟日姫子《おとひひめこ》が、三輪の少女のごとくまた媼嶽《うばだけ》の花の本のごとく、蛇の神に誘われて山頂の沼に入ったというだけの話ならば、つとにその歌とともに伝わっていたのである。

『峰相記《みねあいき》』という書物はまだ年代の確かめられないものであるが、その文体から見ても少なくとも御伽の『さよひめ』よりは古い。それには播州佐与姫明神の由来として、領布振《ひれふる》山《やま》の少女が諸国を漂遊し、後にこの国に来って神となったことを説いている。佐提彦《さでひこ》異郷に死して永く帰らず、これを聞いて愁吟に堪えかね走り立って東国の方を指し行きけるが、別れの涙血と流れ恋慕身を焦《こ》がし、悲嘆限りなくしてこの地にて死去しおわんぬ。これを崇めて佐与姫明神と号し、この地を佐与郡と名づけたりとあるのは、壺坂の松浦長者よりも今一段と自然なる付会であった。ただしそれがはたして水の神の牲であったということは、とうてい推断を許さぬところであるが、一方にはまた佐用媛人柱の民間説話が、すこぶる有名であったかと思う証拠もある。例えば謡の「生贄《いけにえ》」という一曲には、父と娘と二人の旅人、東海道を旅して駿州の吉原に泊まった日に、富士の御池の贄に娘を取られて、父ひとり歎き悲しむことを叙してある。その文句の中にほとんど何のつきもなしに、

　姫も互いに名残を惜しみ、
　招けば招く風情はさながら、

松浦佐用媛かくやらんと、
汀《みぎわ》にひれ伏し泣きいたり。

とあるなどは、単に上代の肥前の女が、つま恋いの船の影を見送るというだけの、連想でなかったことを意味するかと思われる（二八）。

胆沢郡の生牲物語においても、佐用媛の父は掃部長者であったという異伝があったらしい（二九）。それがいかなる変化を示したかは興味多き問題である。自分がさよ女説話の一分派と認めている九州地方の多くの例では、いずれも皆父と娘との二人の旅人を説き、父が同行の娘を殺して死んだという類の悲惨なる結末を伝えている。しかもそれが必ず路の側、坂の辻の石の神の由来であり、かつ猥雑にして説くに忍びざる情事譚であるのを知って（三〇）、自分はこのおさよが本来道祖《さえ》の信仰に出たことを推測せんとするものである。ただしこの点はなお他日の細説を要するはもちろんであるが、少なくとも遠く離れた西国の人柱伝説においても、やはり牲の娘の名はサヨであった。享保五年の中実と称する、筑後三井郡床島の堰の工事に際し、俵につめて水底に沈めたという九歳の女も、やはり貧のために売られたおさよであり、その父の名は吉兵衛であった（三一）。これだけでも自分は説話の影響を疑いえないのに、なお白髪の異人来って娘の屍を引き上げ、神の思し召しによって蘇生したというに至っては、いよいよ東北の松浦佐用媛の長途の旅を信ぜざるをえぬのである。

姫が遊女でありまた上﨟であり、また長者のまな娘であったというのも、結局するところは一つ事である。村の祭に化粧して現れ来たり、神の故事を演ずる者は、昔も今も一階級しかない。この徒が道の神なる道祖に奉仕し、歌舞をもって民と神との仲居をしたことは、文献のこれを明証するものがある。道祖はすなわち情欲の神であり、仏者も象頭神《ぞうずしん》をもってこれに擬したごとく、これを邑落の境において饗し、かつ祭却する場合に、美女を供してその心を取ったという想像は容易で、すなわち人身御供が必ず年若き娘であったというゆえんである。ただしこれを説いて何人もかつて怪しまなかった事実、昔の世ならばそのような事もあったろうかと信じ得た社会相の背後に、あるいは国民信仰の古い世の特質が、人知れずひそんで動いていたとまでは想像してもよかろうが、その都度一人の松佐用媛が殺されんとし、水の神の兇悪なる角が眼前にぽっきと折れたものと解することは、多くの事例を比較しえた後の、われわれの常識がこれを許さないのである。

芝居を過去の事実の再現と解して、感動していた人は近いころまであった。作者とか趣向とかいう言葉を、知ってから後でさえこのとおりである。いわんや台帳もなくまた新しい注文もなく、祭の日ごとに古式の神事舞を繰り返していたとすれば、年経て物語の主人公と演奏者とが、混同して記憶せられるのは当然である。ただし陸中の有名な一例においては、どれまでが上代の神話で、どれからが中古のつけ加えかを、明瞭に判別しえないけれども、少なくともサヨは曲中の御霊神、すなわち人が死してなった神だということは、その名前からも認められる。松王小児《まつおうこんでい》の松王のごときも、おそらく幽かに残った人神の信仰と相生いのものであり、つる女もまた同様であって、(二一)後年この単簡な一語から、かえって旧伝の正しい形を論定せしめるものかも知れぬ。伎芸に携わる女子童男には、字《あざな》はあっても本名はなかったらしい。字ならば観音とか地蔵とか、たいていは室の遊女が普賢菩薩を演じたと同じく、自分が得意とする仏たちの名をもって呼ばれている。しからば奥州方面へは佐用媛と名づけてもよい女性が、実際に旅をして毎度やってきたので、しかもその女の「わざをぎ」の力によって、間違いながらも古い世の言い伝えが、かなり鮮明に保存せられることになったのである。(二二)

(一九)　雨乞いに『天神記』の芝居をさせるなどという例は近いころまであった。作り話と知りつつなお感応を予期した者がいたのである。

(二〇)　『埃捨録』巻五。ただし西国から女を買い入れたという武士を、清水軍次兵衛と伝えたのを見ると、二処の口碑は接近しかかってはいる。次の話では郡司右兵衛尉となっている。どうしてこの点ばかりにこのように忠実であったものか。

(二一)　『封内風土記』巻一九。

(二二)　同上巻一八下。

(二三)　同じ書に『名跡誌』と『聞老誌』とを引用して比較を試みている。固有名詞のきわめて移りやすかったことを感ぜしめる。

（三四）『埃捨録』巻一及び二。

（三五）巌谷氏の『東洋口碑大全』九一九ページに、その大要を抄録してある。

（三六）『相生集』巻一九の引用するところである。

（三七）『鎌倉室町時代文学史』三六二ページ。なおこの書の著者はこの物語が『法妙童子』の草子に近いということを記しているが、それもまだ見ぬ書物だから何とも言われぬ。

（三八）謡曲には折々この例のごとく、あるいは当時の聴衆の知識に訴えたか、そうでなければ昔からあった舞の歌章をただ引き継いだかと思うものがある。「船橋」などもその顕著なる一例で、一篇の趣向は恋に命を棄てた男女の霊が出て舞うというだけであるのに、

柱をいたゞく磐石の苦患、
これ〳〵見たまへ浅ましや
執心の鬼となつて、
共に三途の川橋の、
橋柱に立てられて云々

などの文句がいくつも残っている。すなわちもとはこれも一種の松王健児の物語であったのだ。

（二九）例えば前掲大槻翁の論文など。

（三〇）本山桂川君、甲斐直人君等いずれもこの事をよく知ると答えられた。少なくとも肥前肥後にはこの例が多いのである。奄美大島の古見、沖縄の国頭の源河などで、「恥おそひびら」という名をもって伝えられるものは、これは相愛した男女の死であって、北九州のサヨ女の話ほどには醜悪でない。

（三一）及川儀右衛門君の『筑紫野民譚集』一五三ページ。

（三二）会津地方には鬼《き》一法眼《いちほうげん》の娘皆鶴姫《みなづるひめ》、義経を慕うて下って来たといって、やはり身を投げて死んだ池が残っている。つる女物語の比較の余地は、まだいくらでも残っているのである。

（三三）ボサマの語りものはたいていの場合に根源があった。伎女の曲から採用したかと思う例は、『平家』にも『義経記』にもだんだんある。小督局でも仏御前でも静御前でも、盲人に引き継いだものは単なる噂話だけではなかったと思う。

小松大夫の土着

またまた話が長くなったから、かりに自分の計画だけを、ここには書き留めておこうと思う。松王人柱の由来を考えてみた時から、残されてあった一つの問題は、何ゆえにその童児の名が松王であるかという点にあったが、さらに松浦佐用媛のサヨは道祖神を意味するらしいことを説くに至って、この奈良朝以来の民間説話に、必ずつきまとうていた松浦という苗字見たようなものが、またいっしょに解説せられねばならぬ必要を生じた。けだし自分の仮定したごとく、五畿以東の地に広汎に流布した一段の語りものが、かつて伎女の演奏する舞の曲であったとすれば、彼らはたしていずれより来たり、またいずれに向かって去ったかは、当然に第二の問題でなければならぬ。物の根源は往々にして究むべからずとしても、少なくとも中世あれほどまでに栄え時めいた旅の神部の末が、漫然として常民に混じてしまうわけがないから、どこかの山の渓か海の隈に、その痕跡を留めていなければならぬ。それを指示してみよと言われた場合に、若干の答えが入用になってくるのだが、ちょうど都合のよいことにはある程度まで松浦松王のマツという名称が、その説明を援助してくれるように思うのである。

自分が心づいた松王という語の意味は、同時に健児《こんでい》すなわち侍僮ということであった。古くは臣と書きまたは大夫とも書いて、朝家に仕えた者をもマウチギミ、またマチキムダチなどと呼んでいたのだが、漢語の音が流行するに至って、それは次第に固有宗教の方面にばかり、限局せられることになった。動詞としてはマタスとなり、祭祀のマツリもまた今なお「申し」と唱える土地などもあるから、同じ語であるに相異ない。すなわち神人を松王丸と名づけ、また松若という美少人がしばしば出でて舞ったゆえんであろう。八幡にあっては特に松童《まつわらわ》と呼び、北野天神には老松《おいまつ》の末社があって、これに関してはいろいろの古伝が存するのである。『古今集』の中にすでに名を留めた三国の町、小野の小町などという女性の境遇も、こうして新たに闡明《せんめい》せられうるかと思う。そういう町君の中の若干の者が、遠く遊行《ゆぎよう》して諸国の神の祭に参与し、時としては土地の人の信仰がまだ散漫の状にある場合などは、かねて親しみ習うところのわが神の教えに、彼らを導くことも困難でなかったことは、以前の神道が決して筧君らのごとき哲理を説かず、必ず過去の事蹟と由来談との、最も具体的なる例証を叙説するにあったことを認むれば、いと容易に想像のつくことである。その仮説の歴史の全部を信じて、定まった日の晴の式に、目に見るように語らせたのが神話である。その中には凡人の最も恐るる小さな神々、ことに人の霊の化してなるものを、何らか特殊の方法をもって鎮撫したというなどが、古くから伝わりかつ一番に有用であった。すなわち記紀にも反面から注意してあるところの、兇神治平の物語である。そのわざおぎの主要なる部分を演ずる者がマツワラワであり、したがって次第に神を代表して実力を養ったことも怪しむに足らぬ。すなわち彼らは去って再び来なかったのではなく、多くは一定の土地に神話とともに根を下ろして、いつとなく古風の祭を続け営む必要をみなくなっただけである。

　陸前栗原の小林の虚空蔵堂などで、小野小町が佐用媛の任務に代わっているのも、自分にとってはいささかも偶然でない。小町は一人にあらずといい、あるいは山城の京の初期には数十人の采女が皆小町であったなどというのも、奇説のようではあるが、要は全国にあまりにその遺跡が多く、かつ鮮明であるからである。そうして小野という一族が近江の西隅から出て、母と子の神の教えを宣伝して東西の諸国に入り込んだという事実は、(三四)とうてい各地方の小町塚、小町誕生地の口碑と、没交渉ではありえないのである。小町に関するさまざまの民間説話は、いかに永い年月の力でも、よくこれほどまでに発達したと思うばかりである。それが単純にある女性の旅行く姿をながめて、外間から添付したものでないことも疑いがないとすれば、今ある多くの小野氏の言い伝えも、最初は人を信ぜしめんとしたものが、今はかえって自分の家を約束したことになるのである。

それから今一つは国々の平家谷が、たいていは世の同情を集めた小松氏の系統を引き、ことに東国では重盛《しげもり》の女維盛《これもり》の妹、何とか比丘尼の子だ孫だという例があるのも、今のように平民の史学が進んでからは、全然分離して別の物になったけれども、やはり小野氏の小町と根源を同じくするものと考えられる。この意見は現在の地方旧家の家伝を批判することにもなるから、ことに戒慎して確かなる材料を提出しなければならぬが、少なくとも地理から見、また記録から推して、平家のとうてい入り得なかった方面に、小松氏の世を避けかつ栄えているものは、その生活の根拠が神にあり、彼らの祖先はすなわちこれに随従し奉仕した神人に過ぎなかったためということはできる。それが同時にまた伊予の上《かみ》浮穴《うけな》郡の山村などに、松王小児と田井民部と、父子の由緒を伝うるゆえんであり、今一つ遡れば豊後や肥前のある旧家が、大和の三輪・山城の賀茂・摂津の三島・播磨の多可などの例を追うて、神に嫁入りした美しい女性の、わが家から出たことを誇りえた理由であろうと思う。そうしてもし東北日本に限って、何か地方的の異色があったとすれば、それは開発がややおくれてこの事情が永く存続し、したがってまた近世人の眼にもなお著しい伝説の共通類似が、認められたという点であるわけだが、今日までの地方誌の研究では、多くは一方を模倣とし虚誕《きょたん》として排擠《はいせい》するにあらざれば、とうてい他の一方が成り立たぬというような、解説をもって甘んじているのである。それでは永遠に松浦佐用媛は謎として残るのほかはない。

　人がそう矢鱈《やたら》に知りつつうそをつくものでなく、ついても　同がこれを裏書きするはずがないとすれば、とにかくこの平家谷系統の勧請伝説の分布および一致は、重要なる現象と称すべきである。ことにこれに携わった最初の童児または女性の名が、おおむねマツであったことを注意しなかったのは誤っている。ただし今はこれ以上に細論する余裕がないから、さしあたり手近にある下越後の二つの例を掲げて、松童《まつどり》研究との連絡だけを取っておきたい。越後では北蒲原《きたかんばら》郡天神堂村字唐著《からつき》の菅原神社の由来記に、延喜三年二月菅公筑紫にあって病重く、述懐の詩を書し自画の像に副《そ》えて、これを出雲の国の某《なにがし》なる者に送ったところ、その船難船して越後の海辺に漂著した。使者は菅公の侍者松丸、やむことをえずしてこの地に上陸し、田東覚之進なる者の庇護を受けてその女を娶《めと》って妻とした。もたらすところの像は二つあり、一つは田束家に伝え、他はこの社に安置したのを、後に恵心《えしん》僧都《そうず》がやって来て別に今の木像を刻み、以前のお姿はその腹籠りにしてあるという。（二五）今一つは岩船《いわふね》郡上海府《かみかいふ》の馬下《まおろし》村の八幡神社、これは八幡太郎の奥州征伐に際して、勝ちを石清水に祈って分霊を奉持して来たのが、夷賊平定ののち従者の某という者、これを守護して帰ろうとして途に病み、当村井上小松太夫の家に宿して久しうしてついに歿《ぼつ》した。よって社殿を建ててその分霊を祀るというので、武蔵相模辺の多くの八幡社と、半分以上その説明をともにしている。これを若干の誤謬にもせよ、少しは似かよった事蹟がかつてあったからだと解することは、まあたいていの人にはできまいと思う。

　最後に不必要かも知れぬが、一言だけ付け加えておきたいことは、いわゆる京の君の社会上の地位である。君といい上﨟といい姥といい比丘尼といったところが、つまりは遊行の女婦に相違はなかったが、彼らの主なる任務は宗教であって、今日の物知りが喋々しているごとく、媚を鬻《ひさ》ぎ人に弄ばるるをもって活計のたよりとはしていなかった。ことに常民の妻娘と明瞭に差別せられたのは、その装束であり化粧であった。仮面や烏帽子、舞衣が俗界を遮断したのはもとよりだが、さらに扇とか笠とかの、神に接しうる者のみが許されたる特権は多かった。そうしてまたそのために、言説するところは信じられたのであるから、その勢力の最初から小さいものでなかったことは想像しえられるのである。二、三の貴族たちがすでに信仰を失いつつも、その歌舞のあでやかさを賞して軽薄に相挑んだということが、たまたま後代の弊風を誘致したことはあっても、それはむしろ解体であり堕落であった[三六]。売春をもって数千年来の由緒ある職業なりと解するがごときは、名称に囚われて内容の変遷を顧みない誤謬である。したがってかりに祖先は遊女であったということが明白になっても、そのために旧家の名誉を累わすことは少しもない。少なくとも彼らは神の奉侍者として、来って土地の信仰を統一した功労を独占しているのである。

（三四）　自分の旧著『神を助けた話』では、猿丸太夫の物語が彼ら旅の語部の手で運搬せられたことを述べ、また『史料としての伝説』の中には、小野宮惟喬《おののみやこれたか》親王を木地屋《きじや》の祖神とするのも、また彼らの太子神話から由来していることを説いておいた。もちろんそれだけでは説明が不十分であることを認めるから、機会があったら再びこれを細論したいと願っている。

（三五）　『北野誌』首巻付録八七ページによる。天神社の由来記には船で運ばれたものが至って多い。次の話も同書から。

（三六）　芸者というものは二百年前まで壮男であり、かつ多くは座頭盲人であった。もし何人かが彼らを今日の待合生活の祖神だといったら滑稽であろう。

（昭和二年三月『民族』）

老女化石譚

一

大磯の虎、後に尼となって諸国を巡歴し、ある地には久しく止住して仏堂供養塔の類を建て、時としては老いて死歿して塚を留め、あるいはまた本来その地の出身などと伝えられること、その数の多さにおいては必ずしも和泉式部に負けぬようである。しかしそれを今列記して読者に御迷惑をかけることは自分はあえてせぬ。ただ少々ばかりここに述べてみたいのは、久しく大磯の地にあって官道の旅人にもてはやされた虎ケ石なるものの隠れたる歴史である。この石のことは柳亭種秀の『於路加於比《おろかおい》』に詳しく述べてある。しかるにもかかわらず今日に至るまで、およそこの石ほど本性の不明な理由のわからぬ石はまず珍しい。自分も永い間注意しているうちに、われながら意外な仮定に帰着してしまったのである。

虎ケ石はもと大磯の宿河原《しゆくがわら》という地にあったと、多くの書には見えている（『益軒吾妻路之記《えつけんあずまじのき》』等）。貞享三年刊の『諸国安見廻文之絵図《しよこくあんけんかいもん》』に、「しゆくがはら、虎が石あり、此石はよき男挙ぐれば上がると云ふ。悪き男には少しも上がらず、色好みの虎ヶ石と旅人口ずさむなり云々」。了意《りょうい》が『東海道名所記』にも、すでにこの事に興味をもって書いてある。しかるに『一目玉鉾』同地の条には、「此町はづれに虎ヶ石とて紫だちてなめらかなるが、旅人くたびれし片手に力持をしけるに、大方の人は挙げ難し」とあって、客商売の土地柄だけに美男醜男のわけもない笑い話が評判になったまでで、ありようはただの力石であったことと思われ、その名称のごときも好事《こうず》のわざくれに過ぎぬように考えられるが、自分にとって至って重要と思う一事は、和州金峰山《きんぷせん》の下にもこれに似た石のあることである。『本朝国語』によれば、吉野の大峯口竜泉寺のほとりに、オイトシボと称する手ごろの丸石が一つあった。大峯参りの人々これを持ち試みるに、あるいは重くある時は軽い。すなわち足で蹈み付けたりなどして持つときは重く、撫でつ摩りつしてオイトシボオイトシボと言うて持てば軽いので、人これを生石《いくいし》といったとある。福島県信夫郡の田植歌の中に、「鎌倉に登る路に、女に似たる石がある、男よりて手を掛けみればなよれかゝる云々」とあるのは(『俚謡集』)、やはりまた同種の石の辺土にもあったことを意味している。

大磯宿河原にあった虎ヶ石は、いつの間にかある寺の境内の物となっていた。すでに元禄三年に出た『東海道分間絵図』においては、「ぢぶくじ、虎が石此寺に在り」と記しており、ずっと後には日蓮宗蓮台寺の地内ということになっている。蓮台寺あるいは延台寺と記した書もあるが、宿河原だけに蓮台のほうが正しいのであるまいか。宝暦年間にこの石を江戸に持ち来り、谷中《やなか》の長運寺という同宗の寺で開帳をしてみたが、その頃は谷中も辺鄙で一向に流行せず、取賄いにも困窮して、くだんの石を根岸大塚村の百姓何某に質入れし、金子《きんす》を借用してようやくのことで相州に帰り、その後受け戻しにも来ぬので質主は迷惑し、檀那寺なる右の長運寺に寄進したが、その寺にもたびたび住持の交迭があったため、ついにはどの石が虎ケ石であったか不明になってしまった(『十方菴遊歴雑記』二編下)。『遊歴雑記』の筆者 釈敬順《しやくけいじゆん》は、それだから今大磯にあるというのは贋物だと論破しておきながら、その後久しからず大磯を旅行して虎ケ石を一見し、その記文を残しているのは人のよい話である。その説によれば後の虎子石も依然として延台寺の境内にあった。弁天堂の前にふくさを掛け箱をもって覆うた活石《いくいし》で、色黒く横三尺(約九十センチ)、高さ幅七、八寸(約二十一〜二十四センチ)という枕のような石で、一石の中に二根を具えていた。自然の破れたるごとき筋の中に黒き小砂利がある。曾我十郎祐成の感得するところのものを虎が持ち伝えたのだといい、目方は五、六十貫(約百八十八〜二百二十五キログラム)もあろうとある(同上三編下)。金と力とのない者にはなかなか挙げられそうにもない大石である。これは文化ごろの記事であるが、文政《ぶんせい》十三年になったという『東雲草《しののめぐさ》』なる紀行にははやまた別様の報告がある。虎ケ石は日蓮派延台寺の境内、鬼子母神社に秘め置く石にして、長さ二尺三、四寸(約六十九〜七十二センチ)、周三尺(約九十センチ)あまり、重さ十四、五貫(約五十三〜五十六キログラム)ばかりの青石である。縁起にはこの石鬼子母神社の岩座に挟まっていた小石であるが、その座を離れて次第に成長したとある。ある時、曾我十郎この地へ来る際、怨嫉の人箭を放つにこの石来ってこれを受け留めたと称して矢傷がある。その敵馳せ来り斬り付けたといってまた大刀傷もある。よって一名を身代わり石ともいう云々（『於路加於比』上）。すなわち石占《いしうら》とは最も縁深き石成長の伝説は退却して、松浦佐用媛の話に近づかんとする傾きが少しある。『錦里《きんり》文集』には大磯虎娘石と題して、「虎女精霊誰又回・化為片石道之隈・縦令李広飲其羽・一箇貞心更不開」という詩もあり（『海録』十七）、あるいは鴫立沢《しぎたつさわ》の西行堂の付近に、元禄のころ虎女の木像と称して、四十ばかりに見ゆる花帽子を着た比丘尼を彫刻させた者があって、新たに法名を貞巌院虎心善尼とつけたという話もあるから（『撃壌余録《げきじょうよろく》』十六）、貞女なるがゆえに石に化したという説もはやくから発生していたのであろう。美男には軽く抱かれるという評判とは著しい相違で、さらに調和せぬのは「一石の中に二根を具ふ」という取り沙汰であった。

二

さて何によらず日本にただ一つという物のないことは、われわれはすでに和泉式部の墓についても相当に実験したが、虎ケ石のような素性の奇怪な石までが、やっぱり同じように各地に転がっているのは何のためであろうか。駿州大宮町旅店河野屋の老婆、明治四十四年に齢六十八歳なる者の談話に、彼女十八歳の時、富士郡厚原《あつはら》の曾我兄弟の墓の辺に、虎石と称する石が小川の中にあったのを、誰言うとなくこの石を洗って祈願すれば、いかなる病気も治ると称し、非常な人出で賑わったことがあるという（『吉居雑話』）。厚原の村には別に曾我八幡と、俗称虎御前様の社というのとが、一町（約一百十八メートル）ほどを隔てて東西にある。歴史に詳しいお方はもちろん虎女の祠を従たる者と見ておいでだろうが、俗伝は必ずしもそうでないようだから、「小川の中」ということとともに読者の御注意を乞うておく。信州上水内《かみみのち》郡古里村大字駒沢に、虎清水という泉あって、その傍に虎ヶ石一名虎御前の石がある。以前は堂などもあったが、『善光寺史略』には『虎石菴記』という漢文を引用している。大磯の虎善光寺を拝みに来たとは古くからいうことで、これも他国他時代の虎御前でないことはもっともな主張である。のみならずこの石は雨乞の祈願に験ある霊石で、いよいよ雨降らんとする時には石の重さ十倍すというから（『科野佐々礼石』十四）、本家も同様に石占に用いられた石である。江戸には谷中以外に今一ヶ処虎ヶ石のある寺があった。それは下谷新寺町の霊亀山法福寺と称する曹洞宗で、石は梵字を三字だけ刻んだ古五輪であった。これを虎女の石塔という根拠は、実は必ずしもあんまり確実でなかった。寺伝によればこの石は松平（柳沢）美濃守が大磯から手に入れられたのを、土井大炊頭懇望して貰い受けられ、後に当寺に寄進せられたという。一説にはこの石加藤虎之助が力試しにした石なるがゆえに虎ヶ石と呼ぶのだともいう。清正が大磯の虎の石塔を力石に用いたのを、後に柳沢家へ伝えたのではないかとは変妙な推測である（『江戸志』）。また一説にはこの石塔、中古までは下谷辺の某侯家にあったが、怪異あってこの寺に移したというている（『遊歴雑記』二編下）。箱根山中のいわゆる曾我兄弟墓にも、また虎御前の石塔があって、ここにも一種の怪異は伝えられていた。すなわちこの石塔を外へ移しておくと、一夜の中にまたもとの所に寄り合うというのである（『相中襍志』下）。甲州中巨摩《なかこま》郡蘆安《あしやす》村安通組は、今なお美人虎女の出世地兼死歿地をもって誇っている一村であるが、村の伊豆神社の祭神は表向きは大山祇と大少の二神で、これに十郎祐成夫婦を配祀している。宮の西には虎女の鏡石というがある（『山梨県市町村誌』）。石塔または石塚の類を数えると、京以西にも虎の遺蹟はなお多い。それほど広くこの婦人の足蹟は及んでいる。中にも人を驚かすものは今の大隅《おおすみ》国囎唹《そお》郡東志布志《ひがししぶし》村大字志布志、臨済宗関山派の大慈寺という寺の内に、一箇の虎ケ石存して、この寺大磯の虎の建立なりと称していることである（『三国名勝図会』巻六〇）。この寺本堂の側に江臨大明神の社がある。江臨はすなわち降臨《こうりん》で、石の昔も幽かに窺われるように思う。

三

この次には少しく大磯の虎に付会せざる虎石を列記してみよう。武蔵北足立郡春岡村大字深作に、板碑にしてトラコ石と称するものがある。この地には錠殿《じょうどの》鍵殿《かぎどの》の二社あって、九月九日には竹簓《ささら》すりなどの神事がある（『共古日録』五）。右の錠殿は実は尉殿《じょうどの》で、姥殿《うばどの》に対する名であったろうと思うが、話の枝葉にわたるを恐れてここでは説かない。磐城刈田郡斎川村字上向山にも虎石がある。昔の往来の上にあって通行の妨げとなるにより、これを他に移転した処が翌日は元の処に帰っていたといい（『刈田郡案内』）、話が箱根の石塔ににている。形状は虎に似たるをもって虎石というとのことである。これによって連想するのは六誹園の『立路随筆』という書に、生海鼠《なまこ》の一種にトラコというのが、大磯縁泰（延台）寺の門前で見た虎子石に似ている。大磯の虎子石は台に載せて小さな蔵に入れ、その蔵の壁にはこの石をあげた人の名が反故のごとくにひしと注してあった。力量を試みることかと問うにそうでもなく、持ち得た人は恋のかなうということで、それ故に大磯の虎ケ石というのだろうとある（『海録』十所引）。いわゆる力石の最初は単純な力試しでなかったことはもちろんで、それに用いた石の細く長くのろりとしていたのも不思議でないが、これを形容するのに『大和本草』にもないような動物の名を引くにも及ぶまいと思う。それに比べると虎石の方が無造作で好い。しかしそれにしても随分と説明が入用である。京都にも一つの虎石町があって、大磯とは無関係の虎石の話を存している。これも名の起こりは形似にありというに一致しているが、石の歴史については誠に区々の説がある。ことに奇妙なるは一向宗と法華宗とがこの石の由来を争奪していることで、本願寺側においてはこの石のある処すなわち親鸞上人の終焉の地なりとし、そのためか否か、今では東山大谷の上人廟所の上にあることになっているのみならず（『山城名跡巡行志』二）、その元あった寺は上人の舎弟深有僧都の住したという虎石町の角之坊《すみのぼう》善法院だともいえば（『都花月名所』）、その跡は今の同町の法泉寺であるともいい（『京町鑑』等）、豊太閤聚楽造営の際これを移してその築山に据え、後さらにこれを伏見城に持ち去ったと伝うるにもかかわらず、法泉寺の方には今もってその庭に一つの虎石があるという（『京都坊目誌』十五）。伏見落城の後にもとの虎石は狼谷の日蓮宗某寺に引き取ったという説と（『京雀』二等）、それより遠からざる南深草宝塔寺に移したという（『山州名跡志』十一等）のと二説あり、一向門徒の方では宝塔寺のほうから大谷へ持って来たと主張している。親鸞廟所再興の後、宝《ほう》永《えい》六年の五月二十八日に送り届けて来たと日までわかっているが（『坊目誌所抄』、『和漢合運指掌図』）、しかもその五月二十八日が、虎の涙雨をもって世に聞こゆる曾我仇討の日であることは、看過すべからざる偶合である。それからまた妙なのは宝塔寺がやはり日蓮宗であることで、日蓮上人この石の上に踞《きょ》して法を説いたという説も古くからある（『雍州府志』八等）。そこで折合上伏見へ行ったのは同じ虎石町でも柳馬場押小路下ルにあった虎石で後に狼谷に移り、宝塔寺の分は柳馬場二条下ルにあったものでいつの間にかこの寺に来ていると解した人もあるが（『名所都鳥』四）、実は「狼谷辺の某日蓮寺」とあるのもこの宝塔寺の噂であったらしい。しかも猛虎の形をした霊石が何故にそう大切であったのか、別に建仁寺の境内にも岩があって、昔は怪をなし人の名を呼んだというのがまた一つの虎石である。ただしこれは虎鑑和尚の道力によって怪しみ、一名を妙徳石というたとあるから（『山州名跡志』四）、少しくこの仲間から外れている。

自分は民間仏教の二大派に対する敬意から、しばらく京都の虎石を除外して、主として大磯系の虎子石の由来を考えてみようと思う。その手がかりとして言いたいのは、第一に駿州富士山下の虎御前社で、虎女祐成の跡を慕いこの地に来た時、光り物墓地から出て通ったゆえに、虎の祠を玉渡神社と言い、さらにその地にがっかり橋および念力水（一名首洗水）などの故跡ができたという話と（『漫遊人国記』）、第二には岩代信夫郡岡山村大字山口の文字摺観音で、この石の面を麦の葉をもって撫ずれば思う人のおもかげ見ゆると聞いて、大磯の虎がはるばるとやって来たところ、畑の主麦畑を荒らされるをおしんで、すでにその石を麓の池の中に押し落としてしまった後なので、虎女落胆惆悵《ちゅうちょう》して帰ったという話とである（『福島県名所旧蹟抄』）。これで見ると虎女は各地の伝説にある夫を慕った美人、白拍子静《しずか》や余五将軍惟茂《これもち》の妻など、また芝居ですれば『安達原《あだちがはら》』の袖萩《そではぎ》、『朝顔日記』の朝顔、日高川の清姫、さては『八犬伝』の雛衣《ひなぎぬ》のごとき失望を味わった女で、したがって次に言わんとする望夫石一味の伝説と何か因縁のあるように思われる。これが一つの考えどころである。

四

諸州霊山の麓などに、これも廻国行脚の比丘尼が、石と化して跡を留めたという話がある。その例はやはりずいぶんと多く、姥石と称する石の由来は大半これに属している。さてこれを大磯その他の虎子石と性質を同じくするものと論断することは、あるいは尋常伝説を愛する人々の趣味には合せぬかも知れぬ。第一、虎は世に聞こえた美女であるのに、これは老婆である。虎女は後に解脱を得た仏門の信女であるのに、姥石はほとんど執著の結晶である。これを同日の談にしてしまっては、多くの詩人の詠歎がむだになる。自分とても何も好んで無風流な説を立てるわけではない。心得違いであったならいつでも取り消すまでで、さしあたりそうかと思う仔細は、一つにはこの石が常に境のしるしの石で、もと何かの行法のために見立てられたらしいこと、二つには名前が共通で何か特別の意味があるらしいことで、さらに考えを進めると、女が石になったということは後に言い出したことのように思われるので、すなわちこれによって巫女と石との関係をたどろうとするのである。申しわけはこれだけにして、まずそろそろと各地化石譚の比較を試みよう。

奥州津軽の岩木山中に、まず一つの姥石がある。安寿姫の乳母化してこの石となったという（『津軽のしるべ』）。安寿この山に入って神となった時、その乳母これを慕うてその跡を追い、逢うことをえずして石になったという話のようである。ウバを乳母のことと考えたのは、ウバを老女のことと解した時代よりもさらに新しいかと思うが、要するにいずれも日本の語があまりおおまかで、時と所とによって一語数義に通ずるよりして、意外な伝説の変転をみるのである。越中立山の姥石については、『和漢三才図会』六十八に左のごとき説がある。昔若狭国小浜《おばま》の老尼、その名を止宇呂《とうろ》の尼という者、壮女一人と童女一人とを伴い立山に登り、女人結界の山に推して参ったため、この処において額に角を生じ身は化して石となった。よってその地を姥ケ懐と呼び、石を姥石と名づけた云々。ただしこの話の中で姥の角だけはこの山の特産である。たぶんは当社の中にある誰かの角が、本の伝えの失せて後、かえってこの姥の頭上に飛んで付いたのだろうと思うが、後年の登山紀行の中にも、立山の宝物若狭老尼の角を拝観したとあって（『肯構泉達録』十四引、『寛政十年立山紀行』）、今はこの点ばかりを虚構だとも言いにくくなった。右の一話のうち、注意を乞いたい点が三つある。その一つは老尼を若狭小浜の人とすること、これは疑いもなく八百比丘尼一名白比丘尼をこの姥だと考えたためで、現に今日ではこれを「若狭の白比丘尼と称する八百歳の老尼」、永正中にこの山に登ってこの事があったと語っている（『大日本老樹名木誌』）。八百比丘尼の話は同じ『和漢三才図会』にもちょっと見え、人魚を食うて稀有の長寿を得、容貌十五、六歳の少婦のごとしとある。諸国に蹤跡《しゅうせき》を遺すこと、和泉式部・大磯虎同様であるが、他の地方では別に止宇呂姥の名があったという話はまだ聞いておらぬ。第二にはこの姥、立山の登山に若い女を二人まで同行したということである。姥石よりははるか下手に当たって、その同行の婦人がすでにまず化して木となったという美女杉があると『三才図会』にはある。『老樹名木誌』には立山山毛欅平《ぶなだいら》という処に、白比丘尼の従妹なる加牟呂という尼僧が化してなったと云う加牟呂杉《かむろすぎ》ありと載せ、一説には加牟呂病死しこれを埋めたしるしの木がこの杉だともいう。加牟呂とは童女のことである。美女杉と加牟呂杉はおそらくは一本の木の二つの異伝で、結局はまた姥というからには花のごとき万年娘だとも想像しにくく、ことにはその木その石をそれぞれ人間の化成としたため、後になって同行者を増員せねばならぬことになったのであろう。第三の点に至っては今いっそうの怪詭《かいき》である。美女杉ある千手堂からやや登って断罪坂という辺で、かの童女恐れて進まず、止宇呂尼その時小便をしつつ、この有様を見ておおいにこれを罵った。その故跡を名づけて叱尿《しかりばり》といい、今もその尿の跡というもの掘れて穴となり深さ幾許《いくばく》を知らずとある（『和漢三才図会』）。これに似た話は、稀に山中の大人《おおひと》または山姥について語り伝えられているが、自分の最も奇とするのはこのような極端なありうべからざる話までが、なお注意をしていると他の霊山にも発見し得らるることである。

五

加賀の白山《はくさん》は信仰においても由緒においても、常に立山と競争して来た山であるが、一人の泰澄大師を争奪してやまざるごとく、その婆坂の婆石においても、やはり同じ比丘尼の同じ終焉を説いている。ただしその伝説の細目にはもちろん若干の相違がある。尼の名は白山においてはこれを融《とおる》の婆《うば》という。山の麓なる能美《のみ》郡尾口村大字瀬戸の生まれであった。髪を削り尼となり融《とおる》の尼と称す。鬼道を挟みて衆を迷わす、常に呪いを持して祟りを駆るはなはだ験あり。この尼かつて酒肆《しゆし》を開いて良醞《りょううん》を醸《かも》し、美女をして壚に当たらしむ。行旅多くついて飲む。三年にして富鉅万《きよまん》をかさぬ。醸酒いよいよ盛んにしてその糟を積みて堆をたし、後化して邱《おか》となる。今の越前の糠塚はこれなりとあって、尋常国々の万福長者に関して説くところの、いわゆる糠塚スクモ塚の話を伝えている。この伝説によれば、融の婆の強いて白山の女人結界を破ったのは、山上において諸国の参詣人に酒を売らんがためであったというが、合点の行かぬ動機であった。しかしとにかくこの山にあっても、同伴の美女まず化石して今の美女坂の美女石となり、次いで尼自身もまた婆坂の婆石《うばいし》となってしまった。以上の顚末は『泰澄記』という古書に出ているのを、『白山遊覧図記』の著者漢文をもって潤色筆録している。原の書を見ぬから細目にわたって比較をしてみることはむつかしいが、少なくとも右に述べた数点は立山と共通である上に、なお奇抜なる叱《しか》尿《りばり》の話もある。ただし白山の方ではその所在が、美女化石の地よりもさらに下の方である上に、その跡は大小二つの塹《ほり》であって、その中には小木が叢生しておったという。『寂乗記』という書には文字を柴刈《しかりばり》罷に作り、天正の地図にはまた柴刈《しかりばり》塹に作り、元禄の図においては呵責《しかりばり》溺とある。融の婆登山の日、山神震怒し、天地晦冥の裡に空中の呵責の声があったにもかかわらず、尼は平然として地に溺《いばり》してもって山神を辱しめた。するとたちまち前路の地陥没すること数十丈（一丈は約三・〇三メートル）、これすなわち今の大呵責溺《おおしかりばり》である。尼もまた雲を喚びこれを超えてなお進んだ云々とある。小呵責溺の方についてはその名称の来由が記してない。つまり立山とは異なって、この山では叱ったのは山の神、尿をしたのは比丘尼と二口になっており、いよいよこの名所の意味が不確かなようであるが、しかも何のためにかくのごとき地形とかくのごとき称呼とができたかは、二箇の例の重複偶合の結果として、いっそうおもしろい問題となるのである。

六

叱尿の奇怪なる話は今一ヶ所、越前丹生郡《にゅうぐん》の越知山《おちさん》にもあったように思うが、その記憶は確かでない。しかしこの山もまた同じく泰澄《たいちょう》大師の有名なる霊跡であって、少なくとも結界を破らんとした尼僧の話は伝わっている。すなわちかつて井上建重君の報告せられたごとく、その尼は番人の制止を受けておおいにこれを叱り、われも仏のお守をする者だと言って無理に入り込み、たちまち谷の大岩の下に投げ落とされて死んだ。よってその谷を尼谷といい、その大岩を夜泣石と呼び、今でも夜中にはその石泣声を立てるというのは(『郷土研究』一巻六号)、あるいはまた姥化石の口碑であったのかも知れぬ。さらに転じて他の国々の類例を尋ねてみると、佐渡では金北山大権現、本地は将軍地蔵、別当は真言宗真光寺、当国第一の高山にしてまた女人禁制であった。しかるに昔一人の巫女、自分は神職であるからさしつかえなかろうと言って強いて登山をすると、たちまち風雨雷電あってその巫女の行方を失う。後に行ってみると山路に見なれぬ大岩が一つでき、その頭は女の髪を結うた形に似ておった。よってこれを巫女岩《みこいわ》と名づけて今もあるという（『佐渡みやげ』上）。これは尼法師ではなくして毛があった巫女とはあるが、私だけはよかろうといって強いて登った理由が、越知山の尼その他後段に挙げんとする二、三の例と共通である。出羽の月山の登路、すなわち小月山よりこの峯に向かう路にも一つのミコ石がある。この山の開基と称する蜂子《はちこ》皇子、魔障を加持したもう処と伝えて皇子石《みこいし》の文字を当てる説もあるが、また一説では中古巫女の結界を破らんとせしもの、ここに至り脚痺《な》えて進むことあたわず、ついに化してこの石となるとも伝うるよし（『三山小誌』）。羽後の赤神山も、東北で有名なる一霊山であるが、その山路にイタク杉と犬子石とがある。女の登り得ざる峯に、かつてある巫女が犬を連れて入り、たちまち化してこの木この石になったという口碑があった（『真澄遊覧記』）。イタク杉のイタクはすなわち東北地方において、一種の巫女を意味するイタコのことであろう。あるいはまたこれをモリコともいい、したがってモリコの石に化したという話もある。羽後《うご》では平鹿《ひらか》郡の保呂羽山《ほろはさん》、頂上に権現を祀りまた女人結界である。山中に一つの守子石がある。神職大友氏の旧記によれば、古昔守子《もりこ》あり、禁戒を犯し強いて登山し、たちまち神罰にあたって石となったとある（『雪乃出羽路』四）。日光山中禅寺の不動坂という地にも、同じ種類の石を名づけて守子石というていた。この寺は女人結界の山なるに、ある時日光山のもりこれに詣らんと願い、ここまで登ったが一夜の中に石になったという話であった（『日本鹿子』九）。後代の書にはこの石を巫石《みこいし》と呼び、別にこれに伴うて一つの牛石あること、あたかも羽後赤神山の犬子石のごとくであった。その巫女結界の禁あるを知りながら、われは神に仕うる女だから世の常の女とはちがう、また牛の脊に乗って行けば土を穢すこともあるまいと理窟をいい、牛に乗って禅鏡坊谷まで来ると、その牛立ちすくみてたちまち石となる。巫女はこれを罵っているうちにおのれもまた石となると伝え（『諸国里人談』二）、少しく越中立山叱尿の痕跡を存している。

武蔵においては秩父《ちちぶ》の両神山《りょうがみさん》の登路、すなわち秩父郡両神村《りょうかみむら》大字薄《すすき》の富士見坂の下に、一位《いち》位墓《いばか》と称する文字なき自然石の碑が路の側にあった。この山女人禁制であるのを、巫女あって強いて登らんとし、ここにおいて石になった。一位のイチとはかんなぎの事であるという（『新編武蔵風土記稿』）。今は入間《いるま》郡南高麗《みなみこま》村《むら》に属する上直竹村の中にも、富士山と称する小山の麓に浅間社を勧請したものがあって、その中腹の地を媼《うばが》ケ嶽《たけ》と呼び、それより上は女人を禁じていた。富士信仰の関東平野に伝播したのはさして古い時代とも思われぬのに、この山においてもやはり媼が登って来て石に化したという話を伝えている（同上）。

七

さてこれら数箇の姥石の例を見渡して、まず何人も心づくべきことは、各地の霊山における いわゆる結界なるものの真の意味である。もしその制度が文字どおりの女人禁制で、常に婦女を排斥する趣旨であったならば、何もわざわざ山の中腹においてその堺線を画するの必要もなく、また右のごとく数多い違反者化石の昔話を世に残す理由もなかったはずである。語を換えて言わば、女人禁制は同時にまた例の女人堂までの女人歓迎を意味していたのである。けだし普通の女人はかくのごとき禁制を格別苦痛とはしていなかったに相違ない。女でなくとも病人小児のごとき足弱にも、頂上をきわめずにすむ参拝方法があったらむしろ嬉しかったであろう。だから立山でも白山でも、姥が化石した場所よりは大分下の方に、伏拝《ふしおがみ》という地がちゃんとある。和泉式部が熊野で歌を詠んだと伝えらるるのもまた一つの伏拝の地で、何のためにそのような地名があるかといえば最初から何かの障りあるべき参拝者を予想していたからであろう。そこで皮肉に考えてみれば、高山の中途に結界を設けるのは、かえって断念せんとする女の足弱を誘引する一手段であったかも知れぬ。しこうしてその結界の内側にひんぴんとして女の化石の存するのは、おそらくは禁を破った者は石になるという俗信の方がもとであろう。かつて秋田の真崎氏が報告せられた男鹿《おが》の神山の九十九の石段において、不浄の女は三段以上登ると立ちどころに石になると伝えている（『郷土研究』一巻三号）などはその一証である。しかしこれだけの説明ではすまされぬのは、現に後々まで女が化してなったという石のそこにあることである。多くの女人結界の辺には何故に古来人の注意する岩石があるのか。あるいは何ゆえにこの種路傍の石ある場所をもって女人に対する結界と定めたか。これは偶然の事だとは認めにくいようである。この何ゆえを解釈するためには、まずもって結界に来て化石の罰を蒙ったという婦人が、いずれの場合にも比丘尼か巫女かに限っていたことを注意せねばならぬ。その次には右のごとき化石譚を伝えない場合にも、やはり霊山の登り口にはこの類の石のあったことを考える必要がある。例えば信州戸隠山の鳥居川の辺、中院の脇に一つの女人結界比丘尼石と云うあり（『信濃佐々礼石』十四）。その戸隠権現の垂跡の地なりという冠著《かぶりき》山の登山口、更級《さらしな》郡の羽尾《けねお》村にも同じく比丘尼石という四尺（約一メートル二十センチ）四方の岩があって、それより奥へは婦人を許さなかったといい、今でも婚礼などにはこの石の傍を通ると破談になるといって避けるという（『郷土研究』三巻二号）。古歌に有名なる更級の姨捨山は、実はこの冠著山のことだという説は、佐藤六石《ろくせき》の『姨捨山考《うばすてやまこう》』に詳しく述べている。しかも今日俗にいう姨捨の方にも、ちょうど停車場から眼の下に、月見堂を前にして一箇偉大なる姥石がある。『善光寺道名所図会』等に引用した縁起の文に、木花《このはな》開耶《さくや》媛《ひめ》の姨御前大山姫、姪女に送られてこの山に登り、この石に腰を掛けて秋の月をながめ、ついに月の都に入りたまうというのは、いわゆる姪石《めいいし》甥石《おいいし》月見田などの故跡とともに、近世好事の徒の新設でもあろうが、捨てられた老女が石になったとは久しく土地の人々の言い伝うるところで（『越遊行嚢抄』六下）、かつ相応に古い時代からの話であった（『昆陽漫録』引、『榻鴫随筆』）。姨捨山のオバを伯母のことと解したのも『大和物語』以来のことではあるが、事によるとその地名の根底にも、相変わらず比丘尼石同系の思想が潜んでいたのかも知れぬ。

八

姥と石との関係については、なお言わねばならぬことが多くあるが、要するに神を祀った高山の麓でなくても、境の石に姥石の称ある例は少なくないようである。また山中の石に女人禁制の因縁を語るものの中にも、必ずしも人がその石に化したと言わぬのがある。多分は石の形状に特色がなく、いかにも人間の化石として取り扱いにくかったからであろう。旧仙台領には姥石という石が何箇所かある中で、気仙郡上有住《かみありす》村の五葉山にある一箇のごときは、女人禁制を犯して登った老婆、この石に圧されて死んだと伝えている（『封内風土記』）。江州伊吹村の寺ケ岳は、役行者、行基菩薩修道の山である。登り口の上野郷には女一《にょいち》権現《ごんげん》を祀っているというのに、山六分目の大平《おおだいら》という地から上はいっさいの婦女を禁じていた。昔一人の比丘尼あり、押して結界に入り七分目まで登った時、震動雷電してたちまち命を亡うた。その折苦悩のあまり傍の岩に手を掛けたと伝えて、今も五指の痕分明なる手掛石がある（『近江輿地誌略』八十一）。指の痕というのはいわゆる手印であって、むしろ高僧碩徳の遺跡にしばしば語り伝えらるる話である。女人禁制の本場ともいうべき紀州の高野山にも、似たる口碑があってこれは弘法大師の母に托していた。すなわち五十四番の町石の傍に捻石と名づけて、直立して形捻れたるがごとき石がそれで、大師の母結界を越ゆることとめたわざるを恨み、後世の女人にその跡を見せたもうという。それより少し上には大師の押し上げたもうという大石があって御手の痕残り、不動坂には御足の痕があって母と問答の物語を伝えている（『紀伊続風土記』高野山巻五七）。これ等の諸例を考え合わせて後、自分が到達した一仮定は、霊山の登路にある結界の石は、むしろその山を信仰した姥比丘尼の行法と関係のあったもので、往返の道者たちがこれに基づいて石に名づけたのを、その慣行が断絶して後、悪い方にこれを解説するに至ったのだろうということである。前に引いた『和漢三才図会』の立山の条にも、美女杉と姥石との間に材木坂というがあって、昔この地に女人堂を建てんとして材木を寄進したところが、その木一夜にして皆変じて石となったと伝えているのは、少しく右の事情を髣髴せしめるようである。

九

さて立ち戻って虎子石の由来談になるが、越中立山の結界に石を止めた止宇呂の尼、加賀の白山に石を遺した融の婆は、あるいは諸国に行脚《あんぎや》をして石の話を分布した虎御前と関係があるのではあるまいか。すなわち今日となっては意味も不明なトラまたはトウロという語は、この種の石の傍で修法をする巫女の称呼ではなかったろうか。近江浅井《あざい》郡の虎姫《とらごぜん》山《やま》のごときも、全然相州大磯とは無関係に同名の美女ありしことを語り伝え、麓の里に昔住んだ「せせらぎ長者」の妻となり、のち蛇体になって湖底に入ったなどというている（『漫遊人国記』）。水中の女神と山に登る比丘尼とは一見交渉が乏しいようであるが、かの叡山の女人結界たる花摘社に、高野とよく似た伝教《でんぎょう》大師の母の話を伝え、しかもその祭の日が竜神と縁深い卯月八日であったこと（『輿地誌略』巻二二）、また他の地方にもこの日をもって山に登る風習の広く行わるるを見ると、この虎姫という名にも、同じく一箇のトラ伝説を想像することができる。

巫女が押して結界の山に登ったという話は、思いの外に古くからあったものである。これも同じ比叡山のことであるが、前唐院から中堂に至る道の傍西手に聖女塚というがあった。『輿地誌略』巻二四に『山家要略記』を引用していわく、「法性房の伝に云ふ、延長四年五月十六日の夜、花麗なる飾車、戒檀院の半空より大講堂の前庭に至る。牛を懸けずして飛ぶが如く下り来る。車内を見るに一人の貴女あり、容貌優美麗質端厳なり、問ふて曰く吾山は大師の結界以来今に女人を許さず、何ぞ輙《たやす》く山に登るやと、貴女答へて曰く、吾は是れ女人と雖《いえど》も凡女に非ず聖女也云々（以上）」。いかにもとりとめのない話のようだが、また決して偶発のものではない。『元亨《げんこう》釈書』十八の中にもほとんど同じ伝説がある。その文を引いて本篇を終わりたいと思う。いわく「都藍尼《とらんに》は和州の人なり、仏法を精修し兼て仙術を学ぶ、吉野山の麓に居る。世に伝ふ金峰《きんぷ》山《せん》は黄金の地、金剛蔵王菩薩之を護り、婦人の境を渉るを容さず、藍言つて曰く、我女身なりと雖浄戒霊感、豈に凡婦の比ならんやと、乃ち金峰に登る。忽ち雷電晦冥迷うて路を知らず、持つ所の杖を弃つ。其杖自ら殖して漸く大樹と成る。藍又竜を児し之に乗り山に昇る。わづかに泉源に至り進むこと能《あた》はず。藍嗔《いか》つて嵒巒《がんらん》を蹈《ふ》む。皆尽く崩裂す。其の竜を養ふの池は嵒下に在り、二跡今尚存す。世に言ふ長生の道を得て終る所を知らずと（以上）」。石に化したという一点と叱尿の一節とを除けば、立白二山の怪談にまるまる暗合している上に、その尼の名の都藍《とらん》というまでが相通うように考えられるが、いかがなものであろうか。ひるがえって大磯の虎女の、九州の果てから奥州信夫まで漂泊したということは一人の女としては何分にも信じにくいことである。察するにこれらのトラ・トウロ・トランなどは固有名詞ではなくして、道仏の中間を行く一派の巫女を意味した古い日本語であったのであろう。帯をタラシと訓《よ》む古い神々の御名などが、ある程度までこの推測を力づける。ただし曾我十郎祐成の妻が大磯の女でその名虎であったことは、すでに『吾妻鏡』建久《けんきゅう》四年六月　日、すなわち裾野の仇討の三日後の条に見えているから、よもや小説ではあるまい。故にこの上はトラという古語の性質を研究すると同時に、何ゆえに人磯の長者の娘だと伝うる遊女の名が、虎というような奇抜至極なものであったかを尋ねるのほかはない。

（大正五年八月、九月『郷土研究』）

念仏水由来

発端

江戸で名高い昔話の一つ、一つ家の石の枕に旅人を殺したという姥の物語は、作りごとだと言ったら怒りそうな人が今でもいる。なるほど観音の御利生があらたかであった証拠としては、何もこれだけまでのうそをつくには及ばなかった。それにまたいろいろの遺跡がちゃんとあった。いかに趣向に富んだ作者でも、とうてい一人の力ではこんな大がかりな支度はできそうもないのである。ただそんならこの通りの事実が、かつていつの時代にかあったというかと尋ねると、これにもまあそうだの「まあ」抜きで、そうだと答えうる者はないことと信ずる。現にわれわれの耳にする話に、つねに少しずつ相異のあることは、幾人かに語らせてみればすぐにわかる。古い書物は記録であるように思う人もあるが、徳川初期の『江戸名所記』と、それから百六、七十前にできたという『廻国雑記《かいこくざつき》』とを比べてみても、話半分ほどはすでにちがっている。前には夫婦者の牢人が、娘を遊女に仕立てて旅の男を誘ったとあるに反して、後の方ではいわゆる親一人子一人の、しかも箱入娘のように見える点まで、何となく近世為永流の小説の鬼婆に近くなっている。観世音が美しい少年に化けて、娘の心を動かされたということも、古い方の話にはまるでなく、それが千人目の旅人であったということも、新しい分にのみ見えている。寺々の縁起が、大阪乱後の新しい太平時代に著しく改造せられ、ありがたさともっともらしさを加えたことは事実であるが、さりとて『廻国雑記』が特に真相に忠実であったとも思われぬのは、それがただ通りがかりのほんの噂の聞書に過ぎぬからである。つまりはきわめて漠然とした石の枕の話、恐ろしい老女の話などのこの地にあったのを、いろいろと語り伝えた中の二つ三つが、今日にまで遺ったというに過ぎぬと思う。旅人が行き暮れて鬼の家を借り、危うい一命を不思議に助かったというのは、千年以来の普通の昔話であって、その形式には各時代に相応したわずかずつの変化のある例は、別に一冊の研究を要するほどもある。その中でも石の枕の奇怪なる手段までが、決して武州の浅草のみに限られた話ではなかった。例えば尾州石枕《びしゆういしまくら》村（丹羽郡古知野《こちの》町大字）にあった稲荷様は、昔同様の方法をもって、多くの宿泊人を殺した悪婆の霊を祀ったと称し、罪の報で殺されたというのに、やはり祟りをして神に祀られたといっている。播州姫路の東の平野村の長者は、欺いて殺した旅人の血を絞って、染物に用いて富を得たと伝えられ、ここにも石の枕の恐ろしいことを歌にして、唄って旅の男を助けんとした娘の話がある。浅草の方でも観世音、草刈る童児の姿で笛を吹き、「野には臥すとも宿借るな」という歌をもって、危難を告げられた話がつきもなく残っているが、さりとて東西の二件が、甲は乙をまねて作ったということは、ほとんど証明が不可能である。しからばいかにしてこの類の物語が、古く各地に存するのであるか。石の枕で旅人を殺すというような事柄は、根もなくしてしばしば起こるべき空想ではない。事実の有無は別問題として、少なくともかくのごとき悪い姥が、わが地方にかつてあったように里の人たちを信ぜしめた原因が、捜せば捜し出されうるのではあるまいか。ただし江戸の浅草のような人通りの多い場所で、浅茅原《あさじがはら》の昔の道を尋ねるのは無理かも知れぬが、自分に取って一つの手がかりは、一つ家の姥が本体を現し、十丈（約三十メートル）あまりの悪竜となって、飛び込んだという池のあったことである。この池は明王院の境内に近世まであって嫗《うば》ケ《が》淵《ふち》と呼んでいた。それもおいおいと埋まって物売る家か何かの敷地になっているが、まだこういう世人の軽く見ていた部分から、あるいはこの話の起源と、これを賞翫してわれわれに伝えてくれた昔の世の人の心持ちが、窺い得られはせぬかと思う。

念仏を感ずる池

浅草寺の嫗ケ淵は、あるいはまた姥ケ池とも呼ばれていた。浅草区馬道町六丁目三番地がその故跡である。明治二十四年の六月に、形ばかり残っていたこの有名な池を、市参事会の指揮によって埋めたということが、区長の名をもって石に彫って建ててある。大きな歴史も小さい事をもって終わるものである。しかしながら池は埋まっても、今なお無形の何物かの湧いて流れてかつ光るものがある。姥ヶ井または姥ヶ池は国々に至って多い。土地の人はたとえその由来を説明しえずとも、意味がなくてこのような名はつける道理がない。何か忘れてしまった姥に関する事蹟があると認めてよい上に、現在書物または人の口に伝えられているところを並べて見ても、ほぼ一筋の信心の痕がたどられるのである。

　少しくかけ離れた方面から、私の話は始めてみる。京都の西南乙訓《おとくに》郡の友岡村に、念仏池と名づくる池があった。今はどうあるか知らぬが、村民太右衛門なる者の家の後にあって、常には水はないのに、岸に立って念仏を唱えると、たちまちにして水が湧き出すからこの名があったという。いかに念仏はよいものでも、地下の水を喚《よ》ぶまでの力は疑わしいのだが、他の地方にもこれに近いことを信ずる者があった。豊後玖珠郡の奥に在る千町無《せんちょうむ》田《た》という高原は、大昔朝日長者の住んでいたところと称して、珍しいいろいろの故跡のある中に、念仏水という小さな池が、音無川《おとなしがわ》の近くにあり、この池に臨んで南無阿弥陀仏と唱えるときは、池の水もこれに応じて泡立つのが、ぶつぶつというからそれで念仏水だと伝えていた。西国三十三番の最終の観音堂、美濃の谷汲と坂下という地との間にも、また一箇の念仏池があって、これには小さな橋が架かっていた。この橋の上に立って南無阿弥陀仏を唱えると、水面にふつふつと泡が立つというのみならず、ゆるやかに念仏すればゆるやかに立ち、責念仏を申せば泡も盛んに起こるなどとさえ伝えているが、今の何村であるかを知らぬ故に、行って試してみるわけにもゆかぬ。その小さな橋はあるいは高倉宮のおかけなされたものといい、またあるいは橋の袂に石塔があって、これに向かって念仏をする時に限るようにも評判せられた。上総の八重原の念仏池でも、やはり念仏の声に伴い、底から綺麗な砂を吹き出したというから、すなわちまた水が湧いたのである。

思うにこれらの話は、最初に霊泉の霊あることを信じた人々が、いちずにそう認めてしまったもので、裏表厳密なる試験を尽くした後に、語り伝えたのではなかろう。現に関東の田舎の名もない古池にも、人が近寄れば必ず水玉の揚がるものがいくつかある。多くは九州でムタといい、東部地方ではフケまたはヤチなどと名づけて、腐った植物でできたような低い湿地である。学生の時分に水戸から常陸の太田へ歩いた途中、親切な土地の商人に教えてもらったのは、かの近辺の泉木《いずみき》の森というのは、『百人一首』に「みかの原わきて流るる」とある歌の故跡だそうであった。森の中に清水の湧く池があって、その岸を人が踏めばきっと美しい泡が立つのを、不思議とせられているということであった。これなどは正しく念仏の必要はなかったのである。甲州富士見村の佐久神社にも、七つ釜の御《み》手洗《たらい》あるいはお釜と称して、いかなる旱魃にも涸れぬという清水がある。これも人が行くと水にわかに湧きあがり、細かな砂が浮き起こってははなはだ奇観だということである。

豊後の海上なる姫島の比売語曾神《ひめこそのかみ》は、近世には赤水明神とも称えていて、社の岩の下から出る水は赤錆を帯びておる。鉄漿付石《かねつけいし》故事なども伝わり、御神体の木像は女性の筆を持って歯を染めんとしたもう形である。この水には多量の炭酸と亜酸化鉄《てつ》とを含み、胃腸にも皮膚病にも効があるといって、今ではこの方面にありがたがられているが、これまた以前は拍子水《ひょうしみず》の名があって、参詣の者手をうてば、その響きに応じて迸《ほとばし》り出ずるのを奇瑞《きずい》としていたものである。ある池の泉は念仏に限られ、他の霊水にあっては、またそれぞれの別種の感応があるごとくみることは、われわれにとってはすこぶるむつかしいのである。

うわなりの池

土地によってはまたいかにも窮屈な説明をする者がある。越後三島郡蓮華寺村の入口にある姨ケ井と称する古井などは、その井の傍に立ち寄っても、大きな声でオバと呼ばないかぎりは、水底から泡を浮かべてこれに応ずることはない。あるいはこれを疑う者があって、試みに兄とか妹とか叫んでみても、さらに何のしるしもなかったということである。そうしてその理由と称するものが、あたかも自分の話の要点に当たっている。昔、此郡小木の城主松本氏の時代に、土地の豪族某の下女が、主人の稚児の守をしてこの辺で遊んでいた時、誤ってその児が井戸に落ちて死んだ。女もこれを見て続いて飛び込んで死んだので、今に至るまでオバと喚べば泡が立つような不思議があるというのである。なるほど世にも哀れなる二つの霊魂が、永くこの水を離れなかったという説明には十分であろうが、呼べば一々応答をしたのはまた何のためであるか。うれしくてかはた口惜しくてか。これだけの例では不明であって、土地の人に聞いてみなければその心持ちはわからぬ。

家婢をうちつけにオバというのもどうしたものか。あるいはそれが乳母であったのか、ただしはその時代の方言であったかも穿鑿《せんさく》の必要がある。ところが同じ越後の国で、刈羽郡の吉井にはまたこんな話がある。この村の曾地峠という処の「おまんケ井」においては、人その側に立っておまんおまんと喚べば、必ず水の面に小さな波が起こる。他の名を呼んでみても何のこともない。これはかつてある殿様が妾の愛に溺れ、本妻のおまん殿を殺して水中に投じたからだと伝えているが、呼び捨てにするのは少し失礼のようでもある。これとやや近い話は、上州佐波《さわ》郡上植木の阿満池《あまがいけ》で水に臨んで阿満《あま》と呼べば、声に応じて清水が池の面に湧く。しばしば呼べばしばしば出ずともある。私の見た本には何ゆえにとも書いてないが、今でもこの池の名が存するならば、必ず越後と似たような話が伝わっていることだろう。しかし人の聞きようにもよろうし、また音から想像することもできるが、このアマとオマンとオバとは、もとは一つの心持ちから出たものかも知れぬ。伊豆の熱海の間歇泉などは、ある人は清左衛門と高く喚べば、たちまち石の間から湯が湧くといい、別の案内記にはこれを平左衛門湯と名づけて、その喚声の大きさ次第、高くも低くも湯が上ると称していた。ある紀行には「平左衛門甲斐ない」と喚ぶときに、初めて湧きあがるのだとも書いてある。しかもそんな噂を顧みなくなった近年まで、平気で平左衛門湯は出ていたのである。耳の二つある人間のごとく、水が確実に五音を聞き分け得なかったとしても、決して不思議はないのである。

名を喚ばれた水の霊の心持ちは、温泉の場合において少しくわかるようである。通例「立つ」とか「沸きかえる」とか言えば、どうも怒っている人の恐ろしい容子のごとく受け取れる。そうすると念仏水についてはまた別の解釈が必要になるが、少なくとも「おまんヶ井」一流の口碑においては、むやみに呼び捨てにせられるのを憤って、すなわちかくのごとく泡を吹くものと考えられていたように思う。摂津の有馬の湯にも、熱海のようにときどき湧くのがあって、これを「うわなり湯」と名づけていた。昔のこの地方の学者寺島氏の記文には、妬湯とも後妻湯とも書いて、これをウワノリノユと訓《よ》ませてある。湯本の往来の傍にあって、ことに金創に効があると称せられたにかかわらず、この名によって戯れに試みた人が多かったと見えて、傍に到ってこれを罵ればすなわちたちまち熱湯沸きあがると書いてある。故に俗に呼んで後妻湯というとある。これが後には層気むつかしくなったのか、あるいは婦女盛粧してこの湯の側にたたずむ時は、たちまち怒沸して止まずとまでいう人があった。あるいはまた単に人の足跡を聞けば沸き返るともいうが、いずれも人のおらぬ時の様子までを実験した者の説ではない。「うわなり」を後妻と解するのは古くからのことだが、いかなるわけかまだ私には分からぬ、とにかくに「うわなり打ち」などということもあって、二人ある女房の中、妬まねばならぬ方が「うわなり」であった。越後吉井のおまん女郎がちょうどこれである。しかし一方にはまたこのうわなりが、姥ヶ池・姥ヶ井などのウバという語に、音の近いことも注意しておかねばならぬ。駿河国の姥ヶ池などは、話のすこぶるこれと似たものがある。静岡の東、江尻の西、東海道の元追分の松並木から、北へわずか入った田の中だという。往来の人これに立ち寄り、「うば」と喚べば底から泡を吹き上げる。「甲斐無い姥よ」と言えばいよいよ盛んに吹くということであった。この方は評判をする人が多かったためか、その理由と称する説が驚くらいにたくさんある。これらを比較してみると、別に誰が作ったということはなくても、時代々の好みとでも名づくべきものがあって、世間が自然に一つを迎え、他を忘れんとしたことが察せられる。そうして単に「うば」と呼んだのみでは、湧き立たしめるに不十分とでも考えたものか、「うば甲斐ない」と罵るということに早くからなっている。文禄二年二月または八月の八日、江尻の亀屋九左衛門なる者の妻、この池に身を投げて死んだ。この婦人平生嫉み心深く、みずからその情を制するあたわずして死んだ。その霊魂が永く留まっているのだというのが古い話の形で、吝気《りんき》ということが若い旅人らの興味を引いて、悪戯にこれをからかって「甲斐ない」などと言ってみたものらしい。このことを漢文で書いた本には、「拙なる哉姥やと罵れば、則ち又吹出す」などと記している。願を掛けたり祟りを恐れたりする土地の人には、到底あえてし得ない失礼な所業であって、つまりは無責任な往来の人を相手とする東海道が舞台であるがゆえに、話がこんな風にも発展したのである。

姥甲斐無い

江尻の姥ヶ池はその地を姥原と称し、もっとも古くから世に知られているにもかかわらず、自分が不思議でたまらぬことは、同じような話が今一つ駿河国にある。百年あまり前の江戸人の紀行に、現に行ってみてこれを試したとあるのだから、にせ物としたところが公然の競争者である。その姥ヶ池は沼津《ぬまづ》の城下から東海道を西へ進むこと十余町（一キロあまり）、縄手の松並木から半町（約五十五メートル）ほど北へ入ったところといえば、例の浮島式のふけ田であったろう。日の中《うち》は道心者が来て念仏をしている庵がある。昔ある家の乳母、小児を負い来ってこの小池の辺で遊んでいる際、小児わが影を友かと思い、こおどりする時に手がゆるんで水に落ちて死んだ。乳母も申しわけなしと続いて同じ水に飛び込んだが、主人がやって来て子を失った悔恨のあまりに、さりとては乳母も言い甲斐がないと言うや否や、忽然として水底に音あり、泡を吹き上げること夥《おびただ》しかった。それから以後は末世の今も人が来て「乳母甲斐ない」と言いさえすれば、何べんでもその声に応じてぶくぶくと底から泡が上るのは奇妙だとある。これほど気の毒な人の最後の奇瑞に対して、試験をくり返すというのも同情のない話だが、まだしもこれが駿東《すんとう》の方だけに限られているならばとにかく、前に掲げた江尻在の姥ヶ池でも、やはり後には同じ意味に、「姥かい無い」を説明する者が出て来たのである。それのみならず嶺を一つ西へ越えて、志太《しだ》郡の旧田中の城内の古井に、これまた乳母が主人の児を落とし、その怒りを恐れて同じく身を投げて死んだという故跡がある。ただしこれは埋めてしまってただ井戸の形があるばかりだから、喚べば応じたという話はもう残っておらぬ。こういう話がひとりこの地方のみでなく、遠く越後蓮華寺村の姨ヶ井にも存することは、自分は必ずしも奇なる暗合とは考えない。随分捜してみたら諸国村々の古井にも、まったく同様の話が多くあって、どうして昔の御乳母殿は、揃いも揃ってこうもそこつであったかと、思わしめるほどであろうと信ずる。江戸でわれわれの聞いているのは、今の何町か知らぬが松平安芸守の赤坂の中屋敷にあって、これは埋めてしまった後まで、その地を児ヶ淵《ちごがふち》と称えていたそうである。やはり家中の姥が誤って小児を淵に落とし、主人に申しわけなしと自分も飛び込んで死んだという。これなどは周囲に同情者ばかり多かったろうから、「姥甲斐ない」などとひやかして、怒らせた人はなかったろうかと思われる。

影取山の縁起

一箇の故跡に二つ以上の両立せぬ言い伝えがあっても、ただちにそのいずれか一方をにせ物と、狐の玉藻前のごとく断定することは正しくない。伝説は童話などとちがって、実察そういうことがあったかも知れぬと、信じたいのが聞く人の本意であった。ゆえにいかに奇瑞とは言いながらも、あまりに時代の思想とかけ離れ、いわゆる呑み込めぬ話になると人が賞翫《しょうがん》しなくなる。堂守《どうもり》や寺の和尚は申すまでもない。土地の故老たちでも茶店の亭主でも、自分もやや合点の行かぬような昔話では、語るも張り合いがなくまた忘れもする。それをあるいは書き留めておいた人、ないしはいくらかもっともらしく記憶していた者があるとすると、どちらがいったい本当なのだと、疑ってみたくなるのが人情だが、その新しいという方の話でも、誰かの考案でまるまるないことを作り上げたという場合はほとんどない。それでは第一に話し手自身がこれを信じあたわぬかしである。普通には土地の人の話はぽつりぽつりだから、譬えば歯が欠けて入歯をするように、隙間々々へ個々の想像や、他所で名高い文句などがはいって来る。その点が百年、一百年前に伝えていたものと変わるだけで、前とても同じようなことをくり返して伝説は伝わって来たに相違ない。そうすればその何回となき時代の変化を通じて、終始保存せられて来た部分があるかどうか。あるとするならばそれはまた何に始まったのか。これを考えてみるのが実は伝説というものおもしろみである。実例をもって説明するのが私の話の趣意で、賛成はまあそれを読んでからのことに願いたいのだが、大体に村々に昔からあるという名水霊泉には、単にその根源の神秘を力説するにとどまらず、往々にして齢の異なる二箇の人物、ことに老女と幼童との二つの魂を結び附けたものが多いのである。そういう奇抜な取り合わせは、後世のちょっとした工夫になるとも思われず、それだけにまた印象が深くて、忘れまたは変形することができずに残っていた。しかもあまりに簡単で前後の事情が解しにくいために、むしろこれを愛惜する人々の手によって、ありそうな説明を採択した形跡があるのである。江戸の太平時代の最も人望ある道徳は、これは相済まぬという類の忠義であった。それをこの場に適用してみれば、すなわち多くの姥ケ池譚となるのである。

伝説変遷の一つ好い例は、野州足利在の水使《みずし》神社にある。このお社はもとは影取山水使大権現と称し、名から考えると水の神らしいが、今の御神体は十二単衣の女性で、しかも片手に杓子片手に御膳鉢を抱えたもう七寸（約二十一センチ）ばかりの彩色の木像で、さらに婦人の病を祈れば験ありと称し、腹部を画いた珍しい絵画を上げるという、いかにも複雑な神様である。百四十年ばかり前の安永七年にできたという縁起がある。中古五十部《いよべ》村の領主余部《あまるべ》小太郎の家に、七歳の娘を持った召仕の女があった。農事の季節に田にいる者へ昼飯を運んで行ったあとで、その小娘が主人の籠の小鳥を逃がし、折檻を受けて死んでしまったのを、田圃から帰る路で聞き知って悲しみかつ恨み、たちまち傍の淵に飛び込んで母も自殺した。それ以後霊魂がこの水に止住し、杓子椀具などを水面に浮かせて通行の人を誘い、これを水底に引き入れて殺したので、その池を影取淵とは名づけた。それが後にある念仏上人に済度せられ、ついには権現として崇め祀らるるに至ったと書いてある。影取というのは本来水にいる怪物の名であって、往来の人の影を取ると、その人はやがて死ぬと信ぜられたからの名であった。ところが一方には椀や杓子で人を誘ったとしては、この影取の名が浮くとでも感ぜられたものか、別にまた一つ異なった言い伝えが記憶せられていた。すなわち女神の前身が余部家の下人であったことは同じだが、その身を淵に投じた動機は一段と犠牲的で、ある時主人の愛児と共に水の辺で遊んでいる時、ふとその姿の見えぬのに驚いて淵の面を見ると、岸の松樹の梢で大鷲が椎児を引き裂いて食っている影が映っているので、悲痛のあまりに水に飛び込んで死し、すなわちまた後に祟りをなして祭られたと言う。やはり「姥甲斐ない」と同じの形を具えたものである。

右の二つの由来談は、必ずしも時代の前後を判別するに容易でない。概括ずきな先生方は、単純なる献身的の忠節から、お菊皿屋敷系統の反抗的態度に進むのが世相だから、鷲に取られた奇怪な伝説の発生が、安永七年よりはさらに古いと言われるかも知れぬ。しかし何のために食器を携え、何のために田人に昼餉《ひるげ》を送ったと伝えられたかを尋ね、また神の名のミヅシと影取とが、いかなる機会にこのような信仰の変化を促したかを考えて見れば、あの芝居じみた安永七年の縁起の中にも、存外に古風な口碑が多く織り込まれていることを知るのである。このついでではないと言う時がないが、田の神の祭に昼飯を炊《かし》ぐ女を盛粧させ、これを神主として田植の成績を祈ったのは、古い田舎の慣習であったらしい。それが今でも守られておる土地もあれば、一方にはいわゆる嫁ケ田の伝説となって痕跡を遺し、しかも折々は子供と二人で死んだというものもあれば、鷲に児を取られる話も古くからある。したがって右の二つの言い伝えは双方ともに、さほど新しいものでもなく、同時にまたまるまる昔の形を保存しているものとも見られないのである。

姥ヶ火と勘五郎火

時代は何物をも彩色する。独り水の辺の老幼二人物についてのみこれをいぶかるを要せぬ。姨ヶ井、姥ヶ池の漠然たる口碑を耳にして、「甲斐ない姥」の世間よりも一つ前、すなわちわれわれが名づけて武辺ばなしの時代という戦国末から元禄頃までの人々は、別にまた城没落の折の若君とお乳の人などを、盛んに想像してみたものである。父は討死に、美しい母は自害して、東西も分からぬ玉の和子を、雑人《ぞうにん》にまぎれてそっと老女が抱えて落ちたとか、あるいは母御前が自身でつれて、千本桜の六代親子のようにまたは常磐のように、知らぬ村里に迷ったり、もしくは姫君が一人で、昔の家来の家に遁《に》げて来たりする話は、もとより林の木の数ほどもあるが、さてその中の何割までが、あった歴史であるかを決するは容易でない。おそれ多い例ではあるが、長門壇の浦の歎かわしい御最期の物語などは、平家で盲人の説いていたものが正史に近いように考えられているが、しかも他の一方には諸国の山村に、潜かにお供をして匿《かく》れた旧伝もあれば、他の一方には筑後の川口の縁もなさそうな土地に、二位の尼とともに尊霊を祀っている。東京で今日水天宮《すいてんぐう》と拝んでいる神様には、中比からかくのごとき信仰も起こったのである。これらの例を見ていくと、社会が予期する方に向かって、いくらでも話は発展するもののように考えられる。近世、至って数の多い落城の悲史というものの中には、自分は二種の類別ができるかと思っている。すなわち甲は落ちたけれども逃げおおせず、万斛《ばんこく》の恨みを呑んでともに刃の露と消えたという悲壮劇、乙は武運めでたく再興の喜びをみた話で、量においては二者ほぼ相半している。これをもちろんどちらが古い形と言うことはあぶないものだが、少なくとも水に縁のあるのは甲種の方に多いとは言い得られる。下総《しもうさ》印旛《いんば》沼《ぬま》の臼井の城址に近い「おたつ様」の祠《ほこら》などは、なかんずく有名なものであるが、これは都合あって後に説くことにする。東京の近くでは千住《せんじゅ》のさき西新井宿《にしあらいじゅく》の道傍に、かつて一人の童子が馬に乗って来て落馬して死んだという処がある。児桜という古木はその馬を繋いだ桜の木で、駒ヶ塚という塚まで もとはあった。一つの姥ヶ池はちょうどその付近にあって、児にゆかりのある姥が悲しんで身を投じたと伝えてこれを祭り、その塚は姥神塚と名づけているが、ただ奇妙なのはこれに対して道の右手の方に、さらに爺塚という一塚の存していたことである。

　この西新井の姥ヶ池には弁天様を祀っていた。肥後の山鹿の熊入村にも、御料人塚と名づけて、ある城の落ちた時、乳母に抱かれて逃げて来た姫君を殺したという塚がある。その西に近くあるのを乳母塚と称し、塚の中は切り石を重ねて壁とするとあれば古墳らしいが、やはり弁才天を安置しておって、夜更けには不思議の火が現れることがあるという。いくら姫君でも幼稚の児を御料人というのは変だと思うが、あるいは実は御霊塚《ごりょうづか》だとの説もあった。実際またこの両人のごとく、いわゆる非業の死をとげて浄土にも行かれそうにない魂を、中世の人は特に御霊と呼んでいたのである。御霊は内が燃えるゆえか、水辺を求めて住む者が往々あり、ことにはまた怪しい火となって飛びあるくものが多い。その中には河内姥ヶ池の姥ヶ火、摂津の尼ヶ淵の尼ヶ火などと、これを女性の怨念に托した例がいくつもある上に、なお注意すべきはこれにもやはり姥と小児との話がある。例えば丹波の保津川の姥ヶ火は、夜ごとにこの川水の上を丸くなって飛んだというが、この世にあっては亀山の町に住んで「子買い姥」と称し、数多《あまた》の人の子を慾《よく》で乞い受けては棄てたがために、棄てられた子の怨みと姥の苦しみとが、凝ってかくのごとき火になったとある。尾張の木曾川では昔勘五郎という少年が、村と村との水争いに殺され、その母親はこれを知らずに、夜どおし捜し疲れてついにまた死んでしまった。その松明の火だと伝えて、勘五郎火という怪火が飛び、水の患《うれい》も絶えたことがなかったのを、今から百七十年前の寛延三年に、美濃で名高い口寄せに掛けて見てようやく仔細がわかり、村の境に塚を築いて勘五郎を荒神に、その母を山の神に祀ったところが、それ以後不思議はなくなった。これらの哀話は芝居ならば世話物であって、ちっとも忠義一途の烈婦《れっぷ》の伝と似ておらぬが、これにはかつて共通に、何か単純なる木地の木目があったものと見なければ、かえって科学の社会において火の説明までがつかなくなる。結論などは他日のこととしても、今から一言だけ言っておきたいのは、歎いて死んだというその姥が神になっていることと、独身で飛んでいたように伝えている河内の姥ヶ火の本拠が、やはり枚岡《ひらおか》神社の若宮の側の、姥ヶ池であったこととである。

尼子氏

若君と老女、運よくも敵の目をのがれて、末めでたく栄えたという方の話を、自分らは尼子流とでも呼んでおきたいと思う。それはとりわけ出雲の尼子氏の家伝において有名だからである。尼子氏は佐々木京極の庶系で本国は近江、犬上郡の尼子郷を名字の地とするというにもかかわらず、ある代に家滅亡に瀕した時、幼少の孤児わずかに一人あり、祖母の尼公《にこう》これを養育したもうといい、あるいは尼の弟子となって命を助かるなどと称し、これによって尼子と名乗ったことになっている。一つにはまたその先祖天人の子なれば、天《あま》子《こ》と呼ぶと記し、いわゆる余吾湖の羽衣の伝説へ持って行った本さえある。系図よりも天佑を重んずる北アジアの部曲でもなければ、これほどまでの由来を作り上げる必要もあるまいから、これは何か家に祀っていた特殊の神でもあって、それから伝えられた噂がもとではなかろうか。羽前の最上郡豊里村に、尼子楯という屋敷の跡がある。毛利に滅ぼされた尼子義久の遺族の者が、こんな所に遁げて来て住んだという。これはおおかた物の間違いであろうということが、自分にも想像がつく。此郡新庄の城主の今の戸沢子爵の家、および これと同族と称する及位《のぞき》の高橋家では、共にその第一世を京都から来た殿上人で、平清盛の継母の尼子という婦人の子だといい、したがって姓を平氏としている。そうすれば筑後その他の平家谷と同じで、事によると今一つ以前には、二位の尼と八歳の天子様との、御隠家を主張していたのかも知れぬ。しからざるも落武者とか御落胤という家の伝記は、時代につれてことに変化しやすいものであった。すでに一箇の旧家が尼子育ちをいっているところへ、さらに出雲の尼子氏が来たということだけは、少なくとも誤信であったろうと私は思う。近江で尼子氏と同族の佐々木氏にも、織田信長に攻め滅ぼされた際、その孤児の三歳なる者を乳母が介抱して、湖岸の地に世を忍び、活計のために餅を製してこれを旅人に売る。草津の名物姥ヶ餅の根源はこれだという説がある。今一つ食物の話をすれば、飛騨の白川の奥の尾上郷《おがみごう》のまた山奥に、甘子谷と称する渓があって、魚のアマゴが多くいる。昔、平家の士が逃げて来て隠れた時、この川魚を放したから、今に地名となるくらいにいるのだというが、アマゴならば他の谷川にもずいぶんいるのみならず、落武者が魚を活かして携えるも変なものだから、むしろ尼子の旧伝が平家の残党の話を発生させ、それがやや不明になって、あたかもその地にいる魚で説明する気になったものと思う。すなわちこれもまた久留米の尼御前宮が、尼子の名によって二位尼を説き始めたのと同じと見られるのである。

家の興隆に功のあった婦人を、神として永く祀ったという例は、近くは四谷の大宗寺の三途河《そうずか》の婆などもあるが、これは後で話そう。横浜在の氷取沢《ひとりざわ》の宝勝寺にも、地頭間宮《まみや》氏の幼主を育て上げたという乳母を祭っていて、間宮家から代々その祭を営んだのは事実だが、しかも古くはこの寺の境内にあったという飯盛童子《はんせいどうじ》の祠が、その姥と因縁のあった上に、その祠を樹下に建てしめた神木の名が雷松《いかずちまつ》で、少しく賀茂の玉依姫の神話の香りがするのを見れば、歴史かも知れぬがまたそうでないかも知れぬ。出雲の尼子家名の由来のごときは、これに比べると伝説であることがいっそう確かであるが、さてどうしてそのようなことを言い出したかを尋ね、進んで本国近江の村の名の起こりを考えて見ると、やはり大昔の不思議の女性に養育せられたように、話が年代を超脱して幽《かす》かに伝わっていたのではないかを思わしめる。岡山県などには天子と書いてアマゴという名字の家が多い。九州でも肥後から南には、天子《てんし》の宮と呼ぶ社が大小無数にある。現在行われている伝説はいろいろあろうが、あるいはこれを霊姥と霊児との別霊神話に、溯っていく余地がないものであろうか。琉球諸島の創世記は、旧日本も同じように、神が降臨して人の祖先を生んだことになっているが、その話にもまたいろいろの変形がある。例えば銘苅《めかり》邑の天久野《あまぐの》の天久社神応寺などは、日本でいうと足利時代の中ごろに、邑人の銘苅翁子なる者、この野に出でて女性の法師を送って山頂より降り来り、または山腹の洞からその女性が法師に送られて頂上に昇り去るを見て、神霊なりと信じてその洞を祭った処が、香の火点ぜずして自然に燃えた。よって天久社と寺とを建てた。後に神託があって法師は権現神、女性は弁才天であることを知ったという。この天久《あまぐ》はすなわち天子《あまご》に相異ないが、話は単に神の婚姻を想像せしめるのみで、その結果を逸している。これに反して八丈島の人間の始めは、大昔天変によって、一人の孕んだ婦人のほか一切の人が死に絶えてしまった後、生まれた男児と夫婦となって、再び人間の元祖となる。その婦人をタナバと呼んでいる。これには神を父として母一人が子を生んだという日本の神話の分子がない代わりに、タナバの名からその内容まで、はるかなる南洋極楽の島々と、驚くべき連絡のなかつぎを示しているのである。

せきのおば様

さて立ち戻って今一度、駿州江尻の姥ヶ池について語らねばならぬ。実は前にはそっとしておいたが、あの池の御霊にはなお一つの話がある。『駿国雑志』の説くところでは、乳母がこの池の傍で遊ばせていた小児は、折ふし咳が出てひどく苦しむので、水でも飲ませようと児を下して地上におき、水を汲もうとしている間に、その子は咳き入って思わず池に堕ちて死んだ。そこで姥も身を投げて罪を謝したもので、その念が残ったものか、永く小児の咳の病の願掛けして霊験があったというのである。この話の末の三分の一は少なくとも現実で、これが違っていたら土地の人が承知をせぬはずである。果たしてまた近世においては、「姥ヶ池之由来」と題する小冊子までもできて、旅人の信心を誘うようになっていた。自然の変遷ではあろうが、初めはそれでも小児を一人置いて、水を汲もうとした不注意だけは乳母にもあって、なおかの「姥甲斐ない」の痕跡があるのだが、縁起の一巻に至ってはまったくこれには無頓着で、ずいぶんと勝手なことが書いてある。その大要にいわく、延暦年間のこととかや、江尻の傍に金谷の長者という人があって、その愛児咳の病で悩んでいたのを、その乳母悲しんでこの池の岸にある石地蔵に祈りをこめ、和子の命に代わり申すとて身を投げて死んだ。そこでその小児はすみやかに本復するのみならず、今に至るまで同じ病の幼児を救わんとの御誓願だというのである。ここだけの縁起としてはまず巧みにできている。

ところが姥の霊に子供の咳を祈る例は、他にもいろいろの由来をもって存するのである。前にちょっと話しかけた下総臼井の「おたつさま」などはまさにその一例である。おたつは生前には臼井の城主臼井殿のはした女で、様のつかぬ人であった。正和《しょうわ》二年に志津胤氏《たねうじ》がこの城を攻め落とした時、臼井の一子竹若丸、おたつの介抱を受けて城を逃げ延び、印旛沼の蘆原の中に隠れていたのに、折悪く咳が出て追手に気づかれ、ついに主従二人ながら縄目の恥を受けて殺された。村民その忠死を憐んで、ほど近い田の中に祠を作り、今日はりっぱな漢文の石碑まで立っているが、里人はもっぱら咳の神様としてこれに仕え、咳に苦しむ人は炒麦粉《こがし》とお茶とを持って来て願を掛ける。これは「おたつさま」が咳は情ないものだということを、最も痛切に感じて死んだ人の魂であるからである。麦こがしの献納は、これを食べられるくらいによく治して下さいということかどうか、明白ではないが他でもすることである。上総君津郡俵田村字姥神台の姥神さまは、明治以後名を改めて子守社となっている。大友天皇にお供してこの国に下った乳母を祭ると伝え、これは何ゆえともいわぬが、咳を患う者甘酒を供えて祈るときは、必ず霊験があるということになっている。弘文天皇潜幸の物語は、上総の伝説の一特色である。枝路になるからここでは説かぬが、もとは中世のある時代に示現せられた貴い神様の信仰に出た話であることは、他の類例から推して考えられるようである。甲州では中巨摩《なかこま》郡百田《ぐんひやくた》村の上八田《かみはつた》組に、「しわぶき婆」と称して炒胡麻《いりごま》と茶とを供えて、小児の風邪を祈る神があるそうである。これは単純な二貫目（約七・五キログラム）ばかりの三角石であるが、昔行き倒れの老女を埋めた印の石といい、掘り起こせば祟りがあると、今でも畏敬せられている。ただしこれには子を連れて来た話はないようだ。武蔵でも川越の喜多町広済寺の境内に、「しやぶきばば」の塔と名づけて、信仰者の絶えぬ石があった。今でも一つ不得要領の石塔が寺にあるが、それか否かも確かでないといえば、もはや願掛けに来る人もなくなったのである。

築地の老女石像

江戸にも昔はいくつかの咳の婆様があった。石の枕で旅人を殺した一つ家の姥の霊なども、うそのようだがやはりその一つであった。本所原庭《ほんじよはらにわ》の証顕寺《けんしようじ》の横町にも一つあった。板囲いの中に安置した二尺（約六十センチメートル）ばかりの石の坐像で、老女とはいえどもその顔鬼のごとく、丸燈籠の笠石を笠のようにして戴いていた。首から下は彫刻粗にしてかつ割に小さく、桃色の布を引掛けていた。痰咳の願掛けに奇妙に験があったということである。これも百年ばかり前には相応に有名であったが、それよりも一層評判が高くて、かつ永い歴史の伝わっているものは、築地の稲葉丹後守の中屋敷の内にあったという石の姥である。今の何丁目の辺かは知らぬ。いずれなまめかしい家などの建っている近所であったろう。祈願の者は門番に頼み込むと入れてくれた。江戸で豆炒りという食品、すなわち大豆と米と餅霰とをいっしょに炒ったものと、煎じ茶とを持参して願を掛けると、咳の病が不思議に治るということで、面倒な手数をして参る者がなかなか多かった。書物によっては高さ二尺五寸（約七十五センチ）ほどの、老女の形をした自然石とあるが、これは間違いであったらしい。またその由来を知らずと言った人もあるけれども、ある程度までわかっている。稲葉家の先代が相州小田原にいたころ、城下に近い風祭《かざまつり》の山里に、菴《いおり》を結んでいた風外という僧に帰依せられていた。この僧立ち去った後の菴の中に、誰のともわからぬ爺と姥との二石像があった。あるいは風外和尚の父母の像だろうといった人もあるが、親を置き去りにするやつもないから、なお大いに不確かであった。これを後になって江戸の邸内まで持ち込まれたものである。御一新になって、築地の方面も変化したから、咳の姥神も今度は行方が知れぬことと思っていると、これはちゃんと本所牛島の弘福寺に行っていることを、山中共古翁が知っておられた。弘福寺は稲葉家の寺だそうだから、預けて置かれたものと思われる。よほど大切にしていたものと見えた。ただし牛島の寺にあっては、もはや咳の願掛けをせぬようになり、今日ではその代わりに、腰から下の病に祈るということになったのは、まったく時代の風である。供物もお炒りと茶ではなくして、下駄、草履の類をお礼に上げることになっている。何でもある婦人の夢想によって、これを試みたのが始めだとのことである。

稲葉邸内の石の姥には、今一つ珍妙な話が伴っている。この像は相州風祭の菴の昔から、牛島弘福寺の現生活に至るまで、終始爺の石像と差し向かいであるにもかかわらず、何故か夫婦は至って仲が悪いと伝えられていた。二つの像を並べて置くと必ず爺さまのほうが倒れているので、のちには男の像だけを位牌堂の側に移し、姥の石像ばかりを稲荷の社の前に置いた。爺さまとても無能ではなかった。口中の病のある者が祈ればこれに応じた。顔などは爺はこわく姥は柔和であったが、なお細君の猛烈には一目を置いていたのであろう。咳の病に願掛けをする人たちは、供え物は夫婦同じように供え、姥に頼んでおいてからさらに爺の前へやって来て、こんな事を言ったものだそうである。ただ今おばば殿に咳の煩いを直して下されと頼んで来ましたが、おばば殿の手際がおぼつかのうござる。何とぞそこもともお骨折り下され、この病のよくなるように頼み申すとうそをつく。そうするとことに効験が多かったと言った人もある。まことに心安い神様であった。

三途河の婆

しかしここでは夫婦だか何だかわからぬことになる。実際また夫婦ではなかったのかも知れぬ。兄妹でも久しくともに住むことがあるが、いやしくも男と女と一人ずついると、これを夫婦と速断することが昔の人の癖もしくは信仰であった。このついでにもう少し話を進めてみるが、上州高崎の赤坂町に、大師石という霊石があった。その近くにある姥の石像は、弘法大師の御作だと伝え、その名を「しょうづかのばば石」と呼んでいた。咳に悩む人々、お礼には麦の炒粉を供えるつもりでこの石に願を掛けると、立ちどころに全快したという話である。「しょうづか」は葬頭河ともまた三途河とも書き、歌には三つ瀬川とも詠んでいる。地獄の通路にある川で、ここに奪衣婆《だつえば》という恐ろしい姥がいるとわが国ではいう。しかし弘法様がわざわざその像を刻まれたのもわからず、これを高崎で祭るはずもないようであるが、ただここには一つの念仏堂があった。念仏で地獄行きを遁れようとする人々が、自然に婆様ならあの婆様と思うようになったのであろう。越後長岡の新町には、また「せきの十王」があった。この方は米の炒粉を供えて祈るときは、咳の病がすぐに治ったといっている。十王はすなわち地獄の裁判官で、もと十人の合議制であったのが、後には閻魔ばかりか権勢をもっぱらにしていた。長岡の十王堂は長福寺という古い寺の内にあって、これは十体の木像であった。かたわらに三途河の婆さんが列坐していたか否かは確かめぬが、通例は東京などでもこの婆は閻魔堂に同居し、一見するところ大王の北の方のごとき姿がある。閻魔王の脇立としてならば、他の九王のほかに倶生神もあれば青鬼・赤鬼もある。門番の家内のごとき老女を近づけるのもおかしい上に、奪衣婆には本来しかるべき配偶者もあった。その名を懸衣翁《けんえおう》という和製の十王経にも出ているのである。しかるに人の口は仕方がないもので、いつもこの婆様を閻魔と言えば連想するがゆえに、その共同生活はすこぶる築地の稲葉邸にあったものに近くなっていた。伊豆の日金山の頂上にあるものなどは、ことに百余年の久しき間、細い山跡を挟んでさし向かいで暮らすこと、まるで世の中の爺婆と一般で、わずかに服装などによって一方は地獄の官吏なることを知るのみである。なお考えてみると変なのは、三途河の姥は地獄では病気にはもちろん用はなし、また地蔵のごとく小児のかかりでもない。しかも他の地方のただの姥石にも、同じ願掛けのあるを見れば、察するところ日本へ来てからの新たな任務で、長岡の十王のごときはそれからさらに委任せられたものだろう。ただしこの三途河の姥の一条は、まるまるわが国で始まった話のように考える人もある。そうすれば信仰の他の姥神と近いのは当然である。とにかくに地獄から来ているようにいう姥の話が、決して偶然の誤りではない証拠には、京の清水、尾州の熱田、越中立山などの姥堂のほかに、有名でないものなら全国にわたって多く、往々また類似の祈願に効のあること、例えば遠州見付の大地蔵堂の奪衣婆が、子供の無事成長を祈るとて子供の草履を献じ、出羽の庄内下清水天王寺の「しょうづかの姥」に婦人の乳の出を祈り、羽後の金沢専光寺の「ばばさん」にも同様の信仰ある類、数えたら際限もなさそうだ。もっとも東京の三途河婆は随分盛大であるが、起源は事のほかに新しく、したがってその信仰も近世式に複雑である。例えば浅草奥山の婆様は、口中一切ことに出歯に妙とあって、房楊枝《ふさようじ》が常に山のように奉納してあった。この像の歯が欠けていたために、言い出したらしいとの話である。慈覚大師作などといっているが、手には茶筅《ちゃせん》を持っている。子育ての守札もやはり出したそうである。流行は百四、五十年前の安永ごろからで、これを見真似か一時は府の内外に二十箇所の三途河の婆ができ、正月十六日にはおおいに参詣した。あまり盛んなので嘉永二年には禁止の法令が出たともいう。四谷新宿正受院のも、主として口中の病を願掛けしたが、これは文政ころから参り出したという。閻魔さまと同宿するにもかかわらず、変わった由来譚を伝えているのは、まったく流行以前に久しくこの寺にあったからである。幕府の御医師人見友雪の先祖、浪人のころ山中に迷い、山賊の家に泊って危難に瀕したのを、小栗判官のごとく一婦人のために救われた。後にその女を妻としたのがこの木像の主だという。人見は四谷濠端の高力《こうりき》松《まつ》の下、すなわち今の救世軍の士官学校の辺に住んでいた。何かの都合で像を菩提寺に托しておいたものと思われる。これが史実かはた尼子系の伝説かは、自分は別に究めたいと思わぬ。ただ時節が来れば姥神も奪衣婆となって、拝まれるものなることを知るばかりである。考えてみれば正月・七月の十六日を釜の蓋の開く日とし、または小僧の休日とすることなども、地獄においての沙汰とは思われぬ。やはり大昔からの姥神の信仰を、中間に置いて広く観察しなければ、真の理由は判明しそうにもないのである。

関寺小町

姥の霊に咳の病を祈る風習は、最初「せきのおば様」という名称に誤られたものだろうという説がある。関の姥はすなわち道祖神であって、命の境の三途川の奪衣婆のごときは、もとより関の姥のもっともなるものであるが、道の衢《ちまた》の石の神体とても同じ名をもって尊まれたゆえに、ひとしくこの信仰を生じたのだろうというのである。なるほど道祖神にも石をもって男女の形を刻んだものが、古来極めて多かった。そうしてどこでも子供がはなはだお好きであった。道祖神に咳を祈るという例も広島地方などにある。理由はまるで分からぬけれども、お礼には馬の沓《くつ》を多く差し上げたそうである。道祖神の祭は多くの田舎では正月十五日で、左義長鳥小屋の風習と関連しており、これを掌《つかさど》る者は常に子供である。その翌日をいわゆる藪入りとすることが、またこの祭と因あることも想像ができる。ただ「咳のおばさま」はもとの名が「関の姥」だったと、きめてしまうのはどうであろうか。咳以外の小児の病、夜啼きや乳の出に願を掛ける場合は、それでは説明ができなくなるからである。しかしいろいろの子供の病気の中でも、百日咳などは親も泣きたくなるくらいの難儀だから、祈念をする者にはこの病が多かったということはあるかも知れぬが、もしもそれ以前から姥神と言えば子を愛する神、という信仰がなかったなら「せきのおば」の名だけでは、いたずらに願を掛けて効果を待つ気にもならなかったであろう。また姥神は必ずしも道祖神の妻神と限られてもいなかった。また逢坂の白蔵堂のように、関の傍に祭っても、童児とは関係のない方へ話の発展して行った例もある。実際一箇の天才の力では、いかに骨を折ってもなしとげられぬような大きな改作を、時代と民衆との力は自在にかつ完全に、古来の伝説の上に施しているのである。浅草明王院の姥ヶ淵なども、『江戸名所記』の時代にすでに咳を祈る信仰はあって、竹の筒に酒を入れて岸の樹枝に掛けて頼んだとまではあるが、なおその由来を詳《つまびら》かにしてはなかったのを、現存の縁起においては次に載せるごとく、すでにできるだけは信徒に安心を与えるように取り纏《まと》め、しかもつとめて本尊の光を輝かしめようとしている。これがもしもなお時代の道理と調和せず、強いて旧伝を墨守していたならば、つとに笑われてそうして忘れられてしまったであろう。だから伝説の変化は、むしろ有効なる保存の方法だったと言えるのである。

縁起にいはく、この野荒漠にして盗多し。観音婆褐羅竜王を命じて老婆とし、第三竜女を美姫とし、色をもって悪徒を誘ひ、磐居磐融の二石をもって、その頭をひしぎ殺す。悪党の首領意麻呂を始め、多くの盗退治せらる。のち姥は池水に飛入り、倶利伽羅不動と現はれ、姫は弁才天となり、共にこの池に垂跡して諸人の病苦を救ふ。別けて嬰児の咳気を除くには、当寺の醴を飲ましむれば立どころに平癒す。報賽にもまたこれを納む。磐居の石枕・姫の鏡今も霊宝たり云々。

江戸三十三ヶ所観音第二番、御縁歌

ねがへ只世の罪深き姥ヶ池の浮む誓ひや一つ家のうち

（大正九年四月『新小説』）

うつぼ舟の話

一

今から百六十五年前の宝暦七年の八月のある日、弁慶法師の勧進帳をもって世に知られた加賀国の安宅《あたか》の浜に、一つのうつぼ舟が漂着したという旧記がある。「うつぼ舟」とは言いふらしたけれども、その実は四方各九尺（約二メートル七十センチ）ばかりの厚板の箱で、すみずみを白土のしっくいをもって固めてあった。開けて見ると中には三人の男が入って死んでいる。沖で大船が難破するとき、船主その他の大切な人、または水心を知らぬ者をこうして箱に入れ、運を天にまかせて押し流す例があるという。果たしてそのようなことがあるものかどうかは心もとないが、たとえ死んでも姿だけは、どこかの海辺に打ち寄せられることを、海で働く人たちが願っていたことだけは事実である。

いかなる素性の人間であったか、久しく郡代の手で尋ねてみたが、ついに何らの手がかりもなかった。そこで亡骸はまず砂浜の片端に埋め、木の箱はこれをこわして、供養のためとしてそのあたりの橋の板に用いしめた。その時諸宗の寺々より三人の塚に会葬して、ありがたい追福の行事が行われたのであったが、なお海上の絶命に迷いの念慮が深かったか、ただしは南蛮耶蘇の輩であって仏法が相応しなかったものか、夜分は時としてこの墓から陰火の燃えることがあったという。遺念火《いねんび》の恐ろしい話は、最もこの類の墓所に多かった。必ずしも目の迷いでなくとも、他の場合には心付かずに過ぎてしまうできごとを、何かと言うと思い出す者が、その方角ばかり眺めるゆえに、特に見出して騒ぐことになったのであろう。河内の姥ケ火とか尾張の勘五郎火とか、百をもって数える全国の同じ例が、場所や時刻を一定して、そのうえ理由までもほぼ似ていたことを考えると、たとえば天然普通の現象であったにせよ、やはり非業の死をいたむ人の心の動きから、作り設けた不可思議ということになるのである。

また箱の板を橋に架けたということも、同じ古風な日本人の、優美なる心づかいであった。奈良では薬師寺の仏足石の碑の石なども、久しい間佐保川の橋板に用いられてあった。冬の徒渉《かちわた》りのつらさを味わった者ならば、この万人の脚を濡らすまいとする企ての、尊い善根の業であることを理解する。人を向こうの岸へ渡すという思想には、さらに仏教の深い趣意があって、地蔵様などは牛馬にも結縁させんがために、橋になって踏まれてやろうという御誓願さえもあった。けだし北国の浜辺の昔のたった一つのできごとでも、こうして記録になって伝わっていると、次から次に思いがけぬいろいろの問題を、考えさせずには置かぬのである。

ただし自分がここで少しばかり、話の種にしてみようと思うのは、さほど込み入った民族心理の法則などではない。この大海をとりめぐらした日本国の岸には、久しい年代にわたって流れ寄る物が無数であった。かつては半島の出水に誘われて、いわゆる天上大将軍の恐ろしい面貌を刻んだ木の杭が、朝鮮から漂著したことも一再でなかった。羽後の荒浜では蛾眉山下橋と題した橋柱を、漁民が拾い上げたという奇聞もある。沖より外の未知の世界は、ほとんどある限りの空想の千変万化を許したにもかかわらず、いかなる根強い経験の力であったか、海を越えて浮かび来る異常の物は、例えば死人を納めた木の箱のごときものまで、われわれの祖先は一括して、常にこれを「うつぼ舟」と呼ぼうとしたのである。それがもし偶然の一致でなければ、すなわち何らかの原因の隠れたる、不思議な国民の一つの癖である。つまらぬ問題のようではあるが、もしこれに基づいて新たに見出さるべき知識があるとすれば、これもやはり学問のうちではあるまいか。

二

うつぼ舟は空洞の木をもって造った舟、すなわち南方の小さい島々において、今なお用いられているところの刳舟《くりふね》丸木舟のことでなければならぬが、多くの日本人はもう久しい間、そのもとの形を忘れてしまっている。われわれの親たちの空想の「うつぼ舟」には、潜水艦などのように蓋があった。こうしなければとても荒海を乗り切って、はるばるやって来ることはできぬものと、思う者が次第に多くなったためであろう。加賀でのできごとからさらに四十六年を経て、享和三年二月二十二日の真昼ごろ、常陸の原やどりとかいう浜に、引き上げられたと伝うるうつぼ舟などは、その形たとえば香盒《こうごう》のごとくに丸く、長さは三間（約五・五メートル）あまり、底には鉄の板金をだんだんに筋のごとく張り、隙間は松脂をもって塗り詰め、上は硝子障子にして内部が透き徹って隠れなく、覗いてみると一人の生きた婦人がおり、人の顔を見てにこにこしていたとある。

この話は『兎園小説』を始めとして、当時の筆豆人の随筆にはいくらも出ている。いずれも出所は一つであるらしく、疑いもなく作り事であった。その女は年若く顔は桃色にして、髪の毛は赤いのに、入れ髪ばかりが白くかつ長かった。敷物二枚の他に瓶に水二升ほどを入れ、菓子ようの物および肉を煉ったような食物もあったとある。また二尺（約六十センチ）四方の一箇の箱を、寸刻も放さず抱え持ち、人に手を触れしめなかった。浦人の評定では、たぶん蛮国の王の娘などで、密夫あってそのこと露顕におよび、男は刑せられたが王女なれば殺すに忍びずして、かくのごとくうつろの舟の中に入れ、生死を天に任せて突き流したものであろう。しからばその大切にする木の箱は、定めて愛する男の首でもあろうかなどと、言語は不通であったというにもかかわらず、驚くべき確信をもって説明する者があったと記している。

実際海辺に住む人民にしては、でき過ぎた断定には相異ないが、以前もこの近くの沿岸に、同じような蛮女を載せて漂著したうつぼ舟があって、それには俎板のごときものに一箇の生首をすえて、舟の中に入れてあったという口碑があったそうである。常陸の浜には今も大昔も、この種の不思議を談ずる気風が特に旺盛であったらしい。したがって海に対する尋常以上の信用が、噂の根をなしていたことは認めてもよいが、少なくとも記述の文飾、ことにいわゆる蛮女とうつぼ舟との見取図なるものに至っては、いいかげん人を馬鹿にしたものである。官府の表沙汰にすると雑用手数が容易でないゆえに、先例によって再び元のごとく女を舟に入れ、沖に引き出して押し流したといって、これ以外には一つの証跡も残らぬのだが、舟の中に書いてあったと称して、写し取っている四箇の異形文字が、今では最も明白にこの話の駄法螺なることを証明する。それを曲亭馬琴が注解して、最近浦賀の沖に繋がったイギリス船にもこれらの蛮字があった。だからこの女性はイギリスかもしくはベンガラ、もしくはアメリカなどの蛮王の女なりけんか。これもまた知るべからず、尋ねまほしきことなりかしなどと、例の恐ろしく澄ましたことを言っている。そうして今日までまだそのままになっていたのである。

もちろん自分たちには近世のわずかな知識を根拠にして、山人の軽信を笑ってみようという考えはない。第一そんな舟、そんなアメリカの王女などが、流れて来るはずがないといってみたところが、しからば何ゆえにこれだけの事実、もしくは少なくとも風説が出現したかと問えば、今だって答えうる者はないのである。単なる耳目の誤りまたは誇張であったとしても、何か基づくところがなければならぬ。かりにまるうそであったにしても、こういったら人が騙されるというだけの見込みが最初からあったものと思う。現代の文学才子が必ず実験したであろうごとく、作り話がたとえば鍍金《めっき》のようなものならば、その土台もやはりやや安っぽい金属であって、決して豆腐やこんにゃくではありえない。どんな空中楼閣にも足場があった。あるいは無意識にかも知れぬが、いつの間にかうつぼ舟とはこんな物と、人もわれもおおよそきめていた形式があったために、その寸尺に一致したでたらめだけがたまたま右のごとく成功しえたのである。人間はとうてい絶対の虚妄を談じうる者でないということが、もしこの「うつぼ舟」から証明することになるようなら、これもまた愉快なる一箇の発見と言わねばならぬ。

三

大昔もこれとよく似たうつぼ舟が、やはり常陸国の豊良《とよら》の浜というところに漂著して、漁夫に拾い助けられたという話がある。『広益俗説弁』の一節として偶然に伝えられている。欽明天皇の御宇、天竺旧仲国霖夷大王の姫金色女、継母の憎しみを受けてこの舟に載せて流された。のち久しからずして病みて身まかり、その霊は化して蚕となる。これ日本の蚕飼いの始めなりと、語る者があったそうである。この俗説も同じく中世の造りごとではあろうが、起源は必ずしもはなはだ簡単でない。奥羽の各郡に住する盲目の巫女たちが、今に至るまで神秘の曲として伝承するところの物語は、いずれも駿馬と婚姻した貴女の霊天に上り、後再び桑樹の梢に降り化してこの虫となると称し、豊後で有名な真野《まんの》長者をもってその父の名とする者もあるが、話の内容は支那最古の伝説集、干宝が『捜神記』の記事と著しく類している。蚕の由来を説く必要のあった者は、たぶんは蚕の神の信仰に参与した人々であろう。ある時機縁があってこういう外来の旧伝を取り入れ、自他の昔を識らんとする願いを満たしたことは想像してよいが、それとうつぼ舟の漂著とを、見継ぎ目も知れぬように継ぎ合わせたのは、別に海国に住む民の、数千年にわたって馴らされたる一つの考え方が、働いていたものと見るのほかはない。

しかもこれ以外には東部日本においては、空穂舟の話はいまだ聞くところがないのである。その信仰もまた舟の中の少女のごとく、波に浮かんで西南の方から、次第に流れて来たらしい痕がある。本来が人間ばかりの計画に基づいて、開かれたる道路でなかった故に、すなわち奇瑞として神の最初を説き、まだ家々の昔を誇る者が、これを遠くの故郷から導いて来ることを忘れなかったのである。帰化人の後裔としては、九州では原田の一族が、近いころまで口碑をもっていた。これも右にいう『俗説弁』の中に、筑前怡土《いと》郡の高祖明神は漢の高祖を祭っている。伝うらく高祖の皇子一人、虚船につくり込めて蒼海に押し流され、ついにこの浜辺に到着す。皇子の姿かたち等倫に超えければ、処の者ども奏聞をとげ、勅許を蒙りてこの地の主とす。苗裔《びょうえい》はすなわち原田氏にして、タカズを高祖と書くはその謂《いわ》れなりと称したとある。ただしこの伝は歴史と合致せず、また同じ門流でもさらに宗教的色彩の豊かな大蔵氏などは、これと異なる由緒を主張しているから、いわば後に世間の風にかぶれて、こうも考えられたというに過ぎぬのかと思う。

瀬戸内海沿岸の古い移住者の中には、これとよく似た家の伝説が、まだいくらもあったようだが、そればかりで歴史を推定するがごときは、最も不安全なる学風である。例えば周防の大内氏が帰化人の後だということは、最初百済の琳聖太子、当国多々《たた》良浜に上陸したもうという物語から出たのだが、元来の趣意は至って遠い時代に、この地に降臨なされたという北辰妙見の宮と、家の起源を一つにすることを主張し、その到着が神意に基づくことを説くにあったので、太子はおそらくは尊神の御子を意味し、必ずしも本国が百済であることを要しなかったかと思われる。しかも百済が仏法の輸入国であったためか、あるいは後に述べんとする第二の理由からでもあったか、備前の宇喜田《うきた》氏のごときも、その系図の最も信用すべからざる一つにおいては、やはり百済の王子をもって第一世の祖としている。大治《だいじ》二年といえば、かの王国が滅びてから、四百数十年も後の話である。百済の国から王子を孕める姫宮を、うつぼ舟に乗せて海に放ち、その舟今の児島に漂い寄る。三条中将という人この女性を妻に賜わり、腹ごもりの子生長して後に三条宇喜多少将と称すなどといっている。あるいは千人のちごの千人目に当たったゆえに、京の三十三間堂の棟木を曳かしめたともいい、（大治二年というのはそのためであろう）、または名作の鬼の面を取持したために生きながら鬼になって人をくらい、よって再び児島に流されたところ、某という山臥これに行き蓬い、鬼面を取り上げて切り砕きついにその怪を退治した。児島の瑜伽《ゆうが》寺の鬼塚はその面を埋めた塚だなどとも伝えられ、今ではかの地方の信仰や口碑と混同して、手軽にもとの姿を見定めることがむつかしくなっている。

しかしこれらの雑説をていねいに仕分けてみれば、一つとして備前より外では聞かぬというものがない。中にもうつぼ舟は系統が明瞭であって、つまりははるかなる海の彼方から、因縁あって来り寄るものは、昔も今もこの舟を必要としたことを知るのである。現に対岸の伊予にあっては、河野家の始祖と称する小千御子《おちみこ》もまたそれであった。大昔興居島《ごごのしま》の漁夫和気五郎大夫なる者、海上に出でて、一艘のうつぼ舟を見た。家に曳き帰ってこれを聞き見るに、内に十二、三歳の少女あり、われは唐土の者、仔細ありてこれのごとし云々。名づけて和気姫とよんで養育し奉る。後に伊予王子の妃となって小千御子を生むと伝え、船越というところには姫のお墓なるものが今も存する。常陸の荒浜のいわゆるアメリカ王女が、決して突発した空想でなかったことは、もうこれだけでも証明しえられるのである。

四

だからわれわれはいたずらに諸国の類例を列挙して、今さら偶合の不思議に驚くよりも、何物の力がかくまでに根強くかつ年久しく、この民族の想像を導きまた約束したかを尋ねて見なければならぬのである。伊予の和気姫は仔細あってといっているが、その仔細なるものは大なる神秘であった。みだりに語られざる神話であったゆえに、忘れられんとしてなおわずかに伝わっているのである。奈良の手向山《たむけやま》の勧請以前から、公辺の文書には八幡の祭神は応神天皇であったが、宇佐には別に一箇の異伝があって、イタリアで成長した耶蘇教と同じく、ことに御母神を重しとし、後に大帯姫《おおたらしひめ》を神功皇后と説くに至っても、なお比咩神《ひめがみ》または玉依姫の御名をもって、これを中殿に祭っていた。養老年中に大隅の隼人《はやと》が乱を起こした時、宇佐の神部《かみべ》はすこぶる平定の功に参与したと称し、爾後宇佐本社との絶えざる交通があったにもかかわらず、大隅正八幡宮の本縁として、古く記録せられた物語は、またぜんぜん北方の所伝とは一致せず、母の神の御名を大比留女《おおひるめ》と申し上げ、若宮はすなわち太陽の御子であって、同じく空穂舟の中の人であった。『八幡愚童訓』『惟賢比丘《いけんびく》筆記』等に、詳しくこの由緒を載せたのみならず、男山の社においてもすでに大比留女の名を録していた。おそらくは朝家の認定と両立せざるをはばかって、次第にこれを南端の一社に押し付けてしまったものであろう。

今簡単にその旧伝を述べるならば、震旦国陳大王の娘大比留女、七歳にして懐妊す。父王之をいぶかり、なんじまだ幼少なるに、誰人の子を儲けたるぞと問い給えば、わが夢の裡に朝日の光胸を覆いて娠《はら》むところなりと答えたまう。いよいよ驚き恐れて誕生の皇子もろともに、うつぼ舟を刻みてこれに入れ、印鎰《いんいつ》を相具して大海に放ち流したまう。流れ著かんところを所領とせよとのお詞であった。しかるにその舟日本国鎮西大隅の磯岸に寄り来る。太子を八幡と号し奉るによって、その岸を八幡崎と称えた。時は継体《けいたい》天皇の御宇のことという。後に大比留女は筑前若椙《わかすぎ》山に飛び入って、香椎《かしい》の聖母《しょうも》大菩薩と顕れたまい、王子は大隅国に留まって正八幡と斎《いわ》われ、幼稚のお年にして隼人を討ち平らげたまうといっている。

　日の光が少女の胸を覆うということは、はっきりとせぬ言い方である。『八幡大菩薩御因位縁起』には、朝日の光身にさして、寝たる胸間にありとあるが、それでもまだ納得ができなかったものか、後世の伝説では大比留女、日を呑むと夢みてと言い替えている。太閤秀吉をおそらくは最後として、以前の高僧たちの生い立ちの記などに、日輪懐に入るといい、もしくは日を呑むという類の母の夢がいくつともなく伝えられるが、いずれも個々単独に空想せらるべく、あまりにも奇抜なる空想であった。人もよく知るがごとく、この系統の物語で最も早く記録の上に現れたのは、百済と高句麗との二つの王国の、始祖王の誕生に関する奇瑞であったが、かたく信じた人々の筆になっただけに、その記述はこれに比べてはるかに精彩がある。すなわち一人の年若き女、児を生まばその児は後に王となるべしとの予言があったので、これを一室に幽閉して外界との交通を杜絶しておくと、太陽の光が戸の隙間より差し入り、ただちに少女の身を射る。これを避くればどこまでも追いかけ、ついに感応して身ごもらしめたというのである。ペリイの『文化遷移論』には、東インドの諸島にも往々にしてこの伝承の例あることを説いて、日の光の物を実らしむる力あることを経験した者の間に、おのずから成長した説明神話なるがごとく解釈しているが、単にそれのみではこういう個人指定の思想などは起こりえない。年久しく密林の底に遊び、または巌窟の奥に隠れ住んで、太陽の光線の譬えば黄金の箭《や》のごとくなるものが、しばしば心あって人に近づこうとするようなありさまを見た者にして、初めて夢まぼろしの間に、これを雄々しい男神として迎え親しむことをえたのであって、日を崇敬した原始人の信仰は、かえってかくのごとき異常受胎の奇瑞に刺戟せられて、さらに強烈を加えた場合がなかったとは言われぬ。したがって記録の今日に伝うるものは、かりに扶余の二種族の建国譚を最も古しとするも、これを伝説の根源と解すべからざるはもちろんである。日本においては山城賀茂の玉依姫、山川に美しい白羽の矢を拾い帰って、感じて別雷神《わけいかずちのかみ》を産み給うといい、あるいは大和の三輪の大物主の神は、姿を丹塗りの矢に変じて、流れ来って少女の身を突き給うというの類、単に太陽を男神とする俗信のはやく衰えたばかりに、説明のつけにくくなった説話が数多いのみならず、別にまた新羅の古き物語として、日の光の虹のごとくになるに照らされて、赤い玉を生んだという賤《しず》の女の話を載せ、その玉美麗なる嬢子と化して日矛主子の妃となり、後にのがれて日本に渡り、難波の比売碁曽《ひめこそ》の社の神に祀らるるというからは、われわれの祖先も二千年の昔から、必ずしも大陸の歴史家の仲介をまたずして、まずに日を父とし人間を母とする、貴き神あることを知っていたのである。平安京の初期に際して、大いに用いられた武人の家、阪上氏は百済の遺民であった。家の由緒を朝廷に奏聞して、詳かに太陽が少女を占有した伝説を述べている。それが『後漢書』の記事とも合致すれば、また大隅正八幡の縁起ともよく似ていて、同じころ西海に興隆した宇佐の信仰が、これを学びかつ利用したと解することも困難ではない。しかし自分達はそのように窮屈に、一つの物語が次をおうて諸国を周流したとまでは思っておらぬ。遠く太古に溯ってまだ多くの民族が今のごとく分散しなかった時代に、誤った判断ながら素朴なる人の心に、深い印象を与えた実験が残っていて、縁に触れて再び各処に出現したものが、こうして大切に保存せられ、はからずも互いに比較せられることになったのかも知れぬからである。ただしこの点を論究しようとすれば、話が込み入って果てしがつかぬ。しかも差し当たり自分の考えたいのは、何ゆえに海の彼方の大比留女を、うつぼ舟に載せてこの島国へは運んだか。あるいは比売碁曾の社の阿加流《あかる》姫神《ひめのかみ》が、もと新羅の太陽の御子であったことを、何人の教えによって知り得たかという点であるが、これとても決して容易なる問題ではないと思っている。

五

出雲の佐陀の大神も、母あっていまだ父の神を知らず、加賀の岩屋に入ってこれを尋ねると、黄金の箭が水に浮かんで流れて来たと伝えられる。神が丹塗りの矢に化して訪れたもうという物語とともに、いかにも美しく鮮かなるわが国風《くにぶり》の空想であって、これを単純に戸の隙間の日の光が、少女の腹を追いまわして射たという話し方と比べると、もとは一つであったと認めるのさえ感心せぬが、いずれの民族でもそれぞれの文化の境遇に応じて、常に聞く者の理解を主とするの他はなかったから、最初はこれよりもさらに露骨な、その代わりには感動の深い物語であったのももっともである。智力と趣味とは新たなる文飾を必要とし、神話のごとき保守的の文芸にも、やはり目に見えぬ成長があり、すでに形式の固定して時代に適せぬものは、おいおい圏外に押し出された。今において俗間の卑猥《ひわい》なる笑話などの、なお軽蔑すべからざるゆえんである。うつぼ舟に関して一、二の著しい例を説くならば、台湾東岸のパイワン族の中に、美女を朱塗りの箱の中に入れて、海に流したという伝承が多く、知本社と呼ばれる部落がこれを拾い上げたといっている。この女は身の内に恐ろしい牙があって、これに近づくほどの男はことごとく傷つき死んだために、用なき者として棄てられたのであったが、知本社蕃の若い頭目は、方法を施してその牙を除き、すなわちこれを娶《めと》って子孫が栄えたと伝えるのである。この話はいわゆる金勢大明神の本縁として、今でも奥羽の村の人が笑いながら、人に語るところの昔語りの一つであるが、すでにかけ離れた南島の荒磯に、同じ例を遺しているからには、近代の才子が発明した悪謔ではなかったのである。ただし依然たる不可解はその共通の起源であるが、幸いに台東方面の土人の間においては、アミの馬蘭社でもパイワン族の卑南蕃でも、等しく海に放たれた身に牙ある娘が、知本社の海岸に漂著したことを語り、後者自らもこれを認めておるのを見ると、すでに交通ある二つ以上の部落の間に、一方で不用として顧みなかったものを、他の一方が歓迎しかつ大切に守り立てたという話、すなわち日本の諸州の田舎において、神と住民との因縁約束を信じ、流れて来た飛んで来た、あるいは盗んで来たとさえ伝えている口碑が、元来はまたこのうつぼ舟の信仰から、分かれて出たものであるように感ぜしめるのである。

またパイワン種の諸蕃社には、ことに人が樹木の中から出たという伝説が多い。あるいは竹の中から卵が転げ出して、最初の男女となったともいえば、また壺の中もしくは瓠《ひさご》の中からも、人の出現したということを信じている部落があるのである。異人卵生の古伝はインドにも例乏しからず、仏典を通じて日本にも知られていた。すなわちむしろ説話の類似のみを根拠として、比隣民族の血縁を論断すべからざる反証の一つであるが、こういう意外な未開人の間にまで、同じ思想がやや別種の様式をもって、年久しく持ち伝えられていた事実は、その起因を単なる偶合に帰するにはあまりに重要であると思う。新羅の国王が金色の卵から出たという神話が、朴姓一族の祖先譚として、瓠に乗って日本から渡って来たという瓠公の奇跡を説くものと、本源一つなるべきことはすでにこれを説いた人がある。瓢簞に乗って来るという列仙伝のごとき絵様を想像しえた以前から、瓢のような内部が空虚で外見の具備した物は、三韓の人民にとってもやはり奇異であった故に、はやくこの類の口碑を発生せしめたのであろう。ことに渚に近く村を構え、日月の出入りを眺めて海と天とを混同していた人々には、これほど大きな問題は少なかったはずである。実際人間の智巧をもって、箱や樽などを作り出すのにも、天然の手本とすべきものがたくさんはなかった。ゆえに初めて空洞の木や瓢の類が、水に浮かんで流れて来た場合の、好奇心は強烈なものであって、幾多の誤った宗教観、もしくは後世の詩人のおよびがたしとする空想境を、誘い出すに十分であったので、その印象が次にやや姿容を変じつつ、永く世に留まったのに不思議はないと思う。

これがわれわれの昔話の多くに、作家というもののなかったことを、推定せしめる有力な理由である。再びパイワン蕃の神話に戻るが、そのある社においては先祖が生まれて出たという壺を伝えている。これにも太陽の光線が壁を通して、または細くなってその壺を射たというものが多く、すなわち太陽の子であろうと思ってこれを養育したと説くのである。日本では竹取の物語のごときは、今ある語り方のほかにまだいろいろの異伝があった。鶯の卵から成長したというのもその一つである。かぐや姫が身より光を放ったという代りに、数多の竹の林の中にただ一処、特に光がさしていたのを竹取翁が見つけたというようなどは、姫が後に天上に帰ったとある一段と相照らして、また一種の日の子の神話の流れと見るにたらぬであろうか。また桃太郎の前の型と認められる瓜子《うりこ》姫子《ひめこ》のごときも、童話においてはむざむざと山姥に食われてしまうが、それではせっかく山川をどんぶらこっこと流れて来た甲斐もない。あるいは狼の腹を割いて救い出された羊の子の話のように、後に復活したという伝えの方が古いにしても、やはり誕生の奇端譚としては片輪であるから、こうして第二の冒険談、すなわち山姥や天のじゃくとの闘諍談と結合する前に、別にまた一系統の瓠公神話が、この方面にもかつて繁茂していたことを、仮定してみるの他はないので、しかも瓢という瓜のわれわれ東方民族の生活に与えた影響は、最も複雑にしてかつ興味深きものなのである。

六

今の流行の日本人類学は、自分たちからいえばほとんど土器学である。土器の以前にまたは土器と併行して、そこにはさらに瓢箪学があるべきであるが、その瓢箪は腐ってしまったから、シャベルで学問をしようと思っても掘り出すことができない。しかも瓢箪の人間生活との交渉は、若干の忍耐を条件として、これをたどっていくことが不可能ではないのである。

全体日本のごとく天然の恵みが厚く、植物の人に対する役目が、物質界でも精神界でも、これほど綿密に行き届いていた国で、稲も桜も連綿として、今なお以前の種を植え継いでおりながら、土中に滞って腐らぬ遺物ばかりを当てにして、上代の社会を説こうとするのは、きわめて無法なる算段であった。いわゆる考古学の研究が進んで来れば来るほど、これと対立して無形遺物の採集を急ぎ、両々相助けてでたらめ論断の跋扈《ばっこ》を抑えねばならぬ。不幸にしてそんな便宜の得られなかった国の学問が、今までは主として訳述せられたが、われわれは千古の大倭人《おおやまとびと》の相続者であるゆえに、この国民文芸と称する広大なる包含層の中には、ひとり瓢に関する歌や口碑や習俗のみでなく、まだいろいろの珍しい紋様や彩色が、大小無数の破片となって残っているのを、存外容易に発見することができるのである。これが実は自分の過去を自分で研究しうる民族の幸福であって、そんな文明国は現在はまだいくつもないのである。

瓢の用途は至って広くかつ久しかった。土の壺の中に神いますと信じて、祀っていた神社はわずかしかないのであった。食事その他の普通の用には、もはや陶土器の便利を知ってこれに移って後も、信仰は形式が大切だから古風を改めにくかったのである。その前には木の箱や曲げ物が神体の入れものには用いられた。（もちろん開けても中には凡眼に見える何物も入っておらぬのが普通である）。しかしこれとても木の工芸の始めよりは古くない。目に見えぬ神が物の中に宿りたもうという思想が、中世から新たに起こる理はないから、箱曲げ物を人が作りえた前には、木地鉢などのごとく掘り凹めた物を用いたであろう。ゆえに今も家々で臼を重要視し、またしばしば臼の上で氏神様を祀り始めたという口碑が保存せられてある。その今一つ前は何かと問えば、天然の空洞木と、ひさごとより他はありえなかったのである。そうしてこの二物は古風のままに、今もって各地に神霊の宿するところとして、崇敬せられている例が多いのである。

われわれの神は日本種族の特性を反映して、すこぶる移動を愛しまた分霊を希望せられた。しかるに空洞ある天然の樹木はもとよりこれを動かすことをえぬゆえに、一方にはその神聖なる一枝を折って、行くさきざきの地に挿すという風が行われたらしいが、それだけでも頼りない場合が多くて、別にいろいろのウツボというものが用いられた。八幡太郎の発明などと称する箙の容器の靭《うつぼ》のごときも、最初は旅行用の魂筥《たまばこ》であったかと思うが、それよりも普通であったのは、やはり天然の瓠であったろうと思う。その外貌までがいくぶんか人に似て、堅固で身軽で沈まず損われぬ故に、いずれの民族でもいわゆる「たましいの入れ物」として、承認せられることができたのである。

ただし空穂舟の多くの口碑においては、乗客は神に最も近いというのみで半ば人間であったから、瓠の中に入って浮かび来るわけにはいかなかった。昔は神代史の少彦名神を始めとして、玉虫のような御形で箱の隅におられたという倭姫命、あるいは赫夜姫、瓜子姫子、さてはお伽噺になってしまった一寸法師など、日本の小子《ちいさ》思想は徹底したものであったが、神々の人間味、すなわちお仕え申す家々との、血筋の関係を説く風が盛んになってからは、もっと舟らしいものを必要とするに至り、しかも空洞木の利用に始まったかと思う独木舟《まるきぶね》が、おいおいに稀に見るものとなってしまうと、各人遺伝の想像力を応用して、ついに享和年間に常陸の浜へ漂着したような、筋鉄入りのガラス張りの、何か蓋物《ふたもの》見たような船ができ上がり、おまけに世界どこにもない文字などを書いて、ついに馬脚を露わすのであるが、しかもなお奇妙千万にもその船の中には、依然として遠い国の王女らしい若い女性が乗り込ませてあったのである。

七

もうたくさんと言われるといやだから、最後にこの話の成長した例を三つばかり付け加えて、饒舌の区切りとしようと思う。舞の本では「大職冠」の一曲に、鎌足勅命を奉じて海底の明珠を求めんとする時、竜王これをすかし返さんがために、乙姫のこいさい女という美人を、うつぼ舟に作りこめて、浪の上に推し揚げるという趣向がある。

流れ木一本浮んであり
かこかん取之を見て……
枕香にては無し
怪しや割つて見よとて
この木を割つて見るに
何と言葉に述べがたき

美人一人おはします

とあって、見たところは流材のごとく、割ってみなければ中に美人のおることか知れなかった。すなわちこのくらいでないと海底の竜宮から往来することはむつかしいと考えたのである。

これとは反対に肥後の八代《やつしろ》地方で、牡丹長者の物語として今も歌われているものは、潜航艇も及ばざる念入りの細工であった。牡丹長者には三人の子息あり、二人はそれぞれっぱな里から嫁を取ったが、末弟の嫁御はすなわち貴人の出であった。主要なる文句を抜書きにして見ると、

弟嫁殿《おとよめどの》の最初を聞けば
元は源氏の公卿衆の娘
少しばかりの身の誤りで
うつろ舟から島流された。
紫檀黒檀唐木《からき》を寄せて
京の町中の大工を寄せて
さてもできたやうつろの舟が

びどろさまにはちやんなど掛けて
夜と昼との界がわかる。
金と銀との千よーつ（マ、）かいて
中に立派な姫君入れて
なんじ（マ、）灘より押流されて
ここの沖には五日はゆられ
そこの沖には七日は揺られ
流れついたが淡路の島よ
島の太夫の御目にかかる。
うつろ舟とは話にやきけど
ほんに見たこと今度が始めよ
拾ひ上げてくづして見れば
中に立派な姫君さまに
頭に天冠ゆらゆら下げて
その日その日の食事をきけば
蘇鉄団子やこくど（マ、）の菓子よ
菓子の中でも上菓子ばかり

一つあがれば七日の食事
二つ上がれば十四日の食事
それが立派な食事でござる。
国はいづこか名はなにがしか。
国は中さば恥かしけれど
元は源氏の公卿の娘
少しばかりの身の誤りで
うつろ舟から島流された。
あらば太夫もこれ聴くよりも
国に還るか縁付きするか
うつろ舟から流されたから
二度たわが家に還りはならの
お世話ながらも縁付き頼む。
あらば太夫もお喜びで
牡丹長者の弟嫁に

これも常陸の浜の人とともに、食事の点ばかりを気にしているが、蘇鉄団子はいかにも殺風景で、天冠をゆらめかす女性とは思われぬ。ビードロやチャンを説く時代もおよそうかがわれるが、近代無心の語部《かたりべ》の力でも、この程度の潤色は困難でなかったのである。思想統一の感謝すべき影響によって、九州の南の端でも夢の楽土は平安の京であった。遠く唐天竺を求める必要もなかったのである。

ただ悠久の年代の間に、肝要な一点だけが村の人々には理解し得られぬようになった。鹿児島湾の西北隅、大隅牛根郷の麓部落では、岡の中腹に居世《こせ》神社がある。旧記によれば大昔の十二月二十九日の夜、この地に住む一農夫、潮水をくまんとして海の渚に到るに、空艇一艘漂流して船中に嬰児の啼声がでる。火を照らしてこれを見れば七歳ばかりの童子であったとあるから、嬰児の泣声はいかがかと思う。これ欽明天皇第一の皇子であるが、ある時雪中に庭に下り、はだしにて土を踏みたまうにより、御挙動軽々しくもはや大御位を嗣ぎたまうべからずとあって、空船に乗せて海に流しまつるという。空船はおそらくはまた空穂舟のことであろう。この皇子は農夫これを奉仕して養育したが、十三歳にしてお隠れなされたので社の神に祀ると伝え、別に御潜居の地が社の東三町の辺にあった。皇子流寓の古伝はいずれの地方でも、大抵は神社の由来である。薩隅では天智天皇ある年巡遊なされ、玉依姫という美人をお妃に召されて、男女数所の若宮をお留めなされたことになっている。いかにも正史と一致せぬゆえに、たぶんは彦火々出見尊の御事を誤り伝えたものと、土地の学者たちは解していたらしいが、これはやはり神話を歴史化したいという人情からであった。居世神社の皇子の「少しばかりの身の誤り」は、ことに史実として考えることがむつかしい。ただ至尊土を踏みたまわずと信ずる者が田舎にはあったことと、社の神はこうして遠くから、祀られに来たもうものと思う風が、ある時代には盛んであったこととは、この旧記一つでも推測しえられ、十二月の二十九日の潮汲みが、もとは年々の正月神のお迎えの用意であったのを、いつしかこのように固定したことも、幽《かす》かながらわかってくるのである。

神代の旧史においては、諾冊二尊の最初の御子を葦船に入れて流し去ると書いている。『書紀』には天磐樟船《あまのいわくすぶね》と出ているが、それがいかなる形状のものであるかは、もう西村真次君よりほかに知る者がなくなった。いわんや何の趣旨をもって、正史にこの一条を存せねばならなかったかは、考えて見ようもないのである。ただ後世におよんで、かの有名なる難波堀江を始めとして、不用の客神を海に送り出す風はあり、それが神みずからの意図に基づいて、あるいは逆流して本の主に復《かえ》り、あるいは遠く流れて新たなる地に寄りたもうにしても、ともに第二の地位が定まって後に、初めて説き立てらるる習わしであるのに、ひとり上代の水蛭子《ひるこ》の君ばかり、単なる放流の箇条のみをもって顕されているのは、おそらくは完全な記録でなかったろう。例に取るのも唐突であるが、かつて頼政が紫宸殿の廂《ひさし》で退治した、啼く声鵼《ぬえ》に似たりけりの怪物すら、尾足身首が切れ切れになって、内海処々の岸に漂着し、すなわち犬神蛇神の元祖になったように伝えられる。しかも京都の東郊にはこれを埋めたという鵺塚《ぬえづか》もあるのに、神戸に近い芦屋浦の鵺塚でも、鵺漂着してこれを埋めたことを主張するのみか、さらにその乗物までも塚に納めたと称して、鵺うつぼ塚というのが滓上江《かすかえ》の村にあった。ぬえなどに空穂舟は無用の話と考えられぬではないが、現に謡曲の「鵺」でも、ぬえの精霊自身が出現して、

頼政は名を揚げ〱
我は名を流す空穂舟に
押入れられて淀川の
よどみつ流れつ行く末の
うど野も同じ芦の屋の……

云々と、いっているくらいだから古いものである。

ただし単に文芸上の趣味だけからであったら、事いかに奇異なりともこれだけ広く、かつ数千年の久しきにわたって記憶せられるわけはない。素朴な昔の人が深く心を動かされたごとく、われわれの間においても時には作り話にせよ、新たな実例をあげて刺戟を復習せしめる他に、なおこの信仰を保存するにたるだけの、宗教行事が持続されていたのである。例えば公辺の記録には認められておらぬけれども、宇佐では近いころまで神を流す儀

式が行われていた。伴信友翁の『八幡考』に松下見林の筆記を引いて、宇佐の御正体という薦《こも》の御験《みしるし》は、毎年菱形池から苅り取って編み造った薦筵《こもむしろ》に、木の枕を包んだものを三殿ごとに安置し、古い去年の分を取り出してつぎつぎの社に下し、最末の小山田神社にある旧物は、空穂舟にのせて海に流すと、必ず伊予国の海上なるお机石という石の上に漂着して、そこにて朽ちたもうなりと述べている。われわれの今の知識では、まだ諒解のできぬほどの神秘である。しかし毎年の儀式として神を流すだけは、尾張の津島神社にもその例があって、これを御葭神事《みよしのしんじ》と名づけていた。定まった水辺に行って葦を苅り束ね、祈禱の後これを川に流すと、遠く近くの海岸の村々に漂着し、その村では必ず新たなる祠としてこれを祀ったゆえに、この地方には天王の社が次第に多いのだということである。これはもちろん分霊であって、本社の移転ではないのだが、そうしてつぎつぎに漂着せしめるということに、この神の教義は存したのかも知れぬ。津島は京都で八坂神社というところの祇園様を祀っている。諸国の田舎でも旧暦六月十四日に、祇園に供えると称して胡瓜を川に流し、それから以後は胡瓜を食わず、中に蛇がおるからなどと説明するのが普通である。思うにこの瓜もまた一つのうつぼ舟であって、自然の水の力の導きのままに、次から次へ宣伝した旧い時代の信仰の風を、無意識に保存するのであろう。神が最初に蛇の形を現じたもうことは、ずいぶん古くからの日本の習わしであった。大和の三諸山《みもろやま》の天の神も、蛇の姿をもって大門に参られた。しこうしてこれを世に伝えたと称する家も、またその氏の名は小子部《ちいさこべ》であった。

（大正十五年三月『中央公論』）

（付　記）

『昔話と文学』の中に掲げた「うつぼ舟の王女」という一篇を、この文と併せて読んでいただきたい。彼はこの古い言い伝えのすでに説話に化してから後を説いたもので、ここに述べたことと重複せぬように注意してある。『海南小記』の「炭焼小五郎がこと」も、この一巻の姫神根源説と小さくない関係をもっている。書いた時期はやや隔たるが、筆者の見解には大きな変化はないのである。

小野於通

一

吉川英治《よしかわえいじ》君の『宮本武蔵』には、お通《つう》という同じ故郷の美女を出して来て萍蓬《へいほう》流離させているが、これをしまいにはどうするつもりであるのか、われわれ見物にはかなり気がもめる。光悦《こうえつ》や沢菴《たくあん》は知名の士だから、そっと生かしておくにちがいない。佐々木《ささき》巌流《がんりゅう》は行く先がわかっていて、それがまたなくあわれにも思われる。本位田又八《ほんいでんまたはち》とお婆とは、烏有《うゆう》先生だというからどうなったとしてもよい。ひとりわれわれが作州の古人物の中で、かねがねゆかしく思っているお通という女性が、こうしていつまでも旅の空で年を取っているのは、人をして惜春の情にたえざらしめる。もういいくらいに死ぬものなら死ぬ、神になって昇天するものならまたそういうことになるように、したいものとさえ思われる。

歴史小説を書く人の、これは隠れたる読者との約束であると私などは解している。近ごろはどうした拍子でか、岩野泡鳴《いわのほうめい》・島崎藤村《しまざきとうそん》、伝記資料のやや豊富に過ぎたる現代人を、文芸にする風がふとはやり出したが、以前は一般に雲間の竜のごとく、わずかに片鱗を隠見するような史上人物をとらえて、なるべく自在な筆を揮おうとした者が多かったのも、ありようは社会大衆のすでに認めきっている史実に、そむきまたは楯突くことができなかったからである。娘にお通という名をつけた例は、『三勝半七《さんかつはんしち》』の浄瑠璃に一つあるが、尋常の親にはできぬことであり、また大きくなってから当人または世間が、そう呼び替えるということも稀だったように思われる。女の名のファンシイは近世に入って、ちょっと驚くほども発達している。女中に限ってつけられた松や末、きよ・はる・およう・およしがあったように、おさん・おたまにも定まった用途があり、おさよやお鶴やお菊には全国共通の物語さえできているのに、今日はもうその一つをどこの家庭で採ってもよいことになっている。女性に一人一人の名が入用になったのが、近世の新しい傾向だったからかと思われる。以前の女は知らぬ人に、名を呼ばれることを欲しなかったのである。わが群れの中ではそれぞれの地位による名があって、いわゆる固有名詞はなくてもすんだ。誰からでも勝手に名を呼ばれてよい婦人は、家を離れて孤立の生活をする者だけで、その数ははなはだ限られていたのである。名を忌む俗信がしばらく薄れて、たくさんの女の名の需要が起こり、これまで知られていたものが片端から、普通の人たちにも付与せられることにはなったが、それでもまだお通などは、そう普通ではなかったようである。名がよすぎるとかよくないとかいう感じは、近ごろでもまだ残っている。宮本武蔵の時代の美作《みまさか》の美女で、於通《おつう》と名乗りえたのはおそらくはただ一人であったろうとさえ思う。近世著名の女流文人、讃州の井上通女《いのうえつうじょ》なども、あるいはミチといっていたのかも知れぬが、初めて聞いたときには私はこれを小野於通《おのの》と混同していた。それほどにも通は珍しい女の名だったのである。

二

美作の於通は久しい後まで、その記憶が幽かながら土地には伝わっていた。この美人が二十九歳で昇天してから、百五十二年目の享和二年に、血の繋がりを持つという岸本某が、江戸から帰って来て祠の前に記念碑を建てた。山本北山《やまもとほくざん》が頼まれてその文を書いたのが、『東作誌』に録せられて今も伝わっているから、これに基づいてまたいろいろの解釈ができていることであろう。もちろん信じがたい伝説が時とともに付け加わっているのであるが、そういう中からでも、なお昔の世の人の心をくむことができるようで、またなくわれわれにはなつかしいのである。

小野於通という問題を明らかにするためにも、一通りは知っておかなければならぬ事蹟である。美作国の於通は平沼首相の郷里、津山の城下から東へ一里（約四キロメートル）あまり、押入下村の地士、岸本彦兵衛の娘であった。五歳で歌を詠み、七歳で機を織り、技芸典籍何一つとして暗からぬ才媛であった。生まれたその夜から奇瑞が多く、風貌挙止ともに常倫を絶していたけれども、美人の聞えが高かったゆえに、京都の有力者から所望せられて十六の年に嫁入りをした。祝言の盃の晩にそこを抜け出して、一刻の間に親里に帰って来てしまったので、いよいよその神通あることが認められたとある。故郷の人たちに永く記憶せられたのは、主としてこれから後の二年間の事蹟であったろう。無論近ごろの巫女にはこのような気高く美しい者はなかったが、通女もまた患いを却《さ》け祟りを除き災を攘《はら》い病を癒す、奇験あらざるなし、その名大いに遠近に聞こゆとあって、同じ類の営みをしていたのである。十八の年には再び父母を辞して諸国の旅をした。母の氏を冒してその名を小野於通と称す。かの天正中に和歌を善くしたところの小野於通とは、もと別人であってまったく関係がないとわざわざ断っておるが、この点が自分のもう一度考えてみたいと思う問題である。

京都では於通は宮中に召されて、貴き御方のおんために祈禱し奉ったということが、岸本一族のことに眉目とするところであったらしいが、これがまた伝説の最も御伽草子的なる部分でもあった。御病は竜蛇の祟りなりとして、日の御座《おまし》に十二の壇を作り、壇ごとに水桶を置いて金銀の幣を立て、物を供え香を焚いて至心祈念すれば、たちまちにして桶の中の水湧き上り、小さき蛇のぼり躍って咬み合って皆死し、御病はすなわち平癒したもう。お喜びのあまりにお手ずから白神大明神の神号を書きて下し賜わったというのは、珍しくもまた注意すべきことであったが、後世子孫の者は白神大明神を通女が生前の名と解して、現に廟前の石にもこれを刻して建てている。それが故郷の村の天神社の境内にあるということだが、それから後またどういう風に変化していることであろうか。実地について明らかにしておきたいものである。

何にもせよ虚言を吐こうという人はなかったと思われるのに、話は百五十年の間にすでにこういう形になっているのである。美作の於通が修法功を奏して後（なお引き留められて後宮の列に加わったということは、もとより記録にも合わず、いよいよもってありうべからざることであるが、これにもまた一つの小督局《こごうのつぼね》式の語り伝えが残っている。彼女は宮中第一の美女として、天人という名をもって知られていたにもかかわらず、寵栄に耽らず歌舞を好まず、ついに一章の和歌を壁上に題して、杳然《ようぜん》として九重を出てしまった。その歌の句に、身のさがのこす草の菅薦《すげごも》とあるのを見そなわして、しからば嵯峨に隠れたのであろうとお解きなされ、その行方を捜しに廷臣をお遣わしになる。嵯峨にははたして新たなる草の菴が結ばれていて、その主の名は小野氏であったが、人はすでに去ってまた一首の歌が、婢女の手に托して残されてあった。

求めなよ花も紅葉もおのづから
したふ心のうちにこそあれ

というのが、何とやらん天竜大覚の老師のような口吻であったのもおもしろい。しからば是非もないとそのままにさし置かれると、この地に三年の間修業して神通はますます高く、しきりに名山霊峯を跋渉して、飛翔すること鳥獣のごとくであった。今ある愛宕山の町石《ちょういし》というものは、衆人登攀《とはん》の労苦をあわれんで、この婦人が建設したものだともいっている。この終わりの一条はわれわれに取っては一つの手掛かりである。愛宕山の旧誌または口碑には、たぶんは町石を立てた日の記事があるであろう。それと作州での伝承とはどうちがっているのであろうか。かりに前者が何らの傍証をも供与しないにしても、しかも多くの老女化石譚において見られるごとく、こういう山に登ってあるいたという一種の女性には、記念を結界の石に留めたという伝説が、必ずといってよいほどに毎度付き纏うているのである。

三

吉野御岳《みたけ》の都藍尼《とらんに》を始めとし、山岳を修練の道場として室家の生活を省みず、孤独漂遊の日を送っていたと伝うる女性は、稀だというのみですでに十指を屈するほども日本にはその名を知られている。いわゆる神仙伝中の人物として見るときは、この岸本家の小野於通などは、近世に接しているだけにむしろいくぶんか凡庸に近い点がある。第一に旅をしていたかと思う歳月がやや短く、その居処がまたあまりにも都市に近かった。後に繁華を憎んで去って故郷に帰り、父母血族の悲歎の下に、二十九年の花やかな生涯を閉じたとい

うのにも人間味がある。その日は寛永七年の九月十三日、辞世の歌という、

いつまでか散らで盛りの花やあらん
今はうき世をあきのもみぢ葉

の一首が、故郷の人々に記憶せられておるというのも、かかる境涯の女としては絶えて前例のないことであった。事実には誤聞があり、また空想の侵蝕する余地もあるが、こういう詞章に至っては覚えたままを伝えるのほかはなかったろうと思われる。しかもこれらの吟詠の中からも窺われるのは、単なるこの時代の上流の教養、またはやや様式化した人生観だけで、少しでも塵表に卓越した神女のおもかげなどはないのである。伝説と現実との交錯する境界線には、もとよりこういう事相は起こりやすかったかも知れぬが、一つにはまた近世の力、すなわち巫道の末勢を示すものと私たちには説明しえられるのである。

巫女と文芸との年久しい関係を究めようとするには、むしろわれわれの見聞に近いこの種の零落状態から、入っていくほうが自然である。たとえば浄瑠璃の歴史と、切っても切れぬ因縁を引いておる小野於通の問題のごときも、今日知られている種々の文書資料をいくら整理してみたところで、とうていこの一箇の同名別人と称する作州の一女性が、供与するだけの暗示は得られない。浄瑠璃の小野於通の伝記として、何よりも始末の悪い点は、

年暦を数えると数十年の喰いちがい、故郷と終焉の地とを尋ねると東西に飛び離れていくつもあることであるが、これなどは作州山村の偶然の一例があるばかりに、あるいは他にもまだ幾人かの同名異人のつぎつぎ出現したものとしてもさしつかえのない事情が、あったのではないかということに心づかしめるのである。近世の雑書にこの女性の出自を説いたものは数多いが、いずれも風聞を書き留めたという程度のもので、それを否認しても誰からも故障が出ぬような話ばかりである中に、ひとり信州松代の真田氏に由縁があったという説のみが、後裔と称する者の主張もあり、また書いたものも残っているということで、いく分かもっともらしく聞こえ、おいおいに他の言い伝えを排除しているように見える。しかしこれとてもよく見るとやはり心細い証拠で、現に自筆本だという『金葉集』の奥書は、天正十一年とあるそうだから、お通が信州に来たというよりは五十年も前のものであり、しかもこれには美濃国北方里小野政秀娘とあるそうだから、明らかに他の書の記事とは両立しないのである。最もよく引用せられる『望海毎談』などは、それ自身にも大きな矛盾があるようだが、これには前水戸家の藩士小野和泉という者の女といい、『一話一言』などに載せている『玉露証話』という書には、播州網干《あぼし》の産とあるそうで、ともに晩年には一人ある娘の縁に付いて、信州に引き移ったということになっており、またかの十二段の草子の作者だというのだが、こんな片端だけの一致では、実は証拠が多いということにはならぬのである。

四

それよりもっと広汎なる一致が、ほとんどあるかぎりの於通伝記の間には認められるのである。美作の同名異人というものをも引きくるめて、どれもこれもじっとして生まれ在所に止まっていなかったということがその一つである。それから世の常の家刀自《いえとじ》の生活につかず、孤独し漂遊して一代を終わったという者の多いこと。つぎには貴人の寵遇を受けて、文学技芸のはやく世に認められていたことも、すべての小野於通に共通であって、ただその愛護者が信長・秀吉・家康、または浮田秀家であったとさえ伝えられる点だけが、書物によって区々なのである。後世の人の考えでは、これほど出色の容姿才能をもちながら、こんな数奇な一生を送った女性が、そう幾人もあろうと思われぬのはもっともであるが、それにしたところで経歴も年齢もこの通りちがっているものを、この点ばかりによって一つだけが本当で、他の説は皆誤りと見ようとしたのは、少し乱暴な断定のようである。

日本に浄瑠璃というかたりものの現れたのは、織田信長の時代よりさらに前だということは、江戸の学者がすでに証明をしているのだが、それにもかかわらずわれわれはまだ一般に、これと小野於通とをまったく関係のないものとは考えようとしない。あるいは十二段の原作者ではないまでも、それを新たに三味線に乗るように改作したのが彼女であろうとの説もあるそうだが、そうなってくると話はまた別で、文学史上の取扱い方も、自然に今までとは変わってこなければならぬ。この一つの作品がたびたびの改定を経ていることは、いずれの点から見ても疑いのないことで、むしろこの中から本有の部分というものを見つけ出す方が手数がかかる。同じ外題の諸種の伝本には詳略の差があるはもちろん、薬師如来の十二因縁に托したという段節の数さえ、他にはもっと少ないものもあるという。それを私は比較してみたことはまだないが、今ある流布本一つからでも、その経過はややたどっていくことができるように思っておる。たとえば第十段の終わりに、「駿河の蒲原田子の浦、吹上にこそ御着きある」の一句があって、以下二段の御曹司病難の条などは、明らかに全体の筋とは立ち離れている。まるまる新たに作り設けたものでないまでも、他から持って来て継ぎ合わせたことだけは想像してもよい。元来長者の申し子の物語で、末がめでたしめでたしをもって結ばれぬということがすでにかわっているが、これは私などの見たところでは、姫の配偶者の貴公子を牛若丸とした結果で、ちょうど宮本武蔵一流の、歴史的拘束とも名づくべきものであったらしい。それと今一つは近世の「敵討たず」のように、ややくたぶれた流行文芸の趣向に、新生面を開こうとした試みとも見られる。

浄瑠璃御前の物語に牛若丸を取り合わせた趣向は、現在知られている最初の小野於通、すなわち織田家の侍女というそれよりもまた古い。しかも前にはなかったという確かな書証もないが、少なくともこの語り物の名称には、これが『義経記』の一外伝だという意味は現れておらぬのみか、またその構造から見ても判官はどこまでも脇の役で、鬼一法眼の場合よりも一段と関係が浅い。その点が矢矧《やはぎ》の長者金高、もしくは母はこの宿の遊女というよりも、はるかに抜き差しのなりやすい人物である。浄瑠璃の名の起こりは絶世の美女、特に峯の薬師の霊験によって、奇異に授かった珠玉のごとき姫であったために他ならず、たまたま源氏の有名なる御曹司が、東下《あずまくだ》りに通過した土地であるゆえに、年代さえ構わなければいつでも二者を結びつけることができたというまでで、必ずしも於通のごとき才能の筆は要しなかったのであるが、私はなお双方の知識を兼ね備え、かつこれほどにまでその改作を流布させたのは、必ず鳳来寺山下の人であり、また女性であったろうと思っている。すなわち他にもまだあらわれない幾人もの「小野於通」があったものと思っている。

以前「和泉式部の足袋（二）」という題の下に、私は一度この考えを述べたことがあるが、鳳来寺の御本尊の霊験を語りあるいた女は、群をなして東三河の山間に住んでいたようで、その説話の一つに、『今昔物語』の鹿母夫人とよく似たものは、遠く北九州の村里にまで運ばれており、その鹿のような足をした美女というのが、同じくまた矢矧長者の申し子であった。それから今一つ、瘡《かさ》を病んで薬師如来と歌問答をしたという話なども、日向の法華岳寺にあるものは主人公が和泉式部であり、伊予と備中と美濃と上野とはあるものは、ともに小野小町の伝説として今もほぼ信じられているが、これもまた別に矢矧の宿でのでき事という例があって、歌も事蹟も同じなのだから、どうやら三河の峯の薬師から、国々へは持って廻ったらしいのである。問題はかの浄瑠璃を改作したと言われる歴代の小野於るとがやがてできるものと思っている。

通と、この東西の薬師のお堂において、歌によって奇瑞を得たと伝えられる小野小町と、二人の小野氏女性に何ぞの関係がありはしないかという点にあって、自分はそれを肯定することがやがてできるものと思っている。

二つのまだ十分に究められない事実は、東三河の村々に近ごろまでも語り伝えられていたという浄瑠璃御前の物語というものの内容で、これは直接にはまだ耳にしたことはないが、何でも薬師に児を祈って鹿の子を賜わったのが、この姫であったという筋のものらしい。心がけていたならば全文がわかる時が来るかも知れぬ。今一つはその浄瑠璃御前の遺跡と称するところがこの地方には数多く、そこでの言い伝えは大抵は十二段の草子の外であった。浄瑠璃御前はたしか安永七年という年に、岡崎付近のある寺で六百回の遠忌を営んでいる。そうすると治承二年、すなわち以仁王《もちひとおう》旗揚げの年に歿したことになるのだが、そんなことはもちろん『十二段草子』には見えていないのみか、土地ではまたそれよりもずっと後、あるいは近世といってもよいころまで、姫が冷泉《れいぜい》ともいうべき侍女一人をつれて、諸所を経廻《へめぐ》っていたという話が残り、その菴室の跡や墓所というものがいくつかある。それをありうべからざることと認めるには私も異存はない。ただこういう漠然たるものの集積または比較によって、いかに後世が誤り信じ、もしくは語りものの主人公とその語り手の名とを、どういう風に混同していたかはわかってくることと思う。

五

『八十翁疇昔《ちゆうせき》物語』には、浄瑠璃の初めを説いて、小野おいうという遊女云々と記している。遊女はひどいと今の人は考えるであろうが、これはただ単に遊行する女婦というまでで、この言葉の古い用法に近いようである。現に御伽草子の中には「和泉式部といふ遊女」とも見えている。この意味での遊女としては、「身をうき草の根を絶えて」の歌を詠んだ女性などが親玉であるが、そのことはここでは後まわしとする。和泉式部のごときも九州南端から、北は陸中羽後までも足跡を遺している。曾我の物語と不可分なる大磯の虎も、中国九州まで出かけており、もっと驚くのは十郎・五郎の母というまんこう御前が、伊予から土佐へかけての山間に住し、また東北にもこの珍しい名の女が、鷲に児を取られた話を伝えている。若狭の八百比丘尼《びくに》などは馬琴の小説にも取り上げられるほどに、関東・東北には多くの記念物を留めており、また近畿・四国までもよくあるいている。いくら八百年の生涯でも、現れなかった時期が長いのだから、八百になってからはそう旅行したはずはないのだが、いたるところに伝わっている物語は、すべて庚申講の晩に、異人に饗せられた人魚の肉、もしくは九穴の貝を食べたことに一致している。これはただ八百歳の長寿を得た女性の話をする比丘尼の意味であって、手分けをして諸国をめぐり、同じ一つの話を配ったことも、大よそはまず想像することができるのである。小野於通のこれ等の先型とちがっている点は、自身作者としての名を世に留め、浄瑠璃の御前と二分かれになったことであるが、なおその流派を伝えようとした者はあって、単に時勢が変わり統一が保てなくなったために、次第にその芸能を男の大夫に、引き渡さなければならぬことになったのかと思う。京都ではみずから於通の下女であったと名のる千代という女がいて、於通の手紙というものを持って町の辻をあるき、高らかにそれを読んだので、文ひろげの狂女という名を博したことが『畸人伝』にも見えているが、そのふみはただのめでたい空漠たる文芸に過ぎなかった。そうして「千代が文」という語は東北地方の民謡にも出てくるから、相応にまた著名なものであったのである。小野於通に関するいろいろの風説は、たぶんこういった後継者の口から出たものであろう。彼らもできるならばこれをまた新たなる物語ともしたかったものであろうが、いかんせん当の本人があまりにも多くの貴人に知られ、もしくは知っている人がおいおいと名士になって、あまりに現実の晴れがましい生活に入ってしまったために、ついに十分に詩化し神秘化することができなくなったのである。旅の女性が若い女弟子をつれあるいた例は、古くは白山立山に登って石に化したと伝えられる者から、江戸中期まで残っていた伊勢・熊野の比丘尼にも見られた。これが大昔以来の語部《かたりべ》の技芸を、久しく保存しえた要件の一つであったらしいのだが、過渡期に際会した小野於通のみは、いくぶんか都府上流との因縁が深くなり過ぎて、いわゆる遊女の本分を守り得なかったために、その行動の跡は中央の小区域に限られ、個人としてはやや高名になった代わりに、その千年の道は衰えてしまって、わずかに雑然たる残景を留むるばかりとなったのである。

ただし私などが考えているように、もしも小野於通という女の名が、たった二人や三人に専属したものでないとすれば、この責任もまた時代と社会、もしくは小野一党の共同して負うべきものであろう。全国の小野氏の中には、むろんいろいろの別系統の者もまじっているが、とにかく現在はその同姓のある者が、かつてどのくらい大きな貢献を、日本の精神文化の上になしとげたかを、回顧しうる者などはもう一人もなさそうに思われる。これに反して最後の小野於通までは、まだ少なくとも家の伝統を失ってはいなかった。彼女の一族の凡俗に超えていた特徴は、第一には精細なる記憶力である。次にはその家の誇りを、美しく綾ある言葉をもって説きたてる技能であり、第三にはまたこれを新たなる土地に試みて、各自の実際生活に利用しようとした智力であった。この人々が転々移住せず、全部が土に根をおろして遠き雲井のよそを顧みなかったら、日本人の信仰はもっと分裂し、地方地方の思想はいよいよ隔絶して、とうていこの新国家においてみるがごとき、容易なる統一は期することができなかったであろう。ある派の人々は上代の記録によって、以後千数百年の変遷を無視しようとするらしいが、国民は必ずしも保存ばかりの生活をしていなかったことは、わずかに卜部《うらべ》氏以来の神道解説の、目まぐるしい新陳代謝を見てもよくわかる。それを全国の端から端まで、この通りの一致に導いてきたのは、別に新たなる感情教育の根源を共通にしたものがあったからで、平たくいうならば移住文芸の力、もしくは小野氏、鈴木氏などの単一なる世襲空想のお蔭だと思う。それを本元の者がもう省みなくなったのである。世間がこれを否認するのも必ずしも忘恩とまでは言えない。

つまりは文芸が口の言葉から筆の文字に移ったと同時に、これらの家々にも昔を忘れるほどの激変が起こったのである。彼らが定住して土を耕すようになれば、女房はすなわちただの家刀自で、女から女への相続はまず無用になる。音曲や歌舞伎が久しからずして、すべて男子の職業に化したのもそのためで、小野於通はちょうどその境目の女性であったゆえに、特に波瀾の多い生活を展開したのかと私は思う。尾張徳川家の簾中に琴を指南したと言われる一人の於通などは、神子上典膳《みこがみてんぜん》という剣客に小野の苗字を譲った、後の小野次郎右衛門これなりと『望海毎談』には見えている。豊臣秀吉の夫人北政所に祐筆として仕えたというまた一人の小野於通は、洛東瀋谷《しるたに》の玉章地蔵堂の本尊を、手ずから修理採色した。この像は小野小町が艶書を集めて作ったと伝えられ、於通はすなわちその小町の後裔であるが故に、この御像を崇敬したのだということが、『山州名跡志』その他の書にはある。小野次郎右衛門の話ははなはだ心もとないが、小野小町の方はうそとも思えない。現に浄瑠璃御前の本山鳳来寺の峯の薬師には、瘡《かさ》問答の歌の話があって、東西の諸国ではそれを小野小町の信心譚として伝えている。小町と三河国との因縁は久しかった。於通がこの同姓の大先輩に、私淑しなかったはずはないからである。

六

小野小町の遺跡が全国に充満している事実に対しては、江戸期以来の学者たちも、これを数多くの同名異人があったという以外に、説明のしようのないことを認めていた。しかしそれだけではまだ何分にも始末のつかぬことは、その小町が一人一人名歌を残し、または絶世の美女であって、いずれも身を浮草の生活を送っていたということ、ことに事蹟が互いに結び合って、どこを境目とも見定めることができぬ点である。謡曲に脚色せられているいくつかの何々小町は申すにおよばず、出所の最も不審な『玉造壮衰書』に至るまで、一つを抜き出して別系統のものと、言いうるものがないのはどうしたわけか。あるいは久しい間の文学史上の取扱いが、一人と思い込んでいたからということもあろうか、それにしても後から後からの伝説が、一様に小町らしさを保持しているのは、どうも紛乱のためとは思えないのである。私はこれを小町の物語をもってあるく女性が、もとはおおよそ一つの中心から、発足したからではないかと想像している。西は九州の熊本付近から、一方は奥州羽州にかけて、列挙し得ないほどの多くの小町塚、または小町の誕生の井の類にからんで、今なお記憶せられている数々の言い伝えを集めて、細かに分類比較することができたら、多分はこの想像のさほど空なものではないことがわかるだろうと思っている。

小野小町の物語をしてあるく者を、直接にその小町が来たという風に伝えることは、今日ならばもちろんおかしいことであるが、これはその語り手が自身も上﨟であり、しかも神憑きなどと同じ形式に、一人称をもって昔のことを述べたとしたならば、誤解でなくともそういう風に呼ぶことはあり得る。現に浄瑠璃御前の奇瑞を説くものが、三河では姫自身のように、言い伝えられている例もあるのである。しかし原因は他にもなお求め得られる。たとえば小野於通のごとく、小野の家にゆかりのある女性が、自分はその流れの末を汲む者と名のって、先祖の美女を語っていたとしたらどうであろう。あるいはいわゆる有縁の地によって、氏神御本尊の霊験を叙《の》べ、もしくは地名の来歴を説く者があったとしたなら、人の悦んでこれを信じたことも、必ずまたわれわれが普通の語りものに対するのと異なるものがあったことと思う。奥州では高館《たかだち》落城の悲史以前から、はやく熊野の信仰が広まっていて、今ある鈴木氏の若干はその際の移住であったろうと思われるのに、なお鈴木亀井兄弟の忠烈を説く物語が、深く根を下ろして家伝の改作をさえ促している。まして多くの小野氏は自らも神に仕えまつり、かつ尋常に超えたる祖先景慕と家の誇りとを抱いていた。これに向かって昔を説く者が、かりにまだ土着をせぬ第二の小野氏の人でなくても、なお痛切なる印象を受けて、徐々として自家のまた新たなる口碑を醞醸せずにはいなかったであろう。しかも少なくとも戦国の世の終わりまでは、優雅なる文藻を抱いて他郷を経回していた小野氏の女性があったことだけは、二人以上の於通の例によって、おおよそは明らかになったのである。

七

日本民族の国内移住史は、今でも相応の史料が具わっているにかかわらず、どうしたわけかまだいっこうに明らかにせられておらず、学者は依然として蝦夷《えみし》だの熊襲《くまそ》だの出雲族だのとばかり言っている。眼前の固有文化の構成を説く上において、これはかなり大きな割引といわねばならぬ。私の気をつけているのも、ただ文芸成長の一小局面に限られるが、大体に移住には二つの方式、すなわち直接に甲から乙に赴くものと、その前にある長さの捜索期、カナアン時代ともいうべきものを経て、ようように一地に定住する者とがあり、小野氏などはその後者に属する著名なる一つの例であったように考えている。それを詳しく説くことはここではむつかしいが、証拠はいくつも上げられるように思っている。神に仕えている全国の小野氏が非常に数多いということもその一つである。土を耕し浜に網曳く生業などとはちがって、こういう地位機会はそう行くさきざきには横たわっていない。すなわち選択しまた計画しなければ、容易に占拠し得ない職業である。無論この中には起立が至って古く、あるいは外からの移住をさえ信じないものもできているが、少なくともかねて常民に立ちまさった力を養っている者でなければ、土地の信仰を統御し指導することはできなかったはずである。それが自分自分の氏の神を奉じて入ってきたか、ただしはまた今まである神に、新たな祀り方をもたらしただけであったかは、概括して言うことはできぬが、少なくとも現在知られているものには、後者に属するかと思う場合が多い。そうして当事者はかえって互いに心づかぬようだが、とにかくにこの多数の小野苗字の一致ということは、何か共同の中心の外部にあったことを推測せしめずにはおかぬのである。

神を氏人にあらざる者の手によってお祀り申すということは、日本の神祇道としては一つの大きな変革であったと思うが、この風習の始まったのも新しいことではなく、神の裔孫ではなくて従者の末だという者が、神職を世襲する例も現在は数多く、もとより小野氏のみとは限っていない。ただその起原に向かって尋究の歩を進めると、いつでも小野系統の言い伝えに行き当たるのは、あるいはこの一門が特に有力なる一つの動力であったためかとも思われる。古いところでは太宰府の天満宮の座主三綱は菅公の後裔であったが、その下に三宮司または三家の文人という者があって、三家とも小野氏であった。本姓はこれも菅原だといっていたが、どうして小野を名のったかは説明していない。大阪天王寺の秋の坊は、五十何代も続いた天台派の妻帯僧で、これも小野氏であった。遠祖小野妹子は聖徳太子の臣で、勅を奉じて一山護衛の任に当たってから、連綿としていると称して系譜があった。そうした歴史が果たしてあるか否かを知らぬが、とにかくこういう重要な地位にまで、いつの間にかついておるのだから古いことであったとは言える。そうかと思うと他の一方には、かなり近代になって入って来たらしい例も関東・東北にはある。つまりは同じ状勢が久しい間なお続いていたのである。一つも証拠をあげぬと無責任の嫌いがあるから言ってみる。たとえば下野足利の小野寺氏は、今でも記憶せられるあの地方の有力者で、旧家とは言っても栄えたのは近世であったが、これは名の示すごとく、小野篁《たかむら》と小野小町との伝説によって、一つの信仰の中心をなしていた。出羽の小野寺氏はこの家よりもやや古いが、これとても『永慶軍記』の時代を世盛りとした豪族で、それが支持していた小町村の小野宮は、芍薬《しゃくやく》の名所となってこのごろまで、いくつとなき口碑を保存していた。そうして両家の移住はともに戦国の世を去ること遠からぬものと考えられる。

それから今一つ、諸国の横山氏という旧家にも神職であったものが多い。この家が小野の分かれであった証拠はやや幽かだが、武蔵七党の横山氏の始祖は刑部丞《ぎょうぶのじょう》野三成綱といって小野氏であった。その一族には下町に移って小山氏となり、再び小野を名乗った家があることは佐野本系図に見えている。加賀の藩老横山男爵の家では、近世になって京都の西陣に、先祖小野篁の碑を建てた。たぶんはこれも武蔵から出たと言っていたのであろう。東北では陸中宮古に近い黒森八幡の社職が横山の禰宜で、この先祖は和泉式部と、阿波の鳴門で歌の詠みくらべをしたというおもしろい口碑があり、それを主張するために二百年ほど前に石碑を建てている。しかもこの家では猿丸太夫の子孫だということを伝えているのである。東北の猿丸太夫については、前にも『神を助けた話』という本で詳しく説いたことがあるが、根源は野州日光山の神話であった。会津地方がその中心で、大昔ここに朝日長者と呼ばれた小野氏が住んでおり、その娘の朝日御前に京方の貴人、有宇《ありう》の中将というのを巧に取って、その間に生まれたのが小野猿丸であった。姿は猿のごとくだが弓の名手で、二荒《ふたら》の大神を助けて神敵を退治した物語が、すでに林道春の『二荒山神伝』にも録せられ、またそれよりもさらに数年古い絵巻も伝わっている。父母は後に男体女宝の二山の神と仰がれ、猿丸は大真名子《おおまなご》の山の神になったというのだから、すなわち東照権現合祀以前の、この地の信仰にからんだ語りごとであったのである。『日光山誌』などを見ると、小野という旧家の神職がここにもあって、江戸期の半ばころになって滅びた。そうしてその神を助けた話の内容というのが、近江に古くからあった俵藤太の伝説と別のものでないから、私はこれを田原一族の移住に伴うものと解している。それも一方に小野氏のごとき文芸に秀でかつ信仰生活に親しんでいた人々があって、この両国に盤拠した豪族を支持しなかったならば、これほどにも根強くまた広く、流伝することはできなかったろうとも考えているのである。

八

神と最も深い因縁があった故に、永く特殊の恩寵を承《う》けているのだという言い伝えを、旧家が熱心に記憶しているということは、少しでも不自然な現象でない。しかし日本においてそれが一つのほぼ定まった様式にかたより、かつ広く全土に行き渡っていることを異とするのみである。これがもしある系統の特に有力なる干与に基づくものだとすれば、小野氏の歴史などは第一番に尋ねて見る必要があるのである。九州では豊後佐賀関の早吸《はやすい》神社の祠官が、もとは小野氏であった。この家の由緒は表向きにはどうあったか知らぬが、地方で語り伝えているのは昔美しい愛娘があって、たしか大野郡の沈堕淵《ちんだのふち》の水の神に娶《めと》られて、自分も蛇体の神になったといい、以前は毎年日を定めて親の家に帰って来て宿したのを、ある時窃《ひそ》かに覗いて見たものがあってから、とこしなえに人天の往来が絶えたともいっている。これと半分以上共通した伝説は、今でも数多くわが国東西の田舎に分布している。あるものはすでに昔話と化し去って、智謀によって蛇の聟を追い退け、また安全に凡俗の生活に復したというのを結末としているが、家によっては今でも一門の中から、そういう神女を出したことを誇りとし、少なくともそういう付近の風説を否認しないものがあるのである。豊後では緒形三郎、越後では五十嵐小文治のように、人と霊物との婚姻によって、生まれたという勇士の末も伝わっていた。私が問題にしたいと思うのは、遠い神代の昔ならばいざ知らず、これが何度もどこでもくり返されて、永く後の世の語り草となっているのには、単なる人間の誤聞または剽窃《ひょうせつ》という以外に、何かこれを運んであるく機関がなくてはならぬ。それがいかなる組織と方法によったものか、もうわからぬと言ってしまえばそれまでだが、文字の適用が制限せられていたとすれば口言葉、それも安らかにまた美しく列ねられた言葉であったことだけは、少なくとも否認することはできぬであろう。われわれが語り物の歴史と、これに携わった人々の出自とを、浄瑠璃姫以前に溯って尋ねたいと、思う動機は全くここにある。於通一人の伝だけなら実はどうだってよいのである。

神を助けた小野の猿丸太夫の物語を、近江から出たろうと想像する理由は他にもある。琵琶湖南の村々は、自分の知る限りにおいて、最も数多くの小野氏口碑の、重なり合って存在する地域である。『三国伝記』には小野の神主、小野一万大菩薩の神託を受けて、百済寺の源重僧都を磨針《すりはり》峠に迎えに出た話がすでに見え、近世はまだ木地師の祖神と仰いでいる小野宮惟喬《これたか》の皇子、小椋《おぐら》の山中にお入りなされんとして、経過したもうという遺跡がいくか所かにあり、その上にまた小野時兼という美男、宿縁あって平木の淵の竜女とかたらい、別るるにのぞんで玉の筥《はこ》を贈らるるというような伝説も、多くの社と寺に残っている。これらの奇譚には一つとして孤立したものはない。語ればまた長くなるが、蛇の妻が宝の玉を遺したという話などは、少しずつ形をかえて九州では雲仙岳から、北は奥羽の果てにも及び、ことに後者ではこれを三井寺の鐘の由来と、結びつけて説くことになっている。古く人の尊んでいるいわゆる豊玉姫説話も同系ではあるが、なおそれをこういう形に改造したのは、最初は近江であったように私などには考えられる。

九

近江がわが国第一流の小野氏の本貫であったことは、すでに『新撰姓氏録』に明徴がある。現在の滋賀郡和邇《わに》村大字小野というのがその旧地と伝えられ、式内の小野神社か、今ある同名のお社だという推測もほぼ当たっているが、しかもそこには小野小町の手具足塚というのがあり、また篁と道風とを祀る祠も付置せられてあったということで、こういう人々は近江以外の、かつ延喜式以後の名士であった。小野氏の分散はもう久しい以前に始まっていたのである。『類聚三代格』に存録した延暦四年の太政官符というものは、われわれに取っては有力なる資料である。当時族長の小野朝臣野主なる者は、すでに山城の京に来て住んでいた。彼が朝廷に申し立てたところによると、その一門の近江に残っている子弟が、付近にある猨女《さるめ》の養田の利に誘われて、猨女氏の婦人と縁組をして困る。単に旧家の名望を損するのみならず、猨女は異姓の女を貢進してはならぬという、昔からの御掟にも背いているから、何とぞ禁制していただきたいというようなことが書いてある。この簡単な格の文からでも判ることは、古来語部《かたりべ》のつかさとして知られていた猨女君氏は、有名ではあるが小野よりは低い身分の家であった。それが悦んで小野家の若殿原を聟に取って、往々にして女系の特権を小野の族の中に移していたのである。この婚姻にはもちろん隠れたるやさしい動機があったはずである。たとえば猨女の女性は眉目清く姿が美しく、もしくは才が慧《さか》しくして歌の詞が巧みであり、隣の里に住む若人の心をひき、恋を切なるものにしたということもあったろう。京都在住の宿老たちはその内情を察せず、ひたすら養田すなわち女の家の富に、目がくれての所業のように見たのは、今もかわらぬ新旧の考え方の相異であった。太政官の命令が男女の仲らいを、統御し得たということも想像せられない。果たしてこの地方の猨女君氏は永く著われず、語りごとをもって世渡りとする小野氏ばかりが、漸をもって全国に瀰蔓《びまん》することになったのである。天鈿女命《あめのうずめ》の遺跡は、他氏をもって継がしむべきものでないということは、『古語拾遺』の中にも強くこれを主張しているが、それはもとより朝廷の御儀式についていうことであった。平安の京に入ってからこの家の職能はすでにはなはだしく衰え、次第に繁栄した門党の全部を、支持するだけの収入はそれからは望めなかった。彼らが分散して諸国に入るに際しては、小野氏を名乗ることとの便益は大きかったことと思う。女性が出でて公に仕える家で、他氏をまじえてはならぬといえば女系で相続をするの他はない。それがわが国一般の婚姻習俗と、両立しにくいものであったことは明らかである。現にこの家などは最初から、猿田彦の名を取って家の名にしたという言い伝えをさえもっているのである。もしも有力にして声望の高い小野の一族の隣人でなく、自由に次々の男の名を採って、新たな家号を作ることになっていたら、日本の語部の盛衰は、また一段と尋究しにくかったであろう。歴史の偶然は貴重なる一通の文書を留めたと同じく、幸いにして永く小野氏の名によって、国の特殊な芸術の埋没を防いでいたのである。

あるいは迷惑をしたのは小野妹子の、正統の子孫であったと言えるかも知れぬが、それはその結果が家のために、不利であった場合にのみ認められることで、多くの名家が消えて跡方もなくなっている中に、ひとり小野氏のみが、他の少数の似たる状況の下にあった家々とともに、今でも到るところの国土に富み栄え、許多《あまた》の有能の士女を輩出している。それがことごとく母に猨女君氏の女を得たためであったとしても、なお深く祖神鈿女命に感謝すべき理由がある。ましてまだ突き留められないいろいろの原因はあり、まったく別途の事情によって、全国の小野族は今日のごとく栄えているのである。むしろ歴代の詞客才媛の中に、これほどたくさんの同姓の人をもっていて、どんな由緒をでも空想し得るような地位に置かれたことを悦んでよいと思う。

最後にこの猨女君氏の血筋の遺伝、ことに婚姻に関する特殊なる慣行については、文芸史の研究者に残された問題がまだ多い。私がここに説き試みようとしてよくしなかったことは、たとえば豊後の緒形氏の元祖が、父を鱗のある霊物と言い伝えていたことは、明らかに大和の三輪山の神伝をうけついだもので、ここには大神《おおみわ》氏という家の名の、双方に一致しているのも偶然でなく、あるいは初期の移住を推測しうるがごとく論じた人もかつてあったようだが、これなども背後に記憶と表現の技術の、尋常にすぐれたるある別系の女性が、隠れて干与していたということはないかどうか。野州の田原氏が竜宮入りの物語を、故郷の近江から携えてきた場合などは、現に後々まで小野氏がその傍に付いていたのだから、いちだんとこの想像を強くする。もしも小野氏の女性に容色と才藻と、信心と美しい夢と、思いあがった気風とがついてまわっていたとすれば、それは小町から作州のお通にまで持続している。その中間の一人にかつて秀郷流のある大名に仕えて、技芸をその家の子孫に残して、隠れて過ぎ去った者がないとは言えぬのである。中世の名家の系図を検すると、母は家の女房、もしくは母は遊女と注記せられた例はいくらもある。彼らが埋没して文学を自分一個の名と結び付けようとしなかった間は、その伝統は永く絶えなかった。近世小野於通が武将有力者の間に伍して、やや特異の存在となろうとした頃から、この道はすなわち衰えて、さしもの小野一族もついに凡庸の民とならざるをえなかったのである。

（昭和十四年五月『文学』）

（一）「和泉式部の足袋」『桃太郎の誕生』所収。

稗田阿礼

一

『古事記』の伝誦者稗田阿礼《ひえだのあれ》が女だったということは、故井上頼圀《よりくに》翁の『古事記考』によって、まず明白になったと言ってよいのだが、その後この問題をかえりみた人も聞かず、いわんやそうするといかなる結論に達するかということを、考えてみた者もなさそうに思われる。しかも前代日本の社会における女性の地位というものはおりおり論ぜられている。ずいぶんと粗相なまた不用意な話ではあるまいか。私はもし時間が許すならば、少しでもこのことを尋ねてみたいと願っているのだが、それが心もとないゆえにここにはただ問題のみを、後の学問ずきの新婦人たちに引き継いでおきたいと思うのである。

阿礼が女性であったという説は、伊勢の学者たちがはやくからこれを唱えていた。井上翁は単にその説を是認支持せられたまでである。『古事記』の太朝臣安万侶《おおのあそんやすまろ》の献序に、

時に舎人あり、姓は稗田、名は阿礼、年は是れ二十八、人となり聡明にして目に度《わた》れば口に誦し、耳に払《ふる》れば心に勒《しる》す。即ち阿礼に勅語して帝皇の日継及び先代の旧辞を

誦み習はしむ

とある文章では、彼が男でなかった証拠もあげられぬが、幸いにして稗田という家名があまり類のないものであったために、今ではほぼ安全にそれがいかなる門統に属した女であったかを知りうるのである。その説の要点を紹介するならば、『大和志料』に引用した『大倭社注進状』の裏書なるものに、「斎部連首《いむべのむらじおひと》・中臣大島連等、勅を奉じて稗田阿礼が語るところの古事記を撰録す。今の古事記これなり。阿礼は宇治土公《うじのつちのきみ》の庶流、天鈿女命の末葉なり」とあり、また「天鈿女命の子猿女命神楽を奏す。永く子孫の女等神楽を仕へ奉る」とある。猿女君《さるめのきみ》氏の人々が、天岩戸の由緒を語り、天鈿女の後裔たる廉《かど》をもって朝廷に仕えていたことだけは、紀記の中にも明らかに見えており、稗田阿礼が同じくこの神の末であったことだけならば、古くは『弘仁私記』の序の註にも出ているのである。大和には今の添上郡平和村に大字稗田があって、式内比《ひ》売神《めがみの》社の所在地をもって目せられている。すなわちたぶん一族のこの邑に分居したものが、稗田氏と称して朝廷には召されていたのである。これだけがまず主要なる論旨であった。

二

右の猿女君氏は、代々女をもって相続すべき理由のある家であった。女神にして子孫あらんこと疑わしと、本居翁を始め多くの人は首を傾けたが、これは相続が必ず親から子に伝わるものとした上の議論で、神宮の御子良子《おこらこ》のごとく幼少の時を限ったものはもちろん、常陸鹿島《かしま》の物忌のように、一生清浄に神よりほかの人には見えなかった場合でも、定まった家からばかり引き続いてその役人を出して、これによって家職を伝えていた例は現代にもまだあるくらいで、男でなければ世襲せぬという理由はない。しかも世を追うて女系相続の風が珍しくなったために、猿女君の家では力を入れて、その特殊の事情を説いていたのである。『書紀』の「神代巻」には「皇孫天鈿女命に、汝宜しく顕はす所の神の名を以て姓氏と為すべしと勅したまひ、因つて猿女君の号を賜ふ。故に猿女君等、男女皆君と為すは此縁なり」とある。顕すところの神とは猿田彦命のことである。後世には託宣を伝え、かつお祭の仲立をすることを顕祀というのだが、この朝廷の御昔語りにおいては、単に出でて応接の役に当たったことになっているのである。この顚末を『古事記』の力では、今少しく詳らかに述べてある。

かれここに天宇受売命《あめのうずめのみこと》にのりたまはく、この御前に立ちて仕へまつれりし猨田毘古《さるだひこ》の大神をば、専ら顕はし申せる汝送り奉れ。亦其神の御名は、汝負ひて仕へまつれとのりたまひき。是を以て猨女の君等が後、猨田毘古の男神の名を負ひて、女を猨女君と呼ぶこと是なり云々

そうしてこの次には海に漁して比良夫貝に手を咋《く》われた話と、海鼠《なまこ》の口を紐小刀で切りひらいて、この口や答えせぬ口といったという話と、二つのややおどけたる逸事が続いて

いるのである。『古事記』には女性が猿女君と名乗って朝廷に仕えた由緒のみならず、特にこの家に関する記事が目に立って饒多《じようた》である。そうして稗田阿礼がまた猿女君の一類であったことが証明せられたとすれば、この二つの事実には何らかの脈絡があるものと、想像することは無理でないと思う。

三

今までの学者が女にそのような能力があるであろうかと疑ったのは、いわゆる阿礼が誦するところの先代の旧辞をもって、前に推古天皇の御世に廏戸《うまやどの》皇子たちの、編纂なされたという『旧事本記』などのごとき、形の具わった書物なりと解したためであった。なるほどそのような長編の文章では、これを棒呑みに暗記することは、女ならばことにむつかしかったであろうが、二つの理由からその推測の正しくないことが知れる。一つには今ある『古事記』の本文に、既成の著述を撰録した痕のないこと、第二にはそんなものができて来るくらいならば、一人を頼んで記憶させておくにも及ばなかったと思うことである。

歴史の書物としての『古事記』の特色は、前後の記事の繁簡が平衡を得ず、時代の新しくなるほど省略のはなはだしくなっている点である。『日本紀』の方では最も充実している継体天皇以後の記録が、この方では少しでも保存せられていない。かりに朝家の御都合で、編修は終わって筆録はいまだしというような、奇異なる中間があったとしても、もしその事業が稗田阿礼の口によって伝わったものならば、こういう形態は示さなかったであろう。すなわち彼の暗誦しえたるものは、単に昔からあった正しい言い伝えというのみで、いわゆる百八十部並公民等の本紀という類のものではなかったのである。それを『弘仁私記』の序文などにはもう誤解しているのみならず、太朝臣安万侶の説くところも、あまりに重々しく由来を述べようとしたために、かえって本文の実際と合わぬことになっているのである。

『古事記』はその体裁や資料の撰択から、むしろ伝誦者の聡慧なる一女性であったことを推測せしめるものがあるのである。例えば美しい歌物語が多く、歌や諺の興味ある由来談を中心にして、しばしば公私の些事が記憶せられ、政治の推移を促したような大事件が、かえっておりおりは閑却せられていること、したがって事蹟がいくぶんか切れ切れになっており、またわずかな思い違いの交っていることなどは、すなわち与えて保持せしめられたものでない証拠であった。いわば史実としてよりも、心を動かすべき物語として、久しく昔を愛する者の間に相続せられていた事情を考えさせられる。履中天皇が御弟の墨江中王《すみのえのなかつみこ》に攻められて、難波の宮をのがれ出でたまい、途より振りかえって宮殿の燃え上がるさまを、御覧なされての御詠として、

はにふ坂我がたち見ればかぎろひの

もゆる家むらつまが家のあたり

という至って優雅なる恋の歌を録しているなどは、いくら古書でもやはり信じがたい点はあるという一例であって、しかもその誤謬がまた際限もなく、われわれの懐古の情を動かそうとするのである。

四

阿礼が舎人であったという記事は、また一つの反対の理由であった。これは漢字は借用だから当たらなかったというまでで、まだあの時代までは男女を通じて、低い身分の宮中の官員を、トネリと呼ぶ習わしがあったのだからさしつかえがない。ただ問題はいかにしてそういう女舎人が、御所近くにちょうど召使われていたかであるが、これは同時にまた猿女君という家の、公けの職分が何であったかの問題にもなるのである。造酒司の刀自を始めとして、他にもまだ世襲の女官はいろいろあったらしいが、その中でも猿女は他の多くの御巫《みかなぎ》とともに、大嘗祭以下の宮中の晴の御式に、必ず参列すべき任務を持っていた。それが後代までの厳重なる慣例であった証拠には、仁治《にんじ》三年十一月の大嘗祭に、初めて猿女が出なかったのを稀代の違例と非難した記録があり、最近の大正年間の大嘗祭には略せられたが、元文三年の御再興の際には、わざわざ山口中務少輔の娘を猿女に定められたことが、荷田氏の便蒙《べんもう》にも記されてあるのである。

もちろんその由緒としては久しい以前から、天岩屋戸の有名なる神話が援用せられ、それから転じては年ごとの御魂鎮めの祭に、猿女君の奉仕するわけが説明せられていた。自分の想像するところでは、その大切なる役目があったゆえに、かのうけふねの舞の由来談は繰り返して語られたので、物語があるによって儀式に参加するを許されたのではあるまいと思うが、それにしてはこの家に伝わったいわゆる旧辞の豊富であったわりに、山城の都になってからは、猿女の出でて仕える職分が多くなかった。これはおそらく斎部氏の失意と同様に、何か新たな原因があって、この家門のようやく衰えたことを意味するものであろう。すなわち彼らが世盛りははるかそれよりも以前であって、もとは廷臣が耳を傾けて、女を主人とする家の故実を、聴くべき場合はまだいろいろとあったのかと思う。『古事記』の最も精彩ありかつ重要なる天孫降臨の一段が、ことにていねいに天宇受売の功労を叙述していることを考えると、その伝承者が稗田氏の阿礼であったという事実を、偶然のものとは認めることができぬ。むしろそういう女性であったゆえに、最初から舎人として御左右に奉侍していたのかも知れぬのである。

しかるに延喜式の時代よりもなおはるか以前から、猿女はただ縫殿寮の一属員にすぎなかった。何ゆえに縫殿に属せしめられたかは自分にはまだ説明しえないが、とにかくに鎮魂のお祭には緑の袍緑の裙、縹《はなだ》の帯に緋色の帔《ひれ》を着けて、式に列したらしいことがこの寮の式に見えている。しかもその員数はわずかに四人で、なおおうおうにして他氏の者が、採用せられてこの任に当たることがあった。彼らが永く古来の伝統を保持して、故郷の地に安住しえなかったのも、まことにやむをえない事情であったと思われる。

五

稗田氏が猿女君であったもっとも明白なる証拠は、『西宮記』の「猿女は縫殿寮の解に依りて内侍奏して之を補す」とある条の裏書に「延喜二十年十月十四日、昨、尚侍奏せしむ。縫殿寮申す、稗田福貞子を以て稗田海子が死闕の替りとなさんと請ふ云々」とある。姪か娘か、とにかくに同族の女子をもって、欠員を補充しなければならなかったのである。次には「天暦九年正月二十五日、右大臣奏せしむ。縫殿寮申す、官符を大和近江の国の氏人に給せられて、猿女三人の死闕の替りを差進せしめん云々」とある。すなわち大和北部の稗田村が、彼らの本居であったろうと推測する根拠である。都が平安に遷ってから後は、大和の猿女の振るわなかったのは是非もないが、一方近江の同族にもまことに気の毒なる混乱が始まった。彼らの居住したのは京に近い湖西の地と思われるが、その場所は今明らかでない。ただ猿女の養田というものが今の和邇《わに》村の近くと、国境を越えて山城の小野郷とにあった。それをその付近に住む小野臣・和邇部臣という有力なる一門が、次第に名義を設けて兼併してしまい、これに伴うて猿女を彼らが族党の中から貢進した。小野氏は小野妹子以来の名家であって、その氏人の用いられて朝貴に列した者も多かった。その人々がかくのごとき混淆を恥として、みずからその非法を訴えた事件が『類聚三代格』の中に伝わっている。曰く、「猨女の興ること国史に詳かなり。其後絶えず今猶現在す。既に其氏に非ずして猨女に供せらる。神事を先代に乱り氏族を後裔に穢す。日を積み年を経ば恐らくは旧慣と成らん。望み請ふらくは所司をして厳に捉搦を加へ、非氏を用ゐることを断たしめん。然るときは則ち祭礼濫り無く、家門正しきを得ん云々」といっているのは、弘仁の当時すでに小野氏の権勢に比較すると、天鈿女の後裔はその地位がはなはだしく低かったらしい証拠である。

しかるに小野・和邇部の両家が人を貪り田を利し、恥辱を顧みずして猨女の貢進を企てたというのは、つまりは聟入り・嫁取りによって、外孫の女性に巫女の職を相続せしめようとしたのである。朝廷はこの弊に心づいて改めて正統の家の出に限ろうとしてみても、一朝にその因習を破ることはむつかしかったであろう。斎部広成が『古語拾遺』の中に、つとに他氏の人をもって天鈿女命の遺跡を継がしめることを非難したのも、事情はたぶんこれと一つであって、単に当然の資格ある者を押し退けて、無法にその職務を横領したのではなく、やはり婚姻の順序によって、いつとなく血筋と伝統とを家の外へ引き出したものので、日本のごとく娘によき婿を取るを名聞とした社会で、ことに女系を追うて代を数えて行くとすれば、新しい家族法などには頓着せずに、自然に母の特権は娘に付いて外に移ったわけである。

だから左中弁兼摂津守小野朝臣野主等が懸念していたごとく、日を積み年を経てついに旧慣のごとくになり、小野氏は神主の家となって四散して諸国に移ったのである。私は前年猿丸太夫の神を助けたという日光その他の旧伝を研究して、一種「猿女小野氏」とも名づくべき一部曲が、最初近江を出て東西の遠国まで移って行き、土地の神に仕えて新たに一系統の神話を発生せしめたらしいことを説いた。神が蛇体であって人間の清く美しい者を、選定して配偶者としたというまでは必ずしもその専有とは云われまいが、その神が蜈蚣《むかで》と戦って助勢を勇士に求めたという点は、明らかに近江に発して下野・奥州の山奥に運ばれている。しかもそれに参与した者が、猿丸太夫でありまた小野氏であり、そうして今ある神職の元祖であった。それゆえに小野家と融合した猿女君の後裔が、故土におりあまって出でて地方を経略した痕跡であろうと推定したのである。

六

同じ例は熊野の榎本・鈴木、さては越後の五十嵐氏のごとく、必ずしも他に相似たるものがないというのではないが、小野氏の遷移のごとく久しくかつ系統立っていて、その源頭の尋ねやすいものも珍しいと思っている。今後おそらくは僅少の比較調査によって、およそかの一門の動き始めた時代と状況とを突き止めることも不可能でなかろう。小野小町が諸国に数多い塚と伝説とを残し、その出自に関してもいろいろの説があって、しかもその間に若干の共通点を見出すがごときは、確かに小野氏分散のよい証拠であるが、それが『古今集』撰述の当時から、もう尋常の家の妻娘にあらずして、歌を生活とした一種漂泊の女性と認められていたらしいことは、単にその名前からでも想像することができる。武蔵に根をはやした七党の小野氏なども、同じく近江からの移民かと思うが、それは未決としても下野の足利学校を始め、諸所の無縁の地に小野篁の来住を説いているのは、必ずその家門のかつて尊貴であったことを、信じかつ主張した者の言であった。ところがその篁氏が地獄に通うたという説を、京都で伝えていたのはずいぶんと古いことである。また本国の江州においても、湖水を隔てて南岸の村々に、いく通りかの小野氏口碑の存することは、つとに人の熟知したところであるが、その中のことに重要なるものは轆轤《ろくろ》師の祖神譚であった。これも決して近世の作為にあらず、したがって今なお固く小野宮の惟喬《これたか》親王のあることを信じて、その子孫従者の誇りを保持する者があるのは、確かに同情すべき根拠のあることとで、現に史家の承認した旧記系譜の類でも、この親王の事蹟生歿は古くから区々であった。

小野はなるほど大野に対した古風なる地形の名で、ただに京都の四周のみならず、今も遠近にそういう村もあり、部落もある。そこに居住して家号を小野殿と呼ばるるは当然であれば、無関係に独立した多数の小野氏がありうることは、自分もまた承認しているのである。しかもこの家の移住を私たちが信じている理由は、必ずしも前代の各家門に非常なる生活力の差等があって、その多くは早く埋もれまたは絶え、他の少数の世に適し繁殖の術を解した者のみが、際限もなく分蘖《ぶんけつ》していったというような、空漠たる新定理に基づくのではない。私の方法は辛苦なる帰納法であって、実際諸国小野氏の主要なるものが、久しく信仰の力をもって一郷一地方を統一していたこと、および古来の大社大寺にして、小野氏を世襲の管理者としていた場合が、著しく多かったという事実を集め、さらに進んではその家の大切に保存していた物語が、地を隔ててしばしば顕著なる類似を示すという点から、ほぼこういう推定の人に語るに足ることを信ずるのである。反対の証拠がもしあるならば、早晩挙げられずにはおらぬであろう。それの出て来ぬかぎりはかりにそうきめておくのである。

そう思ってみると日本の大昔からの物語の、名をかえやや外形を改めて、永くその骨子を伝えているものが存外に多いということに心づくのである。神子降臨はその重大なる一例で、これに伴うては国神帰順の物語、異類の通婚によって霊異なる半神半人が生まれ、永く一郷の文化を指導し、安寧を保障したというがごとき、かりに上代朝廷の語部の子孫にして、もし風土と民情とに調和するだけの智能を失わなかったならば、かくのごとく歌いかつ舞うのほかはなかったろうと思うことばかりである。外国の古神話がことに破片残欠の雑然たる集合であることに見なれて、既存の学説を移入するに汲々たる人たちには、日本の民間文芸はあるいはあまりにも古今一貫に過ぎ、誤ってはこれを最近の模擬とみた者があったかも知れぬ。しかしこういう国に生まれかつ住まなければ、実は人件の自然の変化、ことに不可知に対する人類の感覚の、微細なる成長を尋ねることができぬのであった。その豊富なる資料の保管者にして、同時に養育者の一人であった猿女君氏の優秀なる者を、今ごろまだ男か女かの点からきめていくようでは、日本の史学もはなはだ心細い繁栄だといわなければならぬ。

七

ただし幸いにして単なる名称以外に、なおさまざまの伝統の記録外に保存せられたるものがあるので、われわれはゆくゆくこの生活力豊かなる大氏族が、世を経て衰えまた埋れなければならなかった理由を考えることができる。例えば木地引《きじひき》の小椋《おぐら》氏の小野神信仰は、彼らの巧智と明弁と熱烈なる由緒の誇りと、および気軽なる旅行の癖とによって、優に猿女君の血のまだ薄れなかったことを証明するとともに、杓子が世の中から至って通俗な物と取り扱われる時代まで、なお杓子舞の古風なわざおぎを守って、みずからそのおもしろさに酔うと同じく、地人もまたその興味によって引き付けうべしと、考えていたらしい痕がうかがわれる。この主観の弱点はやがて木地屋を山中の逸民にしてしまったごとく、昔の猿女をして永く帝都の伎芸界を、独占せしむることを妨げたのではあるまいか。

猿女の血を承けついだ小野族の遷移は、上古の宇治土公氏が伊勢から大和・近江に出たように、何代も何代も宿命的にくり返されたようである。その一つ一つの層のわずかずつの時代色は、まだ今だけの縦断面からは判別することがむつかしいか知らぬが、前後と系統とはやがてわれわれの力でもこれを指示しうる望みがある。例えば猿女という氏の名の由来のごときも、いわゆる顕すところの神の名をおうたという説明をもって、表向きはすんでいたにしても、サルと呼ばれるには根本の理由がなくてはならぬ。これは『古史伝』にもすでに注意しているごとく、昔の彦神の怪しく珍しい遭遇をまねぶと称して、後の女神の世に残したわざおぎが、ここでもまた天岩屋戸と同じように、おかしくかつ卑しいものであったために、こんな奇抜なる名が双方に付与せられたので、他日もっともらしいさまざまの解説は出たけれども、サルゴウという語の起原もこの他には求められず、その点がまた次第に厳粛なる儀式の庭から、彼らの疎まれ追いやられた原因でもあったろうと考える。

そういう旧慣を小野族の移住民がどれだけまで保存し、またいつのころどの方面に向かって運び出したかが、かつては私の興味を抱いた問題であった。近江では山間の一隅、山城と境したいわゆる都の巽《たつみ》に、猿丸太夫の遺跡というものが今も伝えられる。猿丸は単に猿を人がましく呼んだ名であるが、それを神に祀りまた家の祖にかけた例は多くの地方にあった。その中でも加賀の金沢に近い笠舞の猿丸宮などは、猿丸都に召し返されてよろこんで舞ったという話もあり、姿が見苦しいので笠をもって顔を隠したともいっており、幽かながら当初の消息を窺わしめる。能登の突端の三崎権現、高座《たかざ》・金分《かなわけ》両社の神主が、小野氏でなくて猿芽《さるめ》氏であったことも、おそらくはこれと系統を同じくするからであろう。

野州二荒《ふたら》の旧祠官などは、小野氏を称してなお猿丸太夫の子孫であった。この社の大祭の一つの特色として、猿を牽《ひ》いて行列に加わる古例があり、近国の猿舞わしは出でてその神役に仕えていた。この国は猿牽との関係が深く、小山氏というのが紀州貴志《きし》の猿屋の宗家であって、家の紋も下野の小山と同じ二つ巴であったが、その小山氏が、竜神を助けて蜈蚣《むかで》を退治したという猿丸太夫の話を、近江から持って来たらしい田原の一門である以上は、いよいよもって偶然のなりゆきではないと思う。そうするとこれもまた猿女君氏進出の一生面であって、今まで人が猿の舞をしていた代わりに、新たに猿を舞わしめる伎芸を取り入れて、おいおいその方に転じていった一派のあるということを示すものとも見られる。

八

しかも人が猿の舞を演じている例は、壬生《みぶ》の念仏狂言を始めとして、今日もまだ若干は残っている。ひとり靭猿《うつぼざる》などの猿舞わしの真似のみではないのである。ことにその多数が宗教の儀式であったことを考えると、かりに猿を教えて廄の前に来て舞わしめる慣習が、いつから日本に入ったかは不明であるにしても、逆にこれから転じて彼に移ったものと推測することは不可能である。日向の飯隈《いいくま》山の新熊野三社権現に、猿神楽と称する旧式があって、往古宮山の樹木のなお茂っていた時代に、祭の日には白猿が山から降りてきて、神楽の節奏に従って舞踏したと伝えているなどは、かえって人間でなければそういう霊異を、演ずることをえなかったという証拠であって、すなわちまた遠く槵触峰《くしぶるたけ》の神代において、猿田と名づけられた国つ神の、出でて天孫を迎えた故事を、歌い伝え舞い伝えた類例と見るべきである。猿田・猿女の二柱の神が、祭に参加して滑稽を演じ、今も村人の心を楽しましめる例は至って多く、それがある点においては公の儀礼と一致せぬために、これを退化誤解として忌み憎んだ学者もあったけれども、時代に応じて古意を改革すべき必要は、むしろ文化の中軸たりし朝廷のほうにこそ多かったので、細心なる比較討究の上でないと、まだ容易に野にあるものは新しいと断定することはできぬはずである。

一例を言えば肥後国の木葉猿が、今でもある種の信仰をもって、醜怪なる形態を珍重せられているごとく、あるいは東京に近い足立郡三ッ木の山王社の社殿に、至って露骨なる牝猿の像が安置せられ、密々に祈願をかける者が多いというがごとき、これを後世の新案と見るときはなるほどけしからぬが、無始以来の久しい習わしなるがゆえに、今さらその因縁から脱出しえなかったのだとすると、固有宗教のうぶな姿を知ろうとする者のために、これほど有力な資料はないわけで、そのわけも尋ねて見ずにいたずらに眉をしかめるのは、少なくとも学問をする者の態度でない。近世大和の檜隈《ひのくま》墓近くで発掘せられ、引き続いて考古家の間に喧伝する男女四体の石人なども、土地の住民に見せるとやはり猿石でありまた山王権現であった。その見にくい、みだりがましい容子は、木葉猿や三ツ木の猿神と異なるところはないのだが、これは古いがために鈿女命のわざおぎを写したもので、御墓の魂を招き奉る目的をもって、彫刻せられたものだという説があり、『古事記伝』にもほぼこれを認めているのである。要するに猿女氏の舞には、いわゆる胸乳をかき出だし、裳の緒を番登《ほと》に押し垂れて神懸りする類の所作が多かったために、次第に朝廷の晴の御式から、野人鄙人の住む土地へ追われたので、一方において大いに衰えたということは、同時にまた遠い田舎に永く広く、その物語の行われた原因とも考えられるのである。

九

最後に今一つ、自分らばかりの非常に重要に考えていることは、稗田の舎人《とねり》の阿礼という名前である。阿礼は平安朝に入ってからは、ほとんど上下の賀茂の御社に限られ、打ちまかせてアレオトメというときは、すなわち斎院の姫君をさすことになっていたが、言葉の意味は有または在の行為、すなわち出現であり顕されることであろうから、神懸りの女性が一様にそう呼ばれるのは当然である。しかるに賀茂においては天つ神の御子が、人間の少女の胎に宿りたもうという神話があった。それゆえにはやくから御生野《みあれの》の神事が行われ、ミアレはすなわち御誕生のことと解してさしつかえがなかったのである。これももちろん重要なる神出現の一例ではあった。婦女をもって代々の奉仕者とした日本の神道では、同種の言い伝えは他にもなお多く存するが、形式はさらにいろいろに変化しうる。単にいわゆる神のもろふしとなって、そのお力を借りて道を説く場合にも、なおわれわれの祖先は、彼女においてミアレを認めたのであろう。そうでないと解説のできぬような有宮・有木の口碑は諸国に多く、また九州においてしばしば遭遇するところの俊寛僧都の伝説が、実は有王と称するよりましの、都から往来した故迹であったらしいことなども、同じく阿礼という言葉の広い用法が、永くこの地方にはあったことを暗示する。奥州の果てでは今も神の寄りたもう人をアリマサといっている。微々たる漂泊の婦女ですらも、ミアレの名を伝うるかぎりその言は信ぜられた。一個稗田氏の阿礼の伝誦には限りがあったけれども、数限りもない彼らの『古事記』は、永く平民の間に生きて働いていたのである。朝廷においてははやく衰微した芸術が、野にあってはゆくゆく広漠の沃土を耕しつつ、ついに今日の花盛りを見るに至ったのも、主としては埋もれたる猿女君氏の力であった。多くの新婦人たちがみずから認めているように、女性はこの国の過去文化に対して、しかく没交渉なるものではなかったのである。

（昭和二年十二月『早稲田文学』）

解　説

わが国の民間信仰において、シャーマニズム（巫術《ふじゅつ》）の占める位置はきわめて大きい。したがって日本民俗学では、精神的伝承のなかで、巫女や巫祝をあつかうことが多い。また憑依《ひょうい》現象はしばしば狐憑《つ》きや犬神憑き、蛇神憑き、飯綱《いづな》憑きなどの家筋が評判になって縁組をきらうので、社会問題をおこすこともある。したがって日本人の民族心理と民族宗教の奥ふかくひそむシャーマニズムの構造を明らかにすることは、日本民俗学の重要な任務の一つになっている。とくに古代社会や古代政治にあらわれる女神や女帝・皇后・皇女の巫女的性格が問題となるので、歴史学の上からもシャーマニズムは重要な課題となってくる。

柳田国男はすでに日本民俗学の黎明《れいめい》期である大正二年から三年にかけて、『郷土研究』誌上に「巫女考」を連載した。これはわが国におけるシャーマニズム研究のもっとも偉大な文献ということができよう。これにつづいて大正五年に本書におさめられた「老女化石譚」が書かれ、巫女の原始形態である遊行女婦に関する伝説を列挙して、口承文芸の成立と伝播《でんぱ》を論じた。すなわちここでは柳田国男はシャーマニズムの問題よりは、口承文芸の方により大きな興味をしめしている。本書『妹の力』には十二篇の論文がおさめられていて、全体的には巫祝論で一貫しているが、しかも巫女をもって口承文芸の伝播者としてとらえている。この点が「巫女考」と根本的にちがう点である。

柳田国男が昭和十五年に、それまでに発表した十二篇をとくにえらんで『妹の力』と名づけ、創元社から出版した意図は、フォクロアにおける女性の役割を明らかにしようとしたからにほかならない。そしてその女性の役割を祭祀《さいし》と巫道という家の宗教儀礼に見出したのである。しかし著者はこれを論理的な推論に訴えることなしに、エッセーの形で読者に理解させようとした。そのために読者に興味のある周知の伝説や神話から説きおこし、このような口承文芸は誰が語りつたえ、誰が全国津々浦々にばらまいてあるいたかを、間接法的に納得させるという道をえらんだのである。ところがこの博識の学者はあまり多くの神話伝説を次から次へと袋から出して見せている間に、口承文芸の方がおもしろくなり、巫祝論の方はぼけてしまうという結果を生んだ。したがって本書は読んではまことにおもしろいが、わが国のシャーマニズム研究の文献としては、いささか力が弱い。

私の手もとに、この本が昭和十五年八月に出版されたときの毎日新聞の書評の切抜きがある。執筆者は林達夫で、これをすぐれたエッセーと賞讃しながら、

民俗学は譬えてみれば、時偶《ときたま》の巣作りの季節を外にしては、いつも身を翼に託して定めなく、あちこち飛び廻ってゐる鳥のやうなものである。そしてまた、この学問はその

訪問者にも幾分この身軽な翼を賦興《ふよ》してくれるから、いま私が『妹の力』を読んでひどく見当違ひに見えろ方角へ、すっとんで行ったとしても、それは民俗学の罪でも私の罪でもない。

といっている。本書がいかに興味ふかく、且ついかに難解の書であったかを遺憾なく言いあてている。

本書の大きなメリットは古代の祭政一致といわれた政治形態を、男帝の政治的主権をたすけた、巫女としての妹の力によって明らかにした点にある。その論証に沖縄の文献や伝承、あるいは日本の古典や神社の旧記を用いた。しかしこれを昭和十五年の序文で「斯様に古い書物の御世話」になったことを悔いている。これは本書におさめられた諸篇を執筆する時には、伝承資料の蒐集が十分でなかったからだ、と弁解しているのは、昭和十五年の時点では古文献の厄介にならずとも、民俗学の論文は書けるという自負をもったからであろう。

本書のもう一つのメリットは「雷神信仰の変遷」にあらわれた、御霊信仰と雷神と若宮の関係を明らかにしたことである。天満宮を菅原道真とし、八幡社を応神天皇とするのは常識であるし、一般神道家もこれを疑わなかった時代に、このような立論は画期的なものだった。雷を神の祟《たたり》、すなわちカンダチ（神出現）とするのは、その神が御霊的性格をもつからだとし、これを和《なご》め鎮めるのが御霊会・御霊祭であるとする。このような神霊観は現在ではほとんど常識化しているが、柳田国男のこの論文がなかったら、われわれはまだ北野天神や火雷《ほのいかずち》神社の謎《なぞ》を解くことはできなかったであろう。また本論の八幡若宮や春日若宮を御霊とする見解は、その後の日本民俗学によって発展させられ、ミサキや荒神のような叢祠・小祠の研究を生みだしたのである。

また本書の第三のメリットをあげるならば、人身供犠の問題を提示したことである。しかしこの問題はその後大して発展していないが、われわれはあまりにも多くの人柱伝説をもちすぎており、それが巫女的女性に関係があることを無視するわけにはゆかない。古代においては疫病や天災や凶作のために、一村全滅に近い災害をうけることがしばしばあったと考えられるから、その原因となった御霊の御名を明らかにして、その御霊の妻となって供犠され、おなじく御霊社にまつられた巫女もあったであろう。しかしこれは事があまりにも現代の生命観、宗教観とかけはなれているため、よほどの緻密《ちみつ》な論証のないかぎり、軽々しく祖述するわけにはゆかないのである。

妹の力　本書全巻の主題をなす本論は、大正十四年十月の『婦人公論』に寄せられた随筆風の巫女論である。女性を対象にすることを意識して、歴史における女性のはたらきを説き、「祭祀祈禱の宗教上の行為は、もと肝要なる部分がことごとく婦人の管轄であった。巫はこの民族にあっては原則として女性であった」とのべて、政治上の主権者はつねに妹の巫のことばを指針としたことを説いている。

これは女性が生理的に憑依現象をおこしやすいということにもよるが、わが国の古代には母系相続の祖先祭祀があって祭祀権は母から娘へ、叔母から姪へと継承されたためだろうという。天理教の中山みき、大本教の出口なおの出現は決して偶然ではなく、民族の遺伝である。倭《やまと》姫命やこれをうけた伊勢の斎宮《いつきのみや》なども、もとは祖先神の神意を兄帝につたえ、兄帝の政治をたすけるのが、わが国古代の祭政一致であった。

このような所論はなお二年後に発表された伊波普猷氏の「をなり神考」によっていっそう発展するが、本論でもアイヌの祖先神は必ず兄と妹の一組であり、沖縄の御嶽《うたき》の神が男女二柱で、しかも女神はヲナリ（妹）であることをのべている。沖縄の聞得大君《きこえおおぎみ》はその顕著な事例で、わが国の斎宮を説明するに足る生きた「妹の力」なのである。こうした一国の政治に発展する前の神祭は地方神の祭りであり、地方神の祭りの前に家の神の祭りがある。この家の神の祭りがとくに女性の祭りであったという。

女性の神祭の特色は農作物を繁殖させることで、とくに田植と女性の関係がある。田植に早乙女《さおとめ》や昼間持《ひるまもち》がヲナリとよばれたのも、かつて家の神の祭りをヲナリ（妹）が行なったためであろう。したがってかつては女性が神憑《かみがか》りになることを、むしろ家人や村中のものが待ちのぞむ気風さえあったことを、著者は豊富な見聞をもって説いている。

玉依彦の問題　本書十二篇の論文のうち、もっとも後から発表されたもので、昭和十二年七月に『南島論叢』に掲載された。私はこの論文は十三年前に発表された「妹の力」を改訂したものと思うのであって、玉依彦といいながらこの篇に説くところは巫女であり、玉依姫であり、ヲナリ神である。したがって著者は「私がこの一篇の題目に玉依彦の名を用いたのは、その名が山城賀茂の神伝に最も詳しく存録せられ、また近時特に多くの人によって注意せられているからである」とのべて、玉依彦は御祖神《みおや》（玉依姫）の兄ではあるが、人界にとどまって神に祀《まつ》られていない点に注意するに終わっている。

柳田国男が「妹の力」を改訂しなければならぬと思ったのは、おそらく伊波普猷の「をなり神考」が昭和二年に雑誌『民族』に発表されたためであろう。ヲナリについてはすでに「妹の力」でもふれているから、伊波氏はこれを手がかりに沖縄のヲナリを詳しくしらべて発表したのだろう。ところが柳田国男はこれを見て、いっそうヲナリに興味をもったのだろうとおもう。したがって沖縄のヲナリと日本の田植のヲナリを比較して、その類似を説くのが本篇の主眼となっている。

まず文部省編の『俚謡集』の田植歌に多くのヲナリ、ヲナリ姫、ヲナリドがうたわれていることから出発し、これが山城賀茂社の旧記に見える殖女《うえめ》・養女《おなりめ》にあたることに注意する。すなわち養の古訓はオナリだといい、このオナリはおそらく采女《うねめ》や「うなゐ」に関係のある語だろうという。ついで石垣島では女の姉妹がボナリで、その髪の毛や持物が兄弟の船出や旅行の守護霊になる信仰をあげる。船霊にまつる女の髪の毛ももとは姉妹の髪の毛だという。おなじような例を沖縄各地や『遺老説伝』からあげ、これを山城賀茂社旧記の玉依姫と玉依彦にあてはめようとする。とくに神職を長女や姪に継がせる家筋をあげて、巫祝の母系相続を説いている。

玉依姫考　「玉依彦の問題」より二十年前に書かれた論文で、大正二年の「巫女考」の続編として大正六年に『郷土研究』に掲載された。著者はこの論文で八幡宮の御祭神に比咩《ひめ》大神とある女神が、祭神（男神）に奉仕して神意を宣る巫女であることを証明しようと試みた。そして巫女は神霊の憑依する尸《よりまし》として、玉依姫ともよばれたとし、賀茂御祖《みおや》神社（下鴨神社）の玉依姫、大和大神《おおみわ》神社の活玉《いくたま》依姫、肥後の玉名大神宮の玉依姫、また太宰府の竈門《かまと》神社の宝満菩薩を玉依姫と称し、薩南の開聞《かいもん》山の山神を玉依姫とすることなどは、すべて巫女を祭神にまつりこめたものと主張した。このような論証は従来の国学者や神道家が、『古事記』『日本書紀』あるいは古風土記などに出る玉依姫を固有名詞として、特定の神を指すものとしたのに対して、「霊《たま》の依《よ》る聖女」を意味する普通名詞と解する柳田国男一流の立論によるものである。

以上のような観点から神の尸《よりまし》としての巫女を点定する神話か、賀茂神話の玉依姫と丹塗《にぬり》矢《や》であり、三輪神話の活玉依姫と丹塗矢の話だとする。しかしこの丹塗矢を賀茂の御阿礼《みあれ》木や、天野丹生津比売《にうつひめ》の忌杖、人身《ひとみ》御供《ごく》の白羽箭《しらはのや》とおなじであるというあたりは、いささか論旨の明確を欠く。

この論文の主眼は、どちらかといえば八幡宮の御祭神に大菩薩と大帯《おおたらし》命と比咩《ひめ》大神とあるのは、比咩大神が託宣者である証拠とする。しかしこれが男山請講では大菩薩（応神天皇）が中殿となり、姫大神は西殿にうつされた。そして東殿の大帯命を仲哀天皇として、姫大神を神功皇后とする説や、大帯命を神功皇后とし、姫大神を妃または姉とする説などができた次第をのべている。

また本論では前年に書かれた巫女論「老女化石譚」の影響で、玉依姫神の神体を霊石とする諸例をあげている。たとえば下総香取郡橘村大字宮本の東大神《あずま》（一名、香取御子神）の祭神は玉依比売命といい、御神体は海中より感得した一霊玉であるという。また上総長生郡一宮町の上総一の宮、玉前《たまさき》神社は九十九里浜一帯に分布する玉崎《たまさき》神社と同じく、もとは玉依姫を御祭神としたが、やはり海岸に流れ寄った寄石であった。しかし海の彼方から「来寄《きよ》る玉」と「霊《たま》の依《よ》る」玉依姫の関係は、本論では明確な解釈をあたえられていない。

雷神信仰の変遷　昭和二年五月の『民族』に「若宮部と雷神《ごりょう》」と題して載せられた巫祝論であるが、その重点はむしろ北野神社をはじめ、雷神を御霊とする御霊信仰論であり、若宮信仰論である。春日若宮や八幡の若宮を御霊とすることは、今日ではあまり奇異とするに足らないが、本論はこれを大胆に開陳した。本論は「道場法師の孫娘」「霊安寺の縁起」「天満大自在」「老松と松童」の四部から成るが、第一の奈良元興寺の道場法師が雷の子であったために、悪奴の霊鬼をとらえるほどの大力だったというのは話の発端である。

論の中心は北野天神が怨死した菅公の御霊、化して雷神となったという点にある。御霊が雷となった例は、大和五条の霊安寺にあった宇智郡火雷神社の祭神が、光仁天皇の廃后井上内親王と廃太子他戸《おさべ》親王の怨霊だったことに見られるとする。そして火雷天神とよばれた菅公の霊が、いかなる巫祝の手をへて天満大自在天にまつられたかの次第を明らかにする。とくに近江国比良《ひら》宮の神主良種《よしたね》の男、七才の尸童《よりわらわ》太郎丸に託宣してあらわした老松と松童は、悪神とか呪咀神とよばれる荒ミサキで、若宮であった。若宮は神の子であるとともに「荒々しい御霊の神」であり、また「神と人間との中間の人、多くの場合には神の力を人間に持ち伝えたところの、神の子にして同時に巫祝の家の始祖たりし者」であるという。

このことばは例のごとく晦渋《かいじゅう》でなかなか真意を把捉《はそく》しがたいが、道場法師も松童も御霊神の子、雷神の若宮として異常な力を持つとともに、託宣者の祖神としてまつられたということであるらしい。雄略天皇のとき雷を捉えて天皇に献じたという小子部螺嬴《ちいさこべのすがる》もおなじで、こうした託宣者（巫祝）の子孫を小子部とか若宮部とかいったのだろうというのが本論の結論である。しかし現在では若宮は荒魂（新魂）というのと同じで、御霊そのものをさすという考え方が有力になっている。

日を招く話　「雷神信仰の変遷」（『若宮部と雷神』）につづいて『民族』昭和二年七月に「日置部考」と題して発表された。著者は日置部を「日招《お》ぎ部」と解して、田植に際して日を招き返した因幡の湖山《こやま》長者や、播磨の朝日長者、あるいは肥後の米原長者などを日置部として説こうとしたのであろう。しかし本論の内容は心の清い働き者の嫁女が、一日で植えきれぬ田植を一日ですますために、日の永きを祈って死んだという伝説から、田植女（早乙女）を田の神、水の神につかえる巫女として説こうとした。話の順序としては田植に日の禁忌《きんき》があり、これを犯せば嫁が死ぬという話ばかり多いのは、どうしたことだろうかと設問する。そして全国に多い死人田・病田・癖田などときらわれる田には、多く嫁の死んだ伝説がついており、その死因として田植を一日で終えるには、もすこし日が永かったらと日を招き返した話があるという。

この話はやがて一日で田を植えきれぬのを姑《しゅうと》にしかられて身を投げたという話にかわり、嫁が淵、嫁殺し池、嫁塚、日暮し塚、千把ヶ池などとなる。しかし著者は「よめ塚」は斎《いみ》塚で、田の神をまつった祭場であろうともいい、「日暮し塚」は日の神を祀って日の永からんことを禱《いの》った祭場ではないかとする。

ところでこの田植女がすべて嫁というのは斎《いみ》ということばかりでなく、巫女と神との婚姻という古代祭儀を想定させる。日本の民話には水の神である大蛇と娘との婚姻をかたる淵が多いのはこれを物語るものであるが、実は巫女というものは神の妻となり、神の子を生むという信仰があったことは三輪式神婚神話をひくまでもない。かくてこの「日を招く話」は、田楽や田遊に見られる殖女《うえめ》・養女《おなりめ》が田の神につかえる巫女であるとともに、オナリ・ウナリなどとよばれる早乙女であるという結論で終わるのである。

松王健児の物語　昭和二年一月の『民族』に掲載され、同誌三月の「人柱と松浦佐用媛」と連続してマツまたはマチの名を冠する松王・松童・老松・小松・小町などが、神の侍童または従者を意味し、みずからの奉ずる神の「わざをぎ」（俳優）であることを説く。ここでは直接巫祝や巫女を論じていないが、松王説話や松浦佐用媛説話を伝播したのは遊行の宗教者であろうという点で、巫祝論の一部をなしている。

松王健児《こんでい》は幸若舞の「築島」で兵庫築港の人柱に立てられた清盛の侍童であるが、諸国の橋や堤に人柱となった人が、松王丸とか松王小児の名をもつものが多い。また八幡社に松王小児の霊を若宮としてまつるものがあり、北野天満宮にも菅公の舎人《とねり》の子孫とつたえる松王を名乗る主典の家があった。信州戸隠の巫にも代々松王を称して神楽と巫舞をする家があった。王は神の子、すなわち神子《みこ》（巫）であり、神につかえる侍童を意味する。マツも神の来臨をまつ臣（マウチギミ）だから、いよいよ神子としての巫《かんなぎ》を松王の名で神社の由来に語ったものであろう。

ところがこうした神子、巫はしばしば神の牲《いけにえ》として神意を和める人柱に立てられることがあったので、幸若の「築島」の松王健児の話ができたし、人柱に松王の名が多いのだろうという。もちろん著者はこの論旨を例のごとく婉曲な言いまわしで、松王に関する数多くの説話はこのように解するほかに、合理的な解釈はあるまいと言うのである。

また人柱に母と子の二人という説話が多いのは「母あって父なき童子神」として若宮がまつられるからだともいう。豊後地方の小市郎神（小一郎神）もこのような童子神の若宮であるとともに荒神であり、御霊である。しかし本論は人柱として人身供犠をもとめるのは水神が多いことを説きながら、松王説話と若宮信仰のつよい八幡が、どうして水神と同じように人身供犠をもとめる神であるのか、という点は説明していない。

人柱と松浦佐用媛　人柱の説話に松王が多いとともに、お鶴とサヨという名が多い理由を本論は説明しようとしている。しかしお鶴についてはあまり説かずに、サヨは『古事記』で有名な松浦佐用媛《さよひめ》にむすびついて、悲劇的な女性の名として遊行の宗教芸能者の手によって、日本の隅々までひろまったという点を詳説する。

まず松浦佐用媛伝説は水の神に供えられた犠牲として語られたものが多く、この伝説には化粧阪《けはいさか》とか化粧池、粧の井、鏡の池、かねつけ岩など紅鉄漿《べにかね》白粉に関する口碑がついている。人柱に立つ前に化粧をしたというのである。これは松浦佐用媛の人柱伝説の伝播者が、遊行女婦のような旅する芸能者だったことを物語るものとする。たとえば山伏の峰入に「化粧の宿《しゅく》」があるのは、神祭と神楽田楽をつかさどる美少年をともなったことをしめすのだという。すなわちかつては化粧ということは、神に仕える者以外にはせぬことだったからである。

ところで佐用媛のサヨはどこから出た名だろうか。著者は「自分はこのおさよが本来道祖の信仰に出たことを推測せんとするものである」と事もなげに断言するが、その論拠を「路の側、阪の辻の石の神の由来」や「猥雑にして説くに忍びざる情事譚」とのべるだけで、推理の道程を詳説していない。ただ村の祭りに化粧して現れ来たり、神の故事を演ずる特殊職業者は道祖《さへ》に奉仕し、道祖の歓心を買うために美女を人身供犠または一夜妻に供したであろうという。

佐用媛にあたる遊行女婦、あるいは伎女はマツの縁からコマチ（小町）などとよばれ、小野小町の流浪譚が全国に分布したというのは卓見である。やがてこの論法は平家谷伝説にともなうコマツ（小松）氏の分布を説明することになり、著者独特の巫祝論と神話伝説の起源論が成立したのである。

老女化石譚　本書の論文中、もっとも早く執筆された一篇で、大正五年八月・九月の『郷土研究』に掲載された。著者は諸国に分布する大磯の虎に関する伝説に「虎ケ石」とよばれる力石が存注することに注意し、その虎御前なるものが和泉式部伝説と同じく、遊行の巫女であることを暗示しながら、巫女と石の関係を解こうとしたのである。本論の前半は虎ケ石の分布と、この石にまつわる怪奇な伝説を例のように豊富にあげ、その多くが念願が叶えば軽くあがり、叶わねば重くてあがらぬという石占の行なわれた痕跡と見ている。

論文の後半は諸国の霊山の山麓に、回国の比丘尼《びくに》が女人禁制を犯して霊山に登らんとし、山神の怒りにふれて石と化した話をこれまたふんだんにあげる。たとえば、越中立山の姥石は止宇呂《とうろ》の尼という老尼が石に化したものであり、加賀の白山の婆阪《うば》の婆石《うば》は融《とおる》の婆なる老尼の化石であるという。出羽の月山にはミコ石があって、巫女《みこ》が結界をやぶらんとして石になったといい、羽後の保呂羽《ほろは》山の守子《もりこ》石もモリコ（巫女）が女人禁制を犯して石になったというように、霊山のいたるところに老尼や巫女の化石譚がある。著者はこれが『元亨釈書』（巻十八）にあげる大和の都藍尼《とらんに》の伝とまったく類似していることから、トラとかトウロとかトランというのは固有名詞ではなくて、「道教や仏教の中間をゆく一派の女巫」を指すものだろうと推定した。ことによると日本の古代の女巫の神格化した神名に帯（タラシ）という称呼があるのとつながりがあるのではないかとも推測する。

しからばどうしてこのような女巫が石に化する伝説が多く、それが変じて虎ヶ石となるのかといえば、女巫は霊山の霊石の傍《かたわら》で修法したからであろうという。そしてここでは熊野比丘尼が熊野の石を袂《たもと》に入れて遊行し、その重くなったところを神のお告げとして熊野社をまつったという袂石の伝説は引用されていないのである。

念仏水由来　本書の「老女化石譚」「玉依姫考」につづいて、大正九年に「新小説」に掲載した姥神《うばがみ》伝説の考察である。姥神は山姥とか鬼婆などに変形して伝説化されたものが多いが、山の神や道祖神をこのようによぶことを本論は主張する。とくに「関の姥様」あるいは「咳の姥様」というのは、道祖神（塞の神）が悪霊をせきとめる力を転化して、咳を止める女神としたという。

姥神伝説の代表的なものは「姥ヶ淵」とか「姥ヶ池」といわれるもので、姥が怨《うら》みをいだいて入水した霊のために念仏をすれば、淵や池は泡立ち湧き上ってこれにこたえるというものである。ところがどうして姥（乳母）が入水したかといえば、若様とか稚児をまもっていたのに、これを不注意で死なせたために自らも後を追って死んだというふうに、若子と姥がいつも一組みになっていることを著者は注意する。これは姥神が怨霊または御霊として祟《たた》る神であったことをしめすとともに、若宮信仰と別物ではないことを物語るものである。

また本論では尼子《あまこ》氏の由来をとりあげて、尼と子、すなわち姥神と若宮の関係を説こうとする。ということは神の子（天子《あまこ》）とこれを養育し保護する姥の関係は山姥と金太郎のようなもので、神の胤《たね》をやどしてこれを生み育てる三輪式伝説の玉依姫を姥神と考えている。この姥（玉依姫）がなぜ怨霊化するかは説かれていないが、「人柱と松浦佐用媛」になれば、そのような姥（玉依姫）は神子の依代《よりしろ》であり、供犠されて怨霊化すると説くようになる。

したがって本論は「念仏水由来」というよりは「姥神考」とするほうがふさわしい。最後に「三途河《そうずか》の婆《うば》」をとりあげ、閻魔《えんま》十王とともに念仏堂にまつられながら、咳の神として民俗信仰化する根源が、姥神即道祖神（塞の神）で、怨霊をせきとめるに力あるとむすぶのである。

うつぼ舟の話　大正十五年四月の『中央公論』に書かれた本論は「うつぼ舟」漂着の記録と伝説から、わが国固有の霊魂観を明らかにするとともに、伝説がいかにして発生し、生長し、記録されるかをしめそうとしている。

うつぼ舟は天竺・震旦の高貴な姫君や王子が、ゆえあってうつぼ舟に入れて流されたのが漂着したという話になっており、その子孫を名乗る九州の原田一族や備前の宇喜多氏のようなものまで存在する。周防の大内氏も百済の琳聖太子が多々良浜に上陸したことからはじまるというから、やはりうつぼ舟伝説があったのだろう。

また神社の縁起では大隅正八幡宮の母神は震旦国陣大王の娘大比留女《ひるめ》、若宮は太陽の子で、ともにうつぼ舟にのせられて大隅の海岸（八幡崎）に漂着したという。これは書紀に少彦名神が豆殻の舟にのって出雲の海岸に流れ依ったとある、「寄り来る神」の一類型に属するものであろうが、神の乗り物がうつぼ舟という中空の容器である点に注意がはらわれる。

神の出現に桃の実や竹の幹、鶯の卵、瓜の実などといろいろの容器があるが、もっとも注意すべきものは瓜類の瓢箪だろうというのが、著者の本論での主張である。この点から考古学の土器学の前に、瓢箪学があってしかるべきだとものべている。すなわち瓢箪に関する歌や口碑や信仰や習俗をたどりながら、これがもとは酒や飲物の容器だったばかりでなく、霊魂の入れ物であったことを明らかにする。壺（ほとぎ）や木箱や曲げ物や臼も「たましいの入れ物」として、神霊や精霊をまつる祭器となったが、瓢箪などは旅行の魂《たま》筥《ばこ》ともなったであろうという。したがって瓢箪もうつぼ舟として流されたらしいが、蛭児《ひるこ》をのせて流した葦船もうつぼ舟の一種で、こうして霊を流す習俗には疫神や怨霊を流しやる神送りの信仰があることを、津島天王の御葭流《みよしながし》神事で説いてむすんでいる。

小野於通　大正十四年五月の『文学』に掲載された本論は巫女というよりも、口承文芸の伝播者としての遊行女婦の出自を論じたものである。小野於通の伝記や伝説を検討すると、同名異人の小野於通が多数存在したことがわかるが、そのいずれにも共通した特色は、美女であり才女であり、遊行して歌をよみ物語を語ったという点である。とくに三河鳳来寺に縁のある浄瑠璃姫十二段草紙を語った、または改作したという小野於通などは明らかに語部の後裔と考えなければならない。

このような女性で遊行する語部は、古代には神の霊験をかたり、中世近世には霊仏の因縁を語ったであろう。それが女弟子をつれてあるいたので、於通の下女で於通の手紙というものを辻で高らかに読んだという「文ひろげの狂女」千代女などもできた。この職業は盲女にうけつがれて、東北地方のイタコや瞽女《ごぜ》ともなるが、一方では小野於通として記憶された美女の祭文・浄瑠璃語りを生んだというのである。

和泉式部伝説とならんで諸国に多く分布する小野小町伝説と旧蹟も、こうした遊行女婦が式部や小町を語った証蹟とすることができる。そこで小野於通と小野小町に共通する小野氏というものが問題になってくる。この小野氏は太宰府天満宮の三宮司の小野三家や四天王寺で太子殿に仕える秋野坊の小野氏、日光二荒山の小野氏、豊後佐賀関の早吸神社祠官の小野氏など、神職に多い。また小野寺氏や横山氏、小山氏、緒形氏を名乗る祠官・豪族ももとは小野氏である。

このように全国に分布した小野氏の本貫は近江で、これが延暦四年の太政官符により、神楽を奏し、語部の司だった猨女《さるめ》氏とさかんに婚姻したことがわかる。これが小野氏が神徳や霊験を語りながら、遊行する小野氏を名乗る女性を出した原因だろうという。すなわち本論は小野於通の矛盾する伝記を処理するのに、語部の女性が遊行したという事実で説明した女性史である。ちなみに本論で延暦四年の太政官符とあるのは、弘仁四年十月二十八日の官符の誤りである。

稗田阿礼　昭和二年十二月に『早稲田文学』に発表されたこの論文は、一年半前に書かれた「小野於通」の発展ともいうべきもので、小野氏と結んだ猨女氏から出た稗田阿礼は、女性の語部だったことを論証しようとした。

猨女氏は天鈿女命の子孫として、女系相続で神楽と鎮魂の朝儀に奉仕した。その本貫は大和の稗田村だったが、朝儀奉仕の猨女三人を貢進して縫殿寮に所属し、その指揮をうけた。ところが猨女の養田が小野氏の本貫に近い和邇《わに》村にあったために、小野氏と猨女氏の関係を生じ、「猿女小野氏」とも称すべき一部曲が、猿丸太大の旧伝をもって全国に四散した。このことを著者はすでに日光二荒山神伝を例にとって、「神を助けた話」（大正九年）に書いている。小野宮惟喬《これたか》親王を祖とつたえる木地師も、こうした漂泊の小野氏の一派と考えられるが、木地師（小椋《おぐら》氏）も猨女君の血統をしめすような「杓子舞の古風なわざをぎ」をもっていた。

猨女氏は古典にいう神楽をつたえるとともに猥雑な猿舞を行なって賤視され、サルガウ（猿楽）もこれから転じたと著者は考えている。また猿舞わしをする猿曳きの宗家たる紀州貴志の小山氏も、この小野猨女の分流である。こうした猨女は本来は神の名と由来をあらわす語部であり、神に代わってそのことばを人につたえる巫女だった。しかしそれは同時に神の妻となって神の子を胎にやどし、これを生み育てる神母とも信じられたのである。

本論はまず稗田阿礼が語部の女性だったことを、井上頼圀の『古事記考』の論証にまかせ、猨女氏の出であることを『弘仁私記序』の注から引いて、我が国の口承文芸の保存と伝播に女性が参加していたことを明らかにしようとした。したがってこれは、巫祝論であるとともに女性文芸史ともいうべき位置をしめる論文である。

五来　重

新版解説

藤井貞和（文学者）

「巫女考《ふじょこう》」を『郷土研究』に、大正二年（一九一三）三月から翌年二月まで、十二回にわたり連載した柳田国男は、ただちに、翌月から、「毛坊主考《けぼうずこう》」をも連載する。前者は日本女性シャーマンをめぐる最初の本格的長編であり、後者は民間男性宗教者の活躍を見渡して、やはりシャーマニズム研究の一環と見なされる。

柳田の方法（調べ方）はと言えば、全国から集めた奇談や伝説などのこと細かな事例と、おもに中、近世社会が蓄積してきた説話や随筆のたぐいの厖大《ぼうだい》な書き抜きとから、日本民俗学の研究像をどのあたりに定めるか、揺れながらも模索していったと一口に言える。

「巫女考」の続きも、「毛坊主考」の続きも、ふつふつと湧いてとどまるところを知らなかった模様で、前者は『郷土研究』のほかに、乞われるままに『新小説』や『婦人公論』その他に、後者はおもに『郷土研究』にと、精力的に書き継がれる。

「巫女考」のあとに書かれた、女性シャーマンについてのいくつもの論考のなかから、創元社の創元選書（昭和十五年〈一九四〇〉）として一冊にまとめるに際し、家巫《かふ》（家に所属して神懸かりする人）としての女性の役割を重視する論著へ、柳田は仕立てようとした。とりわけ、一族の兄や弟に対する、彼女たちが妹や姉であることのシャマニックな意義について、一冊の始まりを焦点化しようと考えた。この特徴はきわめて明瞭に読み取れることであり、「巫女考」を書き終えたあとの柳田が次第に「家」という課題ににじり寄ってゆく過程とも対応する。

その論著とは『妹の力』。一般に「いものちから」と訓《よ》まれているけれども、「いも」と言ってしまうと、『万葉集』に見る、おもに妻や愛人を意味し、親しく吾妹子《わぎもこ》（わがいもこ、の意）とも言うほかに、『古事記』で「妹伊耶那美《いもいざなみ》」とあるような「妹《いも》」もまた妻や愛人だろう。

ただし、それは兄妹婚という、神話の始まりにだけ現れる特殊な男女関係を反映する言い方だから、妹《いもうと》かつ妻であってよい。夫婦を「いもせ」（＝妹兄、妹背）と言うことはよく知られる。『妹の力』の「妹」を「いも」と訓ませるとすると、『万葉集』を気取ったり、神話的背景に思いを馳せたりする、一種の綺語趣味だと見られかねないことになる。

冒頭の論考「妹の力」に、単独で「妹」という語が十三回、見られる。すべて妹《いもうと》の意味で使われている。それから「兄妹」を三回、「姉妹」を一回、見る。文中に「相とつぐことあたわざる男女の群れ」「肉親愛の復古」「同胞の婦女」「年若くいまだ婚がざる者」「同胞の御神」などあるのはすべて妹（あるいは姉）の意味であり、「をなり神」を拝する習いというのも、伊波普猷《いはふゆう》からの知見にほかならず、妹あるいは姉を意味する。伊波普猷の論については第二論考「玉依彦の問題」にやや詳しい。

「妹の力」の初出誌である『婦人公論』（大正十四年〈一九二五〉十月号〈第10年第11号〉）は総ルビであるから、一応、確かめてみよう。すると、すべての「妹」字が「妹《いもうと》」あるいは「兄妹《きやうだい》」「姉妹《きやうだい》」とそこに見える。ついでに言うと、二節に「しかも以前にはまるで知らなかったことであるという」のあとの、「自分《じぶん》などは妹《いもうと》が無《な》い為《ため》に、これ迄《まで》心付《こゝろづ》いても居《ゐ》なかつたが」云々という一文が削除されている。あとに「われわれのような妹を持たぬ男たち」（六節）という言い回しがあるので、しつこさを嫌って削除したのかと思われる。

ほかに、初出の「兄弟《きやうだい》」を「兄妹」と訂正してある箇所はよいとして、「兄妹」でよいはずなのに創元社版でも全集本（ちくま文庫）でも「兄弟」としている混乱が見られる。つまり、二節「兄弟の交情」、四節「六人の兄弟」は初出の「兄妹《きやうだい》」に基づいてよかろう。『妹の力』のなかの第二論考「玉依彦の問題」にも、本来の意味の兄や妹《いもうと》という語があふれている。そして賀茂神社の祭祀で言えば、玉依彦と玉依姫という兄妹（賀茂別雷神《かもわけいかずちのかみ》からすれば母神と伯父神と）を著者はまさに議論の中心に据えている。『山城国風土記《やましろのくにふどき》』逸文に拠れば、玉依姫が丹塗矢《にぬりや》を得て、賀茂別雷神が誕生したのであった。

賀茂《かも》建角身神《たけつのみのかみ》（下賀茂神社の祭神）
├ 玉依彦（賀茂祭祀の神人の始祖）
└ 玉依姫（下賀茂神社の祭神）── 賀茂別雷神（上賀茂神社の祭神）

以上のように、『妹の力』の始まりには、女性たちが妻となり、また母となって、家にとってシャーマン的に守護するときを迎えても、その本来に男きょうだいを女きょうだいが守護するという、清らかな力があったと、著者はつよく主張しているのであって、序文からして女性の「さかしさ」「けだかさ」に注意し、あるいは第一論考以下、姉妹たちがより親しげに、兄弟に対して愛護の思いが深くなってゆく、近代の変遷史を故郷に見つめ、われわれの心情のなかに見いだそうとするのは、単に著者の女性賛美でもなければ、幻想された近代の美しさでもなく、やはりここに家の祭祀を骨子とするような新しい学――民俗学――の定着が目論まれているのである。

第三論考「玉依姫考」は「妹《いもうと》」問題を離陸し、母子神へと向かう。玉依姫と言えば、日本神話の神武《じんむ》天皇の母を思い浮かべる人がいるかもしれない。しかし、もとより「玉依」

とは霊《たま》が憑《よ》るという、したがって姫の名は祭祀伝承でのごく普通の在り方であって、たくさんの玉依姫たちを柳田は呼び出す。八幡《はちまん》三神の原型は二神で、「咩売神《ひめがみ》」が玉依姫でもあるという前提によって、創建時の八幡祭祀を母子神信仰に見いだす。神の子を産むことにより、いわば巫女という最高の祀《まつ》る者が祀られる、という関係だ。

第四論考「雷神信仰の変遷」にも、「母の神と子の神」という副題がある。論じられるのはおもに御霊《ごりょう》信仰で、平安京の初期に祟りをなした八座の御霊のうちに、なぜ火雷神がはいっているかを、八座の一人である井上大皇后が、（いまの）奈良県五條市に流される途上で雷神の子を産んだという、五條市御山《みやま》町（本書には「御山《おやま》村」）の火雷神社、および霊安寺町の御霊神社の伝承に著者は尋ねあてようとする。賀茂祭神の玉依姫が別雷神を産むことに類同的だという見通しだろう。

第五論考「日を招く話」は、田植えの泥田に嫁が足をとられて死ぬというような伝承から、一転して田の神の誕生であるその日に、家の若い女性が田の畦で神々の食事に奉仕しなければならなかったことや、それの禁忌について論じ進めてゆく。

第六論考「松王健児の物語」、第七論考「人柱と松浦佐用媛」は、人身犠牲（生贄《いけにえ》）にかかわってゆく。いったい、人身犠牲についての柳田のスタンスは、実体的にかつて行われていたという論調でなく、伝承を通して祭祀や信仰の発生を説くことにある。犠牲に供せられる児童についての固有名称など、柳田らしい注意点がひろがる。マツという人名は犠牲を奉《たてまつ》る祭祀の在り方を示唆するし、人名という注意点は第八論考「老女化石譚」の虎《とら》御前《ごぜん》のトラや、第十一論考「小野於通」での於通《おつう》でも特徴的に展開される。

大磯の虎は遊女で、『曾我物語』の主人公曾我十郎祐成《すけなり》の妻、といったようなことは、最後の最後にふれられるかもしれないが、論考としては物語の成立論からおよそ遠心的に、民俗的な基層に降り立つ信仰形態として、ある種の石のかたわらで修法する女性シャーマンを、著者はほとんど幻視するかのようである。この第八論考は『妹の力』のなかで、もっとも初期に発表された（『郷土研究』大正五年〈一九一六〉八、九月）。

第九論考「念仏水由来」は姥神《うばかみ》、老いたる女性シャーマンの由来や、祟る神でもある本来から、「せきのおば様」とあるような、関＝咳《せき》の守り神にまで変遷する次第をも視野に入れる。第十論考「うつぼ舟の話」は説話化されたのが『ペンタメローネ』第二話にあると、「うつぼ舟の王女」（『昔話と文学』所収）にふれられる。

第十二論考「稗田阿礼」はかの『古事記』の担い手の一人を、猿女君《さるめのきみ》の出で女性だとする、大倭《おおやまと》神社注進状を資料とする論の展開である。しかし、『群書解題』などでこの注進状をまったくの偽書としており、稗田阿礼が女性であるかという一点に関してなら、現代では否定するひとが圧倒的に多い。

『妹の力』は、こう見てくると、「いもうとのちから」か、「いものちから」と呼ぶべきか、読者に知的な選択をいま求めているように思われる。

編集付記

・本文の文字表記については、次のように方針を定めた。

一、漢字表記のうち、代名詞、副詞、接続詞、助詞、助動詞などの多くは、読みやすさを考慮し平仮名に改めた（例／而も→しかも、其の→その）。

二、難読と思われる語には、引用文も含め、改めて現代仮名遣いによる振り仮名を付した。また、送り仮名が過不足の字句については適宜正した。

三、書名、雑誌名等には、すべて『　』を付した。

・尺、寸、貫目などの度量衡に関する表記は、（　）で国際単位を補った。

・旧版の巻末に付されていた、「妹の力」「玉依彦の問題」「小野於通」の注釈は、各論考で番号を振りなおし、それぞれの文末に移動した。

・本文中には、今日の人権擁護の見地に照らして、不適切と思われる語句や表現があるが、作品発表当時の社会的背景を鑑み、底本のままとした。

妹《いも》の力《ちから》

柳《やなぎ》田《た》国《くに》男《お》

昭和46年 5月27日 改版初版発行
平成25年 7月25日 新版初版発行
令和7年 10月30日 新版15版発行

発行者●山下直久

発行●株式会社KADOKAWA
〒102-8177 東京都千代田区富士見2-13-3
電話 0570-002-301（ナビダイヤル）

角川文庫 18073

印刷所●株式会社KADOKAWA
製本所●株式会社KADOKAWA

表紙画●和田三造

●お問い合わせ
https://www.kadokawa.co.jp/（「お問い合わせ」へお進みください）
※内容によっては、お答えできない場合があります。
※サポートは日本国内のみとさせていただきます。
※Japanese text only

Printed in Japan
ISBN978-4-04-408316-8 C0139

◆◆◇

角川文庫発刊に際して

角川源義

第二次世界大戦の敗北は、軍事力の敗北であった以上に、私たちの若い文化力の敗退であった。私たちの文化が戦争に対して如何に無力であり、単なるあだ花に過ぎなかったかを、私たちは身を以て体験し痛感した。西洋近代文化の摂取にとって、明治以後八十年の歳月は決して短かすぎたとは言えない。にもかかわらず、近代文化の伝統を確立し、自由な批判と柔軟な良識に富む文化層として自らを形成することに私たちは失敗して来た。そしてこれは、各層への文化の普及滲透を任務とする出版人の責任でもあった。

一九四五年以来、私たちは再び振出しに戻り、第一歩から踏み出すことを余儀なくされた。これは大きな不幸ではあるが、反面、これまでの混沌・未熟・歪曲の中にあった我が国の文化に秩序と確たる基礎を齎らすためには絶好の機会でもある。角川書店は、このような祖国の文化的危機にあたり、微力をも顧みず再建の礎石たるべき抱負と決意とをもって出発したが、ここに創立以来の念願を果すべく角川文庫を発刊する。これまで刊行されたあらゆる全集叢書文庫類の長所と短所とを検討し、古今東西の不朽の典籍を、良心的編集のもとに、廉価に、そして書架にふさわしい美本として、多くのひとびとに提供しようとする。しかし私たちは徒らに百科全書的な知識のジレッタントを作ることを目的とせず、あくまで祖国の文化に秩序と再建への道を示し、この文庫を角川書店の栄ある事業として、今後永久に継続発展せしめ、学芸と教養との殿堂として大成せんことを期したい。多くの読書子の愛情ある忠言と支持とによって、この希望と抱負とを完遂せしめられんことを願う。

一九四九年五月三日

角川ソフィア文庫ベストセラー

新版 遠野物語
付・遠野物語拾遺
柳田国男

雪女や河童の話、正月行事や狼たちの生態——。遠野郷(岩手県)には、怪異や伝説、古くからの習俗が、なぜかたくさん眠っていた。日本の原風景を描く日本民俗学の金字塔。年譜・索引・地図付き。

雪国の春
柳田国男が歩いた東北
柳田国男

名作『遠野物語』を刊行した一〇年後、柳田は二ヶ月をかけて東北を訪れ歩いた。その旅行記「豆手帖から」をはじめ、「雪国の春」「東北文学の研究」など、日本民俗学の視点から東北を深く考察した文化論。

日本の昔話
柳田国男

「藁しび長者」「狐の恩返し」など日本各地に伝わる昔話106篇を美しい日本語で綴った名著。「むかしむかしあるところに——」からはじまる誰もが聞きなれた昔話の世界に日本人の心の原風景が見えてくる。

日本の伝説
柳田国男

伝説はどのようにして日本に芽生え、育ってきたのか。「咳のおば様」「片目の魚」「山の背くらべ」「伝説と児童」ほか、柳田の貴重な伝説研究の成果をまとめた入門書。名著『日本の昔話』の姉妹編。

日本の祭
柳田国男

古来伝承されてきた神事である祭りの歴史を「祭から祭礼へ」「物忌みと精進」「参詣と参拝」等に分類し解説。近代日本が置き去りにしてきた日本の伝統的な信仰生活を、民俗学の立場から次代を担う若者に説く。

角川ソフィア文庫ベストセラー

新訂 妖怪談義

柳田国男
校注／小松和彦

柳田国男が、日本の各地を渡り歩き見聞した怪異伝承を集め、編纂した妖怪入門書。現代の妖怪研究の第一人者が最新の研究成果を活かし、引用文の原典に当たり、詳細な注と解説を入れた決定版。

一目小僧その他

柳田国男

日本全国に広く伝承されている「一目小僧」「橋姫」「物言ふ魚」「ダイダラ坊」などの伝説を蒐集・整理し、丹念に分析。それぞれの由来と歴史、人々の信仰を辿り、日本人の精神構造を読み解く論考集。

山の人生

柳田国男

山で暮らす人々に起こった悲劇や不条理、山の神の嫁入りや神隠しなどの怪奇談、「天狗」や「山男」にまつわる人々の宗教生活などを、実地をもって精細に例証し、透徹した視点で綴る柳田民俗学の代表作。

海上の道

柳田国男

日本民族の祖先たちは、どのような経路を辿ってこの列島に移り住んだのか。表題作のほか、海や琉球にまつわる論考8篇を収載。大胆ともいえる仮説を展開する、柳田国男最晩年の名著。

毎日の言葉

柳田国男

普段遣いの言葉の成り立ちや変遷を、豊富な知識と多くの方言を引き合いに出しながら語る。なんにでも「お」を付けたり、二言目にはスミマセンという風潮などへの考察は今でも興味深く役立つ。

角川ソフィア文庫ベストセラー

山の宗教
修験道案内

五来　重

世界遺産に登録された熊野や日光をはじめ、古来崇められてきた全国九箇所の代表的な霊地を案内。日本の歴史や文化に大きな影響を及ぼした修験道の本質に迫り、日本人の宗教の原点を読み解く！

仏教と民俗
仏教民俗学入門

五　来　重

祖霊たちに扮して踊る盆踊り、馬への信仰が生んだ馬頭観音、養蚕を守るオシラさま——。庶民に信仰され変容してきた仏教の姿を追求し、独自の視点で日本人の原型を見出す。仏教民俗学の魅力を伝える入門書。

平城京の家族たち
ゆらぐ親子の絆

三　浦　佑　之

八世紀に成立した律令制が、「子を育ていつくしむ母」を「子を省みない母」に変えた——。今から一三〇〇年前に生まれた家族関係のゆがみを、『日本霊異記』を中心にした文学の中に読み解く画期的な試み。

京都百話

編／奈良本辰也

千年の歴史をもつ「みやこ」、京都。その時空を知り尽くす碩学らが綴る、京に生きた人々の営みと、たゆみない歴史の足跡にちなんだ史話を厳選。忘れずに訪ねておきたい旧蹟や土地の魅力を味わう歴史エッセイ。

夢のもつれ

鷲　田　清　一

映像・音楽・モード・身体・顔・テクスチュアなど、身近なさまざまな事象を現象学的アプローチでやさしく解き明かす。臨床哲学につながる感覚論をベースとした、アフォリズムにあふれる哲学エッセイ。

角川ソフィア文庫ベストセラー

死なないでいる理由　鷲田清一

〈わたし〉が他者の思いの宛先でなくなったとき、ひとは〈わたし〉を喪い、存在しなくなる——。現代社会が抱え込む、生きること、老いることの意味、そして〈いのち〉のあり方を滋味深く綴る。

大事なものは見えにくい　鷲田清一

ひとは他者とのインターディペンデンス（相互依存）でなりたっている。「わたし」の生も死も、在ることの理由も、他者とのつながりのなかにある。日常の隙間からの「問い」と向き合う、鷲田哲学の真骨頂。

天災と日本人　寺田寅彦随筆選　寺田寅彦　編／山折哲雄

地震列島日本に暮らす我々は、どのように自然と向き合うべきか——。災害に対する備えの大切さ、科学と政治の役割、日本人の自然観など、今なお多くの示唆を与える、寺田寅彦の名随筆を編んだ傑作選。

知っておきたい日本の神様　武光　誠

八幡・天神・稲荷神社などは、なぜ全国各地にあるの？　近所の神社はどんな歴史や由来を持つの？　身近な神様の成り立ち、系譜、信仰のすべてがわかる！　お参りしたい神様が見つかる、神社めぐり歴史案内。

知っておきたい日本の仏教　武光　誠

いろいろな宗派の成り立ちや教え、仏像の見方、寺の造りと僧侶の仕事、仏事の意味など、日本の仏教の基本の「き」をわかりやすく解説。日頃、耳にし目にする仏教関連のことがらを知るためのミニ百科決定版。

角川ソフィア文庫ベストセラー

知っておきたい日本のしきたり　武光　誠

方位の吉凶や厄年、箸の使い方、上座と下座。常識のように思われてきたこれらの日常の決まりごとや作法は、何に由来するのか。旧暦の生活や信仰など、日本の文化となってきたしきたりをやさしく読み解く。

知っておきたい「食」の日本史　宮崎正勝

団子は古代のモダン食品、大仏とソラマメの関係、豆腐料理が大変身したおでん、イスラームの菓子だったがんもどきなど、食材と料理の意外な歴史を大公開。世界中からもたらされた食文化をめぐる日本史。

知っておきたい仏像の見方　瓜生　中

仏像は美術品ではなく、信仰の対象として仏師により造られてきた。それぞれの仏像が生まれた背景、身体の特徴、台座、持ち物の意味、そして仏がもたらす救いとは何か。仏教の世界観が一問一答でよくわかる！

知っておきたい日本の神話　瓜生　中

「アマテラスの岩戸隠れ」「因幡の白兎」「スサノオのオロチ退治」――。日本人なら誰でも知っている神話を、天地創造神話・古代天皇に関する神話・神社創祀などに分類。神話の世界が現代語訳ですっきりわかる。

知っておきたい日本の天皇　武光　誠

天皇とは私たちにとってどんな存在なのか。天皇が歴史上果たしてきた政治的・文化的な役割や、日本人の中で特別な権威を持ち続けた背景をすっきり解説。あまり知られていなかった天皇の基礎知識がわかる！

角川ソフィア文庫ベストセラー

知っておきたい わが家の宗教
瓜生　中

信仰心がないといわれる日本人だが、宗教人口は驚くほど多い。その種類や教義、神仏習合や檀家制度、さらに身近な習俗まで、祖霊崇拝を軸とする日本人の宗教を総ざらいする。冠婚葬祭に役立つ知識も満載！

知っておきたい 日本の皇室
監／皇室事典編集委員会

天皇・皇族には一般の法律が適用されない。処罰されないかわりに言論や表現の自由もない。健康保険や国民年金には加入していない——。知られざる皇室の暮らしをQ&Aで紹介。日本史もわかる皇室ミニ百科。

しきたりの日本文化
神崎宣武

喪中とはいつまでをいうのか。時代や社会の変化につれて、もとの意味や意義が薄れたり、変容してきた日本のしきたり。「私」「家」「共」「生」「死」という観点から、しきたりを日本文化として民俗学的に読み解く。

島人もびっくり オモシロ琉球・沖縄史
上里隆史

琉球王国という独立国家だった沖縄。その歴史はもちろん、「沖縄人＝アイヌ人＝縄文人？」「ニート君は島流しに」など、驚きの習慣、風俗をコラム風に紹介。知られざるワンダーランドの素顔に迫る！

武将の言葉 決断力が身に付く180のヒント
編／火坂雅志

織田信長、上杉謙信、武田信玄、小早川隆景——。武将たちが伝え残してきた言葉には、本質を見抜く力が宿っている。ビジネスに人生に、明日を拓く決断のヒントを知り、ピンチをチャンスに変える知恵を学ぶ！

角川ソフィア文庫ベストセラー

ブッダの言葉
生き方が変わる101のヒント
瓜生　中

「すべてのものは滅び行くものである」（釈迦）、「本来無一物」（慧能）、「善人なおもて往生をとぐ、いわんや悪人をや」（親鸞）――。自分に自信がなくなったり、対人関係がぎくしゃくする時に効く人生の案内書。

中国古典の言葉
成功に近づくヒント106
加地伸行

「知者は惑わず、勇者は懼れず」（『論語』）、「大功を成す者は、衆に謀らず」（『戦国策』）――。時代を超えて生き続ける賢哲の英知を、著者ならではの絶妙な斬り口と、豊富なエピソードでわかりやすく紹介！

増補版　歌舞伎手帖
渡辺　保

上演頻度の高い310作品を演目ごとに紹介。歌舞伎評論の第一人者ならではの視点で、「物語」「みどころ」「芸談」など、項目別に解説していく。観劇前の予習用にも最適。一生使える、必携の歌舞伎作品事典。

女形とは
名女形　雀右衛門
渡辺　保

なぜ男性が女性を演じるのか。その美しさはどこから来るのか？　名女形・中村雀右衛門の当たり芸を味わいながら、当代一流の劇評家が、歌舞伎における女形の役割と魅力を平易に読み解き、その真髄に迫る。

能のドラマツルギー
友枝喜久夫仕舞百番日記
渡辺　保

盲目の名人・友枝喜久夫の繊細な動きの数々に目をとめ、そこに込められた意味や能の本質を丁寧に解説。舞台上の小さな所作に秘められたドラマと、ひとりの名人の姿をリアルに描き出す、刺激的な能楽案内。

角川ソフィア文庫ベストセラー

新編 日本の面影
ラフカディオ・ハーン
訳／池田雅之

日本の人びとと風物を印象的に描いたハーンの代表作『知られぬ日本の面影』を新編集。「神々の国の首都」「日本人の微笑」ほか、アニミスティックな文学世界や世界観、日本への想いを伝える一一編を新訳収録。

新編 日本の怪談
ラフカディオ・ハーン
訳／池田雅之

「幽霊滝の伝説」「ちんちん小袴」「耳無し芳一」ほか、馴染み深い日本の怪談四二編を叙情あふれる新訳で紹介。小学校高学年程度から楽しめ、朗読や読み聞かせにも最適。ハーンの再話文学を探求する決定版！

百物語の怪談史
東　雅夫

怪談、百物語研究の第一人者が、古今東西の文献から掘り起こした、江戸・明治・現代の百物語すべてを披露。多様性や趣向、その怖さと面白さを網羅する。怪談会の心得やマナーを紹介した百物語実践講座も収録。

霊性の文学 言霊の力
鎌田東二

たった一人の本当の神を探し求めた宮沢賢治、信仰と宗教の違いを問いかけた美輪明宏、自由の魅惑と苦悩を冷徹に突き詰めたドストエフスキー。霊件を見つめた人々の言葉を辿り、底に流れる言霊の力を発見する。

霊性の文学 霊的人間
鎌田東二

魂の故郷を探し続けたヘッセ、独特の時空感覚をもつ宮沢賢治、孤独に命を吹き込んだ遠藤周作。豊かな記憶と感情をたたえる「聖地」をこころの中にもつ「霊的人間」たちの言葉に、現代を生きぬく知恵を探る。

角川ソフィア文庫ベストセラー

新版 日本神話　上田正昭

古事記や日本書紀に書かれた神話以前から、日本人の心の中には素朴な神話が息づいていたのではないか。古代史研究の第一人者が、考古学や民俗学の成果を取り入れながら神話を再検討。新たな成果を加えた新版。

無心ということ　鈴木大拙

無心こそ東洋精神文化の軸と捉える鈴木大拙が、仏教生活の体験を通して禅・浄土教・日本や中国の思想へと考察の輪を広げる。禅浄一致の思想を巧みに展開、宗教的考えの本質をあざやかに解き明かしていく。

新版 禅とは何か　鈴木大拙

宗教とは何か。仏教とは何か。そして禅とは何か。自身の経験を通して読者を禅に向き合わせながら、この究極の問いを解きほぐす名著。初心者、修行者を問わず、人々を本格的な禅の世界へと誘う最良の入門書。

日本的霊性 完全版　鈴木大拙

精神の根底には霊性（宗教意識）がある――。念仏や禅の本質を生活と結びつけ、法然、親鸞、そして鎌倉時代の禅宗に、真に日本人らしい宗教的な本質を見出す。日本人がもつべき心の支柱を熱く記した代表作。

般若心経講義　高神覚昇

『心経』に込められた仏教根本思想『空』の認識を、その否定面「色即是空」と肯定面「空即是色」の二面から捉え、思想の本質を明らかにする。日本人の精神文化へと誘う、『般若心経』の味わい深い入門書。